AE战略

中国工程企业成长实录

束国刚
刘　学　编著
夏林泉

北京大学出版社
PEKING UNIVERSITY PRESS

图书在版编目(CIP)数据

AE战略——中国工程企业成长实录/束国刚,刘学,夏林泉编著.—北京:北京大学出版社,2013.4

ISBN 978-7-301-21104-5

Ⅰ. ①A… Ⅱ. ①束… ②夏… ③刘… Ⅲ. ①核电工业-企业成长-研究-中国 Ⅳ. ①F426.23

中国版本图书馆CIP数据核字(2013)第048043号

书　　名: **AE战略**——中国工程企业成长实录

著作责任者: 束国刚　刘　学　夏林泉　编著

策 划 编 辑: 贾米娜

责 任 编 辑: 周　莹

标 准 书 号: ISBN 978-7-301-21104-5/C·0887

出 版 发 行: 北京大学出版社

地　　址: 北京市海淀区成府路205号　100871

网　　址: http://www.pup.cn

电 子 信 箱: em@pup.cn　　QQ:552063295

新 浪 微 博: @北京大学出版社　@北京大学出版社经管图书

电　　话: 邮购部 62752015　发行部 62750672　编辑部 62752926
出版部 62754962

印 刷 者: 北京大学印刷厂

经 销 者: 新华书店

730毫米×1020毫米　16开本　16印张　257千字

2013年4月第1版　2014年1月第2次印刷

定　　价: 56.00元

编　委　会

序

PREFACE

“战略”一词源于希腊文 *strategos*，原指将军，后演进为“指挥军队的艺术和科学”的意思。我国古代的《孙子兵法》算得上是一篇杰出的“战略论”。《孙子·计篇》有云：“夫未战而庙算胜者，得算多也；未战而庙算不胜者，得算少也。多算胜，少算不胜，而况无算乎！吾以此观之，胜负见矣！”这里讲的“算”、“庙算”即战略的意思。对现代企业而言，战略是决定其发展、成长和基业长青的最重要因素之一，它直接关系着企业的兴衰与成败。

中广核工程有限公司的前身为广东核电合营有限公司、岭澳核电有限公司工程部，1987—2003 年先后负责大亚湾核电站、岭澳核电站一期的建设。2004 年 2 月，在我国“积极推进核电建设”的大背景下，中广核工程有限公司孕育成立。公司成立后，先后承担了广东岭澳二期、辽宁红沿河、福建宁德、广东阳江、台山、广西防城港等多个核电工程建设任务，在建核电机组数量与装机容量位居世界第一。在我国核电快速发展过程中，公司虽然把握住了难得的市场机遇，但同时也面临着快速发展带来的内部矛盾与外部压力，以怎样的发展模式才能抓住市场化和专业化的本质，解决资源不足的难题，提升核电站多项目多基地的建设能力？面对这些挑战，中广核工程有限公司主动与国际一流核电公司对标，结合自身情况，确定了以AE作为公司的发展模式，矢志走出一条有中国特色的核电AE发展之路。中广核工程有限公司之所以选择AE的发展道路，一方面是基于国内核电产业现状，切实承担起核电建设主力军、产业主导者的作用；另一方面，也是在总结国外核电规模化发展的客观规律的基础上，结合国内核电产业发展、自身能力建设的需要做出的适时举措。中广核工程有限公司总结形成的AE发展战略、AE模式，不仅仅适用于核电工程，其思想和理念也适用于其他工程领域，甚至对复杂装备制造企业也有应用价值。

迄今为止，中广核工程有限公司已经走过了八个年头。八年来，面对制约公司发展的深层次的问题，我们积极推动实施“三分”改革，逐步形成“一个AE、三类组织、两级矩阵”的组织运作模式，充分保障了多项目多基地建设的顺利进行，在国内核电业界树立了标杆；八年来，我们不断探索与实践，全力推进安全生产方式转型，“管生产必须管安全”的理念逐步深入人心，安全质量管理水平显著提升；八年来，公司全体干部员工团结一心，克服重重困难，取得了一系列引人瞩目的成绩，包括全面建成岭澳二期工程，圆满完成红沿河、宁德1号机组装料、并网，顺利推进阳江、台山、防城港等项目。

本书的出版缘起于与北京大学光华管理学院的合作。2012年年初，我们很荣幸地邀请到了北京大学光华管理学院为中广核工程有限公司做企业管理咨询，光华的老师们通过多次调研，对我们公司近些年的管理经验进行了梳理，认为中广核工程有限公司的一些管理理念及做法颇有价值，对我国工程建设领域及相关产业链企业管理提升很有借鉴意义。这对我们是极大的肯定和鼓舞，于是我们决定将公司各方面的管理成果整理集结成册，取名“AE战略——中国工程企业成长实录”。这本书可视作公司管理变革的一个阶段性总结，既让我们看到成绩，也能正视不足，以期为将来的发展做一个里程碑式的记录。

全书内容共分为十章，从战略抉择、组织变革、项目管理、技术创新、安全质量、人力资源、领导力与企业文化等八个方面对工程公司实施AE战略以来的各项工作进行了梳理，对部分管理实践进行了理论提炼。本书总结了工程公司近年来在实践中通过搭建 AE 平台，逐步建立一种“共生、再生、互生”的生态系统来形成企业的核心竞争力，从而推动产业链上下游企业协同创新、生态发展的这样一种企业管理模式。该模式最为突出的两个方面包括：其一，工程公司在多年核电建设中形成的开放式产业链协同创新模式，该模式以精细化的柔性管理为纽带、以产学研协同为核心、以产业链协同为主线，构建开放式创新网络，通过核心企业的创新活动带动产业链以及关联产业链的协同创新，有力地推进了我国核电装备制造企业和建安企业技术能力的提升；其二，工程公司将其质量管理扩展延伸到产业链相关企业，基于合同关系，超越契约关系，形成了产业链层面的全面质量伙伴关系。在全面质量控制的微观基础上，应用全面质量管理的理念和质保体系，促进了产业链整体质量的持续改进。全书最后对工程公司的 AE 战略与 AE 模式进行了总结与探讨。

本书的顺利成稿，首先要感谢北京大学光华管理学院的刘学副院长、黄涛教授、王辉教授、沈家文博士后、黄振雷博士、张翠莲博士和刘璐硕士，各位老师与同学多次来公司进行实地调研，与公司各部门、各层级的员工访谈，从基层入手掌握公司管理实践细节，并以深厚的理论涵养对公司的管理进行梳理与提炼，对书稿进行多次修改，没有他们的支持这本书不可能顺利出版。

其次要感谢清华大学经济管理学院的吴贵生教授、王毅教授和蔺雷副教授，三位学者对工程公司管理实践的分析与总结高屋建瓴，令我们受益匪浅。

最后还要感谢中国企业联合会的李德成会长、胡欣新理事和张文彬处长，三位领导对公司管理实践的剖析与建议对我们将来的管理提升工作具有重要的指导意义。

改革开放以来，中国超级工程建设取得了重大成就，对社会进步起到了重要的推动作用，但其中出现的质量问题也引发了社会的广泛关注与热议。中广核工程有限公司对安全质量的高度重视和行之有效的制度保证，以及向产业链的延伸，对于中国工程乃至中国制造都具有启发价值。其承担核电站最终建造责任、确保核电站建造的整体质量，正是核电 AE 理念的核心体现。作为中国超级工程建设的实践者，中广核工程有限公司一直在核电工程管理实践上持续探索，这本书成为对我们不断提升工程管理的一个阶段性的归纳、总结与提炼。

期望本书对中国工程管理水平的提升能够起到抛砖引玉的作用。欢迎各位同行与专家批评指正，一起探讨，共同推进“中国工程”质量的提升。

束国刚

2013 年 1 月 24 日

目录

CONTENTS

第一章

引　言

无论是历史上还是在当代，重大工程推动社会进步的事例不胜枚举。要搞好工程建设，对其组织实施者——工程企业进行有效管理是一个重要命题。中广核工程有限公司在我国核电工程建设事业中的良好实践为此提供了丰富的经验，其提出的AE战略对于中国工程企业的未来发展具有很强的启发意义和借鉴价值，本书将对此战略进行分析和讨论，本章先简要介绍其有关背景。

第一节　中国工程：国家的又一张名片

一、从“中国制造”到“中国工程”

“中国制造”是当前国内外热烈讨论的话题之一，与之关联的“中国工程”却尚未引起足够的关注。相关文献往往多是从技术角度，针对特定行业，例如建筑工程、石化工程等，进行考察研究。从经济发展和管理研究角度对“中国工程”进行审视的尚不多见。

回顾历史，中国工程对经济社会发展的巨大推动作用，已成为中国经济社会发展的核心特征之一。从大禹治水开始，中国人就习惯于通过重大工程推动社会进步。无论是长城、京杭大运河、都江堰这样的军事和民生工程，还是故宫、秦皇陵这样的皇家工程，以及国家大剧院、国家体育场（“鸟巢”）等当代工程，都凝结着千万人的辛勤劳动和杰出智慧，成为中国的象征和名片。

这些历史工程展现出中国人自古就具有强大的社会动员能力、良好的工程组织能力和杰出的技术创造能力。这些特质在当代经济的发展中充分展现出来，使得中国经济发展突飞猛进，取得了骄人的业绩。新中国成立后，“两弹一星”、“三线”建设等标志性工程奠定了新的工业基础。改革开放释放了国人的经济活力，中国工程更成为中国经济发展最重要的推手之一。大规模基础设施建设，一条条高速公路、一座座桥梁、一幢幢大厦……迅速地改变着中国的面貌。以长江为例，作为中国第一大河，直到 1957 年才有了第一座“飞架南北”的跨江大桥——武汉长江大桥。改革开放后，长江上工程繁忙、成就日新月异，目前全部建成和在建的大桥及过江隧道已达百座以上，三峡工程更成为横断长江的一座丰碑。

近年来，中国经济发展到了一个新的高度，处于逐步从劳动密集型向知识密集型、高科技产业的升级中。在此过程中，依然是中国工程吹响了号角，载人航天器、高铁、歼 20、特高压电网等高技术含量的重大工程成为中国走向新经济的象征。不仅有这些重大建设工程，2008 年北京奥运会、2010 年上海世博会等重大社会工程也向世界传递着中国全新的形象，激励国人、感动世界，成为形象塑造和推广的又一张国家名片。

“中国工程”和“中国制造”密不可分又有所区别。工程建设需要中国制造强有力的支撑，只有具备完整的制造体系，才能有强大高效的中国工程。但两者又有所区别，中国工程需要对人员、设备与材料进行动员和组织，不仅要依靠中国制造，还需要全球供应链和技术能力的支持，这在高科技工程领域表现得尤为突出。同时中国工程又推动着中国制造不断升级，正如美国“曼哈顿”工程带动其科研力量在第二次世界大战后的迅速崛起一样，中国高科技工程对于中国制造业的升级将会起到极其重要的拉动作用。

当前，“中国工程”和“中国制造”取得了举世瞩目的成绩，同时也面临着诸多问题和挑战。中国制造的质量问题全球关注，中国工程领域中也存在安全与质量等问题，引起了全社会的高度关注。对中国工程的管理者和研究人员来说，在关注问题的同时，更应该关注中国工程建设中的佼佼者，由此来探讨中国工程的成就与经验。

中国制造需要产业升级，中国制造企业需要谋求发展。中国工程同样面临“何去何从”的方向选择问题，中国工程企业也需要探索如何建立国际一流的工程管理体系，走向新的辉煌。在我国众多工程企业中，中广核工程有限公司（以下简称“中广核工程公司”或“工程公司”）做出了有益尝试，在向国际一流核电工程公司学习的基础上，走出了一条有特色的发展道路。

二、中国工程管理的特点

在计划经济时代，我国工程建设以“集中精力打歼灭战”的大运动、大动员方式，依据行政指令调集相关人力、物力、财力等资源完成工程建设。在当时经济困难、底子薄的情况下，集中资源“办大事”，具有显著的时代特征，奠定了我国工业化的基础。

改革开放后，我国逐步建立起市场经济体制，工程管理模式也随之调整。鲁布革水电工程作为我国第一个利用世界银行贷款并按世界银行规定进行国际招标和项目管理的工程，成为中国工程管理市场化运作的分水岭。自此，公开招投标和项目管理理念逐步在中国工程中实施，项目管理的重要性得到凸显，

BOT、EPC 等一系列新的市场化项目建设和管理模式得以采用，中国工程管理水平不断提升。

经过三十年的发展，中国工程管理学习了西方发达国家的项目管理方法，形成了较为完整的工程管理体系，初步适应了市场化运作。然而，在取得成绩的同时也存在诸多问题：

其一，条块分割的行业格局尚未打破。计划经济时代，行业布局以专业职能划分，包括设计院、建筑施工企业、设备制造企业等各自为政，各单位仅承担本企业业务范围内的职责，缺少以市场和项目为导向的强有力的主体来负责工程的总体设计和建造。

其二，管理方式依然粗放。当前由少量管理人员带领大量劳务大军承建工程的现象成为常态。这使得严谨精细的项目管理方法在现场难以有效地发挥作用，工程管理者不得不依靠人际关系和经验进行管理，突发事件频现，计划和执行两张皮，各项管控措施难以有效实施。

其三，技术能力难以提升。尤其表现为缺乏原创性总体设计，工程整体设计思想一般仍停留在模仿和跟随阶段，只能进行局部优化。

其四，各专业化主体之间缺乏协同。具体表现为建设主体各自为战，各单位因项目建设才走到一起合作，缺乏长期协同发展机制，导致行业整体技术的发展和管理的提升难以突破。

核电工程作为最为复杂的民用工程之一，对工程管理能力和技术水平提出了非常高的要求，这势必要求中广核工程公司在工程管理上严之又严、慎之又慎，由此形成的管理思想、理念和体系不仅使公司发展大受裨益，而且对其他中国工程企业的发展也具有良好的参考价值和借鉴意义。

第二节　核电与中广核工程公司的发展

一、从切尔诺贝利到福岛

第二次世界大战后，核武器作为战争的终极武器在美苏得到大力发展，这使全球笼罩在冷战的阴云之下，但原子核内蕴藏的巨大能量也能造福人类。1954 年，苏联建成了世界上第一座民用核电站，掀起了核电站建设的第一轮浪潮，随后全球陆续建造了近 400 台核电机组。

然而核的威力使得核电站一旦出现问题，就会对人类社会造成极大的威胁（图 1.1）。1979 年 3 月 28 日，美国三里岛核电站发生泄漏，尽管没有发生爆炸，也没有放射性物质排放到大气中，但此事依然为核电业敲响了警钟。1986 年 4 月 26 日，苏联切尔诺贝利核电站发生爆炸，对全球造成了极为强烈的冲击，直接导致了第一轮核电建设浪潮的结束，其严重后果至今尚未完全消除。

此后，由于全球气候变暖、化石能源面临枯竭等问题日趋严重，世界各国的节能减排压力巨大。而核电技术不断进步，核电站在正常运营时又能提供强有力的清洁能源，因此核电再次得到重视，全球逐步开始新一轮的核电建设浪潮。正是在这种背景下，中国核电获得了大发展。

然而 2011 年 3 月 11 日，日本福岛第一核电站在遭遇地震和海啸双重袭击后发生氢爆，核电业再次遭受重创，又一次站在了何去何从的十字路口。

图 1.1　从三里岛、切尔诺贝利到福岛

从历史的发展进程看，核电建设行业具有很强的周期性，常常是集中在一段时期加大核电工程建设及相关领域的投资，美国、法国、日本等发达国家均经历过类似的核电大发展时期。高峰期过后，核电建设进程会大大放缓，这导致高峰和低谷之间的对比非常强烈。全球第一轮核电建设浪潮退却后，在全球核电行业中仍具有活力的只有少数几家公司，大部分核电企业特别是工程类企业都缩减了规模，或转行做其他产业。

核电建设的这种高质量要求和强周期性特点，对核电工程类企业构成了极大的挑战。当核电建设高峰到来时，由于其专业性极强，很难从其他行业方便地调用技术人员、设备及其他资源，业务高速增长会带来资源日益紧张的挑战，这就是中广核工程公司在近些年所遇到的最大问题。高峰期过后，业务快速下滑时，公司又会遇到建设人员和资源过剩的问题，亟须进行业务转型，这也是未来中广核工程公司可能遇到的问题。对中广核工程公司的管理变革和战略选择实践进行解读离不开这一背景。

二、核电在中国

我国民用核电起步较晚，大亚湾核电站作为我国第一座大型商用核电站，仅于1987年才开工，到1996年建设了岭澳一期核电站。但真正的大发展还是进入新世纪之后，随着我国能源消耗的快速提升、原油进口量的不断攀升，煤炭带来的环境问题日益严重，发展清洁的新能源成为当务之急，作为最重要的新能源之一的核电，开始迈入迅速发展的阶段。

面对国内石油、煤炭等化石资源日益短缺、节能减排形势严峻的局面，2010年我国政府郑重承诺，争取到2020年非化石能源占一次能源消费的比重达到15%左右。核电等新能源的快速健康发展是国家提升能源持续供应能力、转变能源供应结构的首要依托。2012年10月，国务院常务会议讨论通过《能源发展“十二五”规划》，再次讨论并通过《核电安全规划（2011—2020年）》和《核电中长期发展规划（2011—2020年）》，根据最新的规划，到2020年全国核电装机容量目标将超过7000万千瓦时。

在此背景下，近十年来中国核电发展迅猛，大批核电建设项目筹划开工，截至2012年年底中国核电分布如图1.2所示。

三、中广核工程公司简介

中广核工程公司成立于2004年，为中国广东核电集团有限公司（以下简称“中广核集团公司”）的全资子公司，注册资本9亿元人民币，是我国第一家专业化的核电工程建设与管理公司，其前身是广东核电合营有限公司工程部（1987—1995年，负责大亚湾核电站工程建设）、岭澳核电有限公司工程部

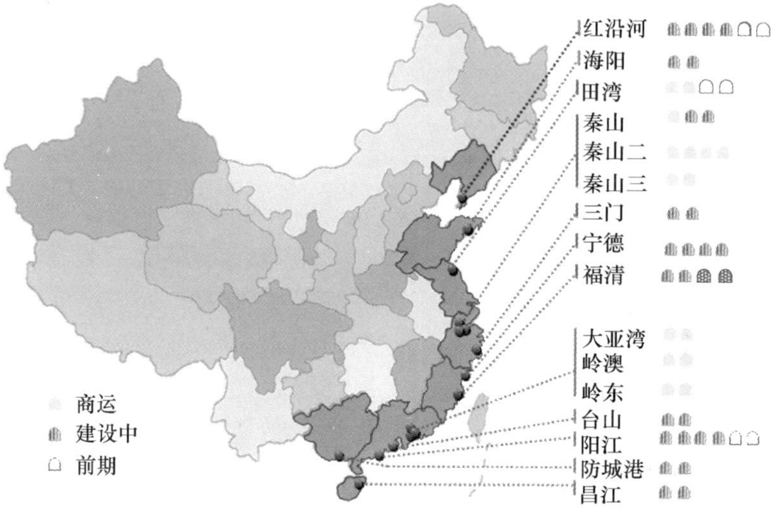

图 1.2　2012 年中国核电分布图（不含南海诸岛）

（1996—2003 年，负责岭澳一期核电站工程建设）。截至目前，公司共承担了 18 台百万千瓦级核电机组工程项目的总承包任务，在建核电机组的数量和装机容量均位居世界第一，同期公司还承担了 36 个核电站建设项目的前期工作。

经过高起点"引进、消化、吸收、再创新"的探索与实践，中广核工程公司逐渐发展成为一家专业化的核电 AE 公司（有关内容解释见第二章、第十章），其负责总承包的岭澳二期核电站工程是我国第一个全面实现"四个自主化"（自主设计、自主制造、自主建设、自主运营）的百万千瓦级核电站示范项目，形成了中国核电自主品牌——中国百万千瓦级改进型压水堆核电机组（CPR1000）。2010 年 9 月，岭澳二期核电站 1 号机组成功投入商运，机组各项运行指标超过世界同类电站运行业绩（例如，从商运到第一次大修的 301 天里没有非计划的停机停堆，创造了新的历史纪录），成为我国核电工业自主建设的里程碑。中广核工程公司发展历程如表 1.1 所示。

表 1.1　中广核工程公司大事记

2004 年 2 月	工程公司成立
2005 年 5 月	设计公司成立
2005 年 12 月	岭澳核电站二期开工
2007 年 8 月	红沿河核电站开工，公司形成"多项目、多基地"的发展格局
2008 年 1 月	工程公司和设计公司实施一体化，核电 AE 公司开始运作

（续表）

2008 年 2 月	宁德核电站开工
2008 年 12 月	阳江核电站开工
2009 年 1 月	公司正式建立“集约化、矩阵型、项目式”的组织管理模式
2009 年 2 月	中广核核电设备国产化联合研发中心成立
2009 年 12 月	台山核电站开工
2010 年 1 月	公司内部试行市场化
2010 年 7 月	防城港核电站开工
2010 年 9 月	岭澳核电站二期 1 号机投产商运

四、AE 战略的提出和本书的结构安排

在这一步步前行过程中，为适应未来发展需要，解决业务快速增长和资源、能力不足的矛盾，中广核工程公司提出了“打造国际一流的核电 AE 公司”的战略愿景。AE（Architect Engineering）是中广核工程公司向国际先进核电工程公司借鉴的一个概念，旨在打造能够为核电工程进行系统设计、对建造和项目管理全过程运作的强有力的市场主体。在这个过程中，中广核工程公司对内形成了独特有效的工程管理模式，对外则进一步整合核电全产业链资源、推动核电技术进步，成效卓著。

本书对 AE 战略的形成、意义和实施机制进行了系统的梳理，回答了：什么是 AE？中广核工程公司为什么及如何建设为 AE？AE 意味着什么？并解读其成功密码。

具体来看，第二章对 AE 战略的形成和意义进行介绍，探讨“什么是 AE”；第三章分析工程公司的改革举措，说明“如何构建 AE 公司”；第四、第五、第六章分别讨论工程公司的项目管理、技术创新、安全质量，这是 AE 最重要的核心能力，即“AE 有什么”；第七、第八、第九章讨论人力资源、领导力和企业文化，回答的是“AE 靠什么”，即如何通过对人的管理来实现 AE 战略；第十章对 AE 进行总结并归纳启示。

对这些问题的回答不仅仅是对中广核工程公司战略的一种解读，更重要的是，我们从中可以探讨一个重要问题，即未来中国工程应往何处去？当中国经济攀越更高一个台阶时，中国的工程企业应如何发展？希望读者能从本书中得到启发。

第二章

AE战略：路之抉择

冰冻三尺，非一日之寒；为山九仞，岂一日之功？中广核工程公司 AE 战略的确定经历了漫长的历程。大亚湾核电站和岭澳一期核电站的建设为工程公司的成长奠定了怎样的基础？发展过程中又遇到了哪些困难？中广核工程公司如何克服这些困难，最终选择了 AE 战略？AE 公司又意味着什么？中广核工程公司的战略抉择是中国工程企业的一个缩影，AE 战略也表现了中国工程企业一种重要的发展方向。

第一节　引进：风起大亚湾

一、国际核电环境

自20世纪50年代起，世界核电事业蓬勃发展，其中美国尤为快速，但之后的一次人为事故却让美国核电发展乱了阵脚。1979年3月28日凌晨，美国宾夕法尼亚州三里岛核电站忽然红灯闪亮，汽笛警报四处响起，堆芯压力和温度骤然升高，两小时后大量放射性物质溢出到核岛内。直到六天后，堆芯温度开始下降，蒸汽泡消失，氢爆威胁才得以解除。这次事故虽然未对环境造成大的影响，但约60%的铀棒损坏，反应堆最终陷于瘫痪。

三里岛事故后，美国的核电发展几乎停滞，法国、韩国、日本等则借此机会，大力发展具有自主知识产权的核电产品，顺利进入世界核电强国之列。然而1986年的苏联切尔诺贝利核事故再次给全球核电事业笼罩了一层阴霾，也促使安全标准不断提高，核电设计不断更新。

二、起步大亚湾

中国核电的起步沿着两条道路发展。第一条是由原国家核工业部主导推进的秦山核电站一期工程。秦山核电站位于浙江省海盐县海滨的秦山，1982年选定厂址，1985年动工，1991年建成并投入运行。秦山核电站是一座采用压水反应堆的工业规模的试验性核电站，其额定电功率仅有30万千瓦。无疑，秦山核电站一期工程的建设是成功的，我国过去并没有建造核电站的完整经验，这是第一次自主建设核电站。但也正因为如此，秦山核电站一期工程在经济性和技术性等很多方面都无法与国外先进核电站媲美。

对于后发国家来说，仅靠自主研发这“一条腿”很难追赶国际先进水平。因此，从国外引进核电站的先进技术成为中国核电发展的另一条道路。20世纪

80年代初香港电力供应紧张成为“另一条腿”发展的契机，毗邻的广东省利用得天独厚的地理优势把握商机，与中国水利电力部、香港着手推动在靠近香港、广州和深圳等电力负荷中心建造核电站，厂址最终选在了深圳大亚湾畔。

经过多轮磋商，基于技术安全和成熟性等多方面的考虑，中国以法国和英国为合作方，引进法国M310技术。其中，法国电力公司作为项目服务商（Project Service）负责工程服务，法玛通公司成为核岛供货商，英国通用电气公司则负责常规岛供货。大亚湾核电站的业主是广东核电合营有限公司，股东有两家——一家是内地的广东核电投资有限公司，占75%的股份；另外一家是香港核电投资有限公司，拥有25%股份。

中国对大亚湾核电站的定位和要求十分清晰。一方面，希望通过外方参与建设和参股的方式，使大亚湾核电站成为一个与外方接洽的合作平台，学习国外先进管理经验和技术，提高中国的核电技术能力；另一方面，国家也试图开拓核电站建设的新商业模式，希望大亚湾核电站通过借贷建设的方式减少政府直接投入，并转而以售电还钱的方式来偿还债务。由于巨额的投资，大亚湾核电站成为当时中国最大的中外合资企业，这艘大亚湾畔的巨型“航母”在各方努力下终于破冰扬帆，准备远航。

三、二十年回首

大亚湾核电站于1994年5月6日全面建成并投入商业运行。在这二十年间，大亚湾核电站获得了多项国际大奖。建成之后，大亚湾核电站就获得了美国出版的《国际电力》杂志评选的“1994年电厂大奖”，成为全世界五个获奖电站之一，也是中国唯一获得这一殊荣的核电站。自投入运营以来，大亚湾核电站的各项经济运行指标已达到国际先进水平。从1999年到2010年，在和64台法国同类型机组五个领域的安全业绩挑战赛中，大亚湾核电站共获得25项次的第一名。

大亚湾核电站取得的成绩远不限于此。2006年5月13日，大亚湾核电站1号机组较原计划提前12.94天完成了第一次十年大修，成为中国在运核电站中首个走过设计寿期内（除退役外）所有关键路径的核电站。2010年10月22日，大亚湾核电站1号机组刷新了整个燃料循环不停机、连续安全运行530天的国内新纪录；至2011年12月31日，该机组实现无非计划停堆安全运行

3 387 天，这是国内核电机组的最高纪录，目前该纪录还在继续延伸。

大亚湾核电站的建设和运行，成功实现了中国内地大型商用核电站的起步，实现了中国核电建设跨越式发展的目标，为中国核电事业的发展奠定了基础。

第二节　消化：学习在岭澳

岭澳核电站一期工程（以下简称“岭澳一期”）是中国自主建设百万千瓦级核电站的第一步，也是在大亚湾核电站建设基础上的一次巩固学习。通过岭澳一期的建设，工程建设能力得到了极大的提高。

一、管理模式的变迁

大亚湾核电站建设时期，中方和外方签订了三大合同，其中两个是采购合同，分别为与法国法玛通公司的核岛供应合同、与英国通用电气公司的常规岛供应合同，另一个是与法国电力公司的工程项目服务合同，主要涉及项目管理和技术支持。法国电力公司集工程管理和工程设计于一身，具有丰富的大型商用核电站建设与管理经验。图 2.1 粗略勾勒了建设大亚湾核电站时期的组织架构。

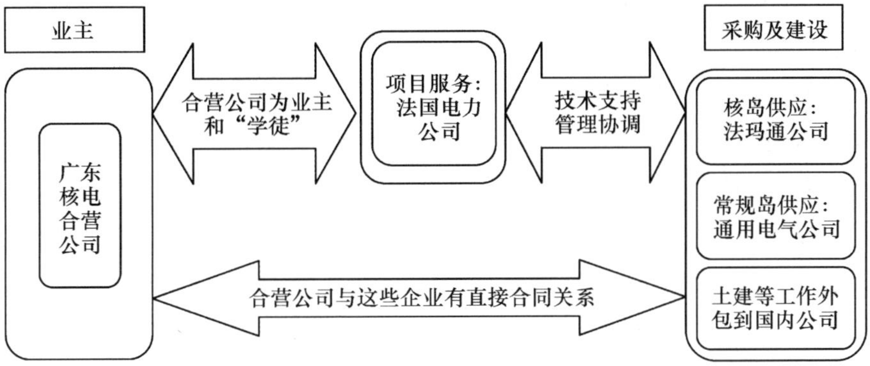

图 2.1　大亚湾核电站建设组织架构示意图

在岭澳一期，核岛设备仍由法国法玛通公司供货，常规岛设备主要由英国通用电气公司和法国阿尔斯通公司合作提供，这两大采购合同与大亚湾时期相比变化较小，稍有不同的是中方企业更多地参与了设备制造。不同的是，中方同法国电力公司的合同由工程项目服务合同（Project Service Contract，即 PS 合同）转变成了工程项目咨询合同（Project Consulting Contract，即 PC 合同）。

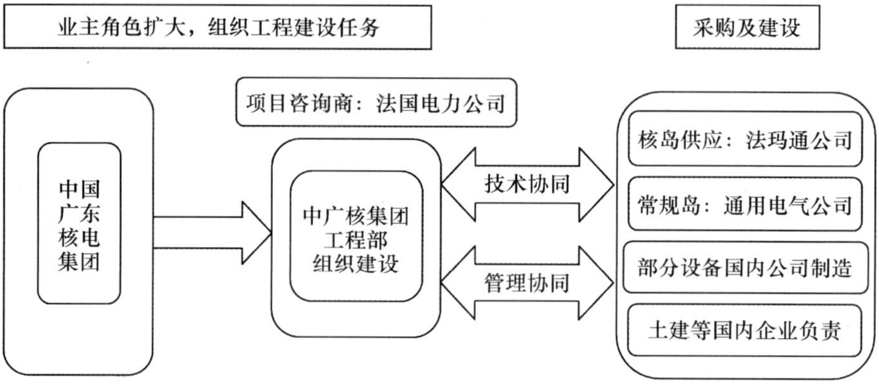

图 2.2　岭澳一期核电站建设组织架构示意图

对比图 2.1 和图 2.2，大亚湾核电站和岭澳一期核电站的区别一目了然，主要有三大不同：

第一个不同是业主的责任有所变化。在大亚湾核电站建设中，广东核电合营公司是纯粹的业主，几乎什么都不管，在工程建设中也仅以“学徒”的形式出现。然而在岭澳一期，广东核电集团的责任范围扩大，承担起了工程管理和部分设计管理的工作。这是在引进、消化、吸收建设核电站过程中，我们由被动转为主动十分关键的一步。

第二个不同是中方和外方的角色互换，双方在两个核电站建设中所起的作用不同。外方在大亚湾核电站建设中是绝对的主角，法国电力公司主导了核电站的所有设计工作和工程管理工作。但到了岭澳一期，法国电力公司的作用大大削弱了，作为项目咨询商，法国电力公司主要起到了一个管理和技术咨询的作用。

第三个不同是中方设备供应企业角色的转变。在大亚湾核电站建设过程中，由于这是我国第一次建设大型商用核电站，国内合格的供应商凤毛麟角，当时国内企业供应能力有限，大亚湾核电站的设备供应商大部分来自国外。到了岭澳一期，这一切发生了质的变化。中广核通过合同规定，要求国外企业将部分设备的制造工作分包给国内企业。在严格监造下，这些国内企业的设备制造能力水平迅速提升，除了极个别常规岛设备和一些核岛设备外，国内供应商为岭澳一期提供了一大批合格的设备。在建安施工领域，经过大亚湾时期的磨炼，国内公司如中核华兴建设公司和二三建设公司等，都可以毫无障碍地自主施工建造核电站了。

岭澳一期同大亚湾一样，装机容量为两台百万千瓦级的压水堆核电机组。岭澳一期的建设取得了全面成功，1 号和 2 号机组分别于 2002 年 5 月 28 日和 2003 年 1 月 8 日投入商业运行。岭澳一期获得了多项世界纪录，它圆满实现了工程质量、进度和投资控制三大目标，全部 187 个工程优良率高达 100%，两台机组分别提前 48 天和 66 天投入了商业运行，节省了 3.81 亿美元的投资，比国家预算节省了近 10%。岭澳一期是中国核电引进、消化、吸收过程中至关重要的一步。

二、国产化

（一）谋划岭澳二期

早在 1996 年原国家计委就已确定了核电发展“以我为主，中外结合，引进技术，推进国产化”的原则，并提出了实现百万千瓦级压水堆核电机组的“自主设计、自主制造、自主建设、自主运营”，但岭澳一期的国产化率只有 30%，尚未达到所希冀的目标。时隔八年，2004 年 3 月，岭澳二期被列为国家核电自主化依托项目，设备国产化率要求达到 50%—70%，期待在这里实现“四个自主化”的目标。

（二）岭澳二期的建设

岭澳二期采用的 CPR1000 技术，是以大亚湾核电站、岭澳一期核电站为基础，通过渐进式改进形成的中国百万千瓦级压水堆核电站技术方案。在法国 M310 技术的基础上，实施了 15 项重大技术改进和 40 余项其他技术改进，总体性能达到了国际同类型机组的先进水平。

岭澳二期核电站既要达到极高的国产化率，又要采用中国自主的型号。面对这一目标，中广核集团必须加快引进、消化和吸收的速度及深度。

在设计方面，中广核采取了模仿和“逆向工程”的方法。一方面，派出大量工程技术人员前往法国学习核电相关技术和管理知识。另一方面，公司组织技术人员突破攻关，通过回忆大亚湾和岭澳一期的建设过程，利用外方交付的结果性图纸，进行倒推演绎，在理解大亚湾和岭澳一期的基础上，系统地整合所学知识，形成自己的设计思路。经过不断努力，岭澳二期的工程技术人员终于突破了设计这个大难关。

在关键设备供应上，通过岭澳一期的建设，很多核电设备制造厂商已经拥有了一定的设备生产能力。因此，除了核岛等核心部件从国外采购外，大部分设备都由国内公司供应，其中常规岛设备由东方汽轮机公司供货。

在岭澳二期，与外方的合同变成了项目助理合同（Project Assistant Contract），外方的责任、作用比岭澳一期更小了。在岭澳二期项目中，中方已经完全掌握了大局，外方只派了少数代表留在中广核工程公司协助项目建设，帮助中方国内主要供应商解决技术和管理难题。但主体工作已经完全转移到了中方，外方仅仅是一个助理的角色。

图2.3是岭澳二期核电站建设的组织架构示意图，除了外方和中方角色互换之外，我们还可发现新成立的中广核工程公司在核电站建设当中已经起到了十分核心的作用，这在下一节将会有所论述。

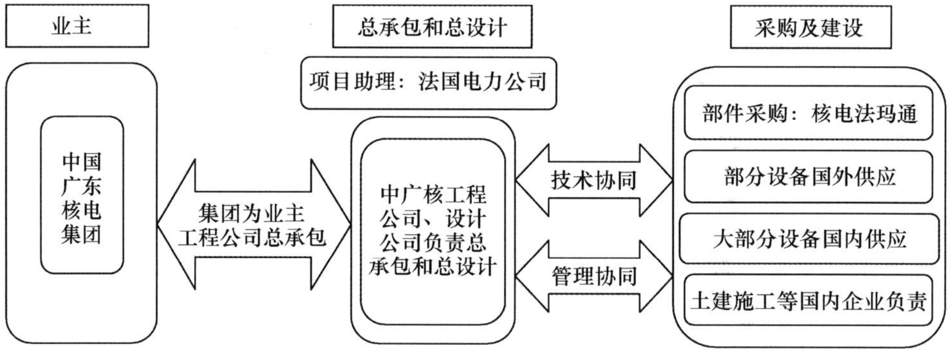

图2.3 岭澳二期核电站建设组织架构示意图

（三）岭澳二期建设成就

岭澳二期核电站建设对中国核电事业发展的贡献不言而喻。其国产化率高达60%以上，带动了我国核电产业的迅猛发展。一大批企业随着岭澳二期的建设脱颖而出，成为核电产业链上的佼佼者。同时，在岭澳二期采用的CPR1000核电技术加速了大型商用核电堆型自主化的进程。在岭澳二期建设过程中，新成立的中广核工程公司也初步彰显出专业化的强大力量。

中广核工程名词

从PS合同到PA合同

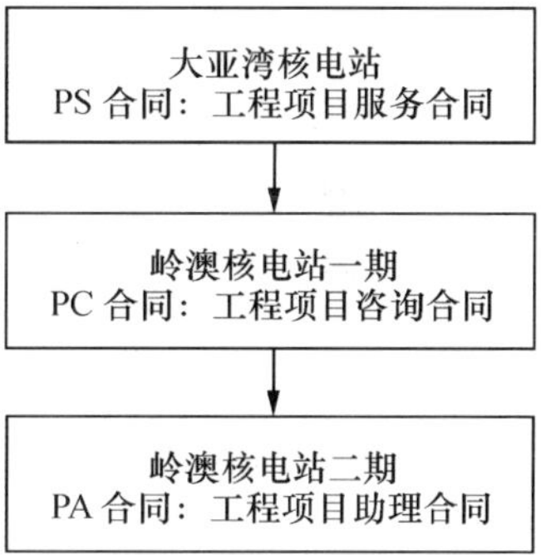

这三种合同关系的变化是中广核和外方关系演进路径、技术发展路径的写照。

PS合同的英文全称是Project Service Contract，即工程项目服务合同，外方在项目中完全负责工程管理服务和设计，中方充当“学徒”的角色。

PC合同的英文全称是Project Consulting Contract，即工程项目咨询合同，项目咨询是外方在岭澳一期担任的角色，此时，外方主要起到咨询师的作用，帮助中广核解决技术和管理难题。

在岭澳二期，合同再次转变为PA合同，即Project Assistant Contract，亦即工程项目助理合同，在其中，外方的作用进一步削弱，只充当核电站建设的助理。

从PS到PC，再到PA，昭示着中广核工程建设和管理能力的不断提升，这种成功的技术引进、消化、吸收方式可供其他产业或企业借鉴。

三、组织学习和能力培育

（一）组织学习的重要性

有西方学者曾经将组织学习总结为四个过程，第一个过程是感知（Intuiting），第二个过程是理解（Interpreting），第三个过程是整合（Integration），第四个过程是制度化（Institutionalizing），中广核能力的培养正是这四个学习过程不断循环加强的结果。

可以说，每建设一座核电站都是一个完整的学习过程。核电站的建设涉及近百个专业，其安全、质量、技术要求十分之高，建设难度远超于任何一座高楼大厦。同时，其工期延误将造成巨额损失的特点给工程建造和工程管理也带来了很大的困难。因此，要建设一座合格的核电站，不仅要对每个专业都十分熟悉，还要推动数个专业之间有效对接和有机结合，使专业之间产生协同的力量。

（二）核电站建设的组织学习

建设大亚湾核电站给中广核提供了第一个全过程学习的机会。在最初与外方接触时，很多中国员工并没有建设核电站的经验。为了更好地促进公司员工对核电站建设的了解和认识，中广核采取了“师傅带徒弟”的方式，每个员工每天耳濡目染，有了对核电站建设最初的感知。

到了岭澳一期，中方对核电站的建设有了较为深刻的认识。这一次中方把外方抛在了一边，自己扛起大旗，着手建设核电站。通过自主化的方式建设核电站，更为深入地理解核电站建设。这种理解不仅仅体现在制度和程序上面，也同样体现在技术的应用方面。中方基于自己的技术特点和人力资源特征，摸索出了一套安全、优质的核电站建设方法，积累了宝贵的经验，形成了核安全文化。

岭澳二期是一个加深和巩固的学习过程。岭澳二期的国产化率很高，这意味着更多的国内企业参与了核电站的建设。中广核此时不仅要处理工程和技术方面的难题，更要协调各大供应商和现场施工队伍。由于很多国内企业在供应设备时仍存在一定不足，中广核甚至派出了专职人员前去辅导。岭澳二期检验了岭澳一期形成的制度化规则，并在实践中对其完善和提升。

（三）能力的提升

这些促进学习的机制极大地提高了中广核的能力，特别是工程技术能力和工程项目管理能力。工程技术方面，岭澳一期以大亚湾核电站为参考，进行了52项重要的技术改进，其中核岛重要技术改进有33项，常规岛重要技术改进8项，电站配套设施重要技术改进11项，实现了生产调试自主化、部分设计自主化和部分设备制造国产化；岭澳二期在法国 M310 技术的基础上，实施了 15 项重大技术改进和 40 余项其他技术改进，并形成了中国自主品牌的百万千瓦级压水堆核电站技术（CPR1000）方案。

图 2.4 是中广核组织学习和能力培养过程示意图，从大亚湾核电站建设时期的感知和理解、学习核电工程管理和技术的相关知识，到岭澳一期的整合和制度化、通过亲身实践将理解的知识整合和制度化以固化学习成果，再到岭澳二期对所学到的知识予以巩固加强和更新。通过这一学习过程，中广核培养出了两大核心能力，一项是工程技术能力，另一项是项目管理能力。

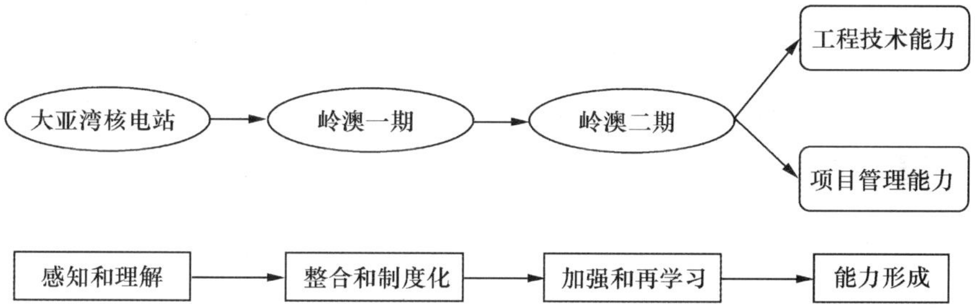

图 2.4　中广核组织学习和能力培养过程示意图

第三节　蜕变：公司的崛起

中广核工程公司的成立掀开了中国核电工程建设的新一页，专业化成为核电建设的新路径。中广核工程公司的组建是中广核集团专业化发展战略的重要选择，公司成立后所起到的作用也印证了这一战略的成功。

一、公司的诞生

2004 年，面对核电快速发展的形势，基于对外部环境和自身资源能力的判断，中广核集团着手开展了多项行动，借以抓住外部发展机会。在这些动作当中，最重要的莫过于成立中广核工程公司。

2004年2月20日，中广核工程公司成立，这是我国第一家专业化的核电工程建设与管理公司，揭开了中国核电工程建设的新篇章。这是中广核集团战略发展中的重要一步，是集团实现核电工程管理专业化、资源利用集约化和科学化最为关键的一步。

2005年5月18日，中广核工程公司和广东省电力设计研究院共同出资组建深圳中广核工程设计有限公司（以下简称“设计公司”）。当时的设计公司是国内唯一一家拥有核工程设计甲级资质与电力工程设计甲级资质的核电工程设计院，设计公司的成立有效提升了集团设计能力，推进了核电工程设计自主化及全面掌握核电技术标准和规范。

随着中国核电的发展，中广核工程公司原有的运作、管理优势逐渐消弭，多项目多基地的发展使工程公司的各种资源捉襟见肘，随着矛盾的进一步激化，中广核工程公司陷入了“成长的烦恼”。

二、成长的烦恼

（一）外部环境变化

全球节能减排、发展低碳经济、国际核电复苏等因素作为推手，促使核电快速发展时期的到来。2004年，我国核电的发展形势产生了巨大的变化，国家核电政策从“适度发展”转向“积极推进”，核电产业进入规模化、批量化的发展阶段。由于中广核集团对未来预期恰当，以成立中广核工程公司为首的一系列组合拳也颇为奏效，中广核集团在核电发展的大环境中抢占了先机。

与此同时，核电行业也面临着变化。国家主导引进新的核电技术，包括AP1000（美国三代技术）和EPR（法国三代技术），国家核电技术公司随之成立，核电产业竞争力陡然增强。

（二）内外矛盾

虽然说中广核集团在核电发展时迅速抢占了市场，但在内部矛盾和外部挑战的双重压力下，工程公司的发展陷入了困境。对此，工程公司领导和员工细致分析，把矛盾归纳为三个大方面，“三大矛盾”缠绕穿插，盘根错节，如图 2.5 所示。

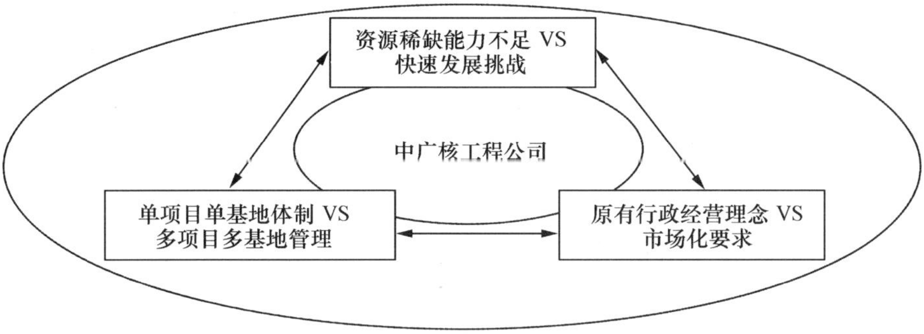

图 2.5　三大矛盾互动示意图

第一大矛盾是由外部和内部的互动产生的核电快速发展与资源稀缺、能力不足的矛盾。为满足经济和社会不断增长的能源需求，核电产业发展迅速。2005 年 12 月以来，我国共核准 10 个核电项目 34 台机组，核准规模 3 702 万千瓦。工程公司作为中国核电工程建设的主力军，建设高峰期同时有 16 台机组在建，资源稀缺和能力不足的问题逐渐凸显。在大亚湾和岭澳一期，国家投入大量资源支持核电站建设，资金和最好的设备源源不断地投入公司。因此，在设备、建设队伍等方面，公司并未感觉到压力，但随着多个项目同时启动，原来的那支经验丰富、精干高效的队伍在管理、技术等方面都很大程度地被稀释，有核电建设经验的关键岗位人员和高技能人才严重不足，国产化设备质量参差不齐、产能不足等问题，制约着核电产业的健康发展。

第二大矛盾是多项目多基地建设与原有单项目单基地管理体制之间的矛盾。大亚湾和岭澳一期建设时期，主要采取工程项目负责制。工程公司刚成立时，仍继续采用了这种机制。工程项目负责制对单一项目的建设极为有利，它的行政推动能力强，指令传达速度快，能够有效地监督和保证项目快速地建设。然而，随着辽宁红沿河、福建宁德、广东阳江、广西防城港等多个核电项目相继开工，工程项目负责制使得项目之间互相争夺资源，优质资源难以流动，信息难以共享，每个项目都成了经验的“孤岛”。

第三大矛盾是市场化与原有经营管理理念及模式之间的矛盾，根源在不断明晰的市场化趋势。在大亚湾建设时期，合营公司作为业主，和各个制造厂、分包商之间依据合同契约进行合作，国内的有关企业按照国家有关部门指令参与项目建设。但大亚湾项目完成后，参与项目建设的分包商、制造厂却面临没有新建核电项目的局面，专业技术人才和管理人员大量流失，高成本生产设备被迫转产。这种状况导致产业内的相关企业失去了长期投资核电产业的动力。为此，中广核工程公司必须作为行业的引领者，通过市场化运作，重构产业内企业的协作机制，使业主与总承包商、总承包商与制造厂、分包商之间建立共同发展的纽带关系，优化产业链协作机制，增强产业链内企业共同发展的信心。

“三大矛盾”是公司内外部矛盾的表征和总结，正是由于中广核工程公司认识到了三大矛盾，认识到了三大矛盾对工程公司能力建设的阻碍，才能够立足实际，思考公司未来的发展模式。

三、模式的探索

（一）工程公司和设计公司之争

随着时间的推移，解决“三大矛盾”、探索公司未来发展方向与管理模式愈发必要。工程公司和设计公司之间的争论也愈演愈烈。两家公司成立早期，运作相对独立。设计公司主要从事传统的设计任务，立足于交付图纸，责任也停留在交付阶段，后续工程建设中出现的问题并不是设计公司的主要责任。这是国内成熟设计公司的做法，有其必要性和可取性。由于中国核电技术尚不成熟，即使曾完整地参与大亚湾、岭澳一期核电站建设，岭澳二期时，工程公司在施工过程中仍需要和设计公司不停地修改图纸、做好接口衔接。因此，工程公司希望能够和设计公司全过程合作，让设计公司承担起为工程建设服务的责任。

两家公司在理念方面的争论促使中广核集团和工程公司开始思考未来发展的模式。究竟是设计与工程各自独立经营，还是设计服务于工程项目？二者的权责界定在什么位置更为恰当？未来的发展中，公司如何解决资源稀缺和多项目、多基地的建设问题？

（二）专业化与市场化的推动

除了设计公司和工程公司的争论之外，专业化和市场化的力量也促使公司思考未来的发展及运营模式。

核电工程建设专业化是核电站建设的发展方向。所谓专业化，指的是核电工程公司担负起引领产业发展的作用，安全、优质、高效地建设核电站。一般而言，专业化意味着提高效率、降低成本和增加利润。但对于复杂系统工程而言，特别是对于核电工程，专业化还能给公司带来前瞻能力。

基于中广核工程公司的发展状况，走专业化的道路是最佳选择。首先，专业化能够推动核电技术和管理技术更迅速地发展，从而保证多项目、多基地同时施工；其次，专业化能够引领配套资源的发展，带动产业上下游企业提升能力，并带来先进技术；最后，专业化的核电工程公司能够增强客户信心，促进市场繁荣。

如果说专业化是工程公司发展的必然选择，那么市场化则是促使公司向专业化发展的重要推动力量。在大亚湾和岭澳一期时，我国的核电站建设按照国家指令要求投入人力、物力参与建设。然而，随着市场的发展，部分优秀制造商由于没有享受到核电站建设的利益，纷纷转产。因此，工程公司必须进行市场化改革，带动产业链上下游企业共同发展，使配套企业享受核电产业发展的利益，这样才能安全、优质、高效地建设核电站。同样，市场化也能使工程公司前瞻性地洞察国际市场的机会。随着经济的发展，国际核电市场必然会有很大的发展，若想进入国际核电市场，专业化和市场化必不可少。此外，市场化还必须内外开花，大型国企内部权、责、利的不明晰，会导致自身专业化和获取外部市场化难以实施。只有把内部市场机制理顺，外部市场机制才能顺利地实施。

那么，以怎样一种模式发展才能更好地抓住市场化和专业化的本质，抓住核电市场发展的契机？

（三）AE 模式初探索

早在工程公司成立之初，中广核集团的领导就开始思考这个问题，并尝试做了一些研究。2005 年，工程公司着手向国外先进核电企业学习，通过学习发现，国外核电工程公司大都采用了 AE 模式（AE，即 Architect Engineering，指工程设计与建造、工程管理一体化的模式），AE 公司这个字眼首次进入了工程公司的视野；三年之后，即 2008 年，工程公司再次聘请外部咨询公司，全面对标，希望通过同国外先进核电公司对标，找出公司发展中面临的各种问题的解决办法。

公司对标的主要对象包括美国的柏克德工程有限公司（Bechtel）、法国电力集团（EDF）和阿海珐集团（Areva）、韩国的水电和原子能公司（KHNP）。在对标这些企业的同时，公司又总结了这几个国家核电产业的发展特点：

美国核电产业是一个宏大的工业体系，由24家电力公司、20多家私营核电站培训公司、700多家核电设备供应商和AE公司组成。美国核电站业主分散且数量较多，AE公司与制造商分设。美国负责核电设计和建造的企业（即AE公司）大约有20多家，其中最负盛名的就是对标的Bechtel公司。Bechtel公司独立于电站设备制造商和发电企业，专门负责电站的系统设计、建设和工程管理。Bechtel公司涉及的市场领域很多，包括桥梁建设、石化等工程，即使在电力领域其业务范围也涵盖了核电、水电以及其他电力。

法国采用集中业主制，EDF是法国59座核电运行机组的唯一业主，同时也承担了AE公司的责任，并拥有法国Areva（核电站主设备供货商）公司的部分股份。在20世纪70年代，EDF就构建了核电总体工程管理体系，主要负责核电站的整体设计、工程和设备采购以及运行经验反馈。作为一家AE公司，EDF同中广核的关系十分密切，大亚湾核电站和岭澳一期核电站就是在EDF的帮助下建成的。

KHNP负责管理韩国所有的核电站，这和EDF有些类似，它负责从核燃料供应、核装备供应、核电站建造、运营管理到销售的整个产业链的环节。

当然，还有其他AE公司存在。例如日本，AE的功能主要隶属于以设备制造厂为主体的大型集团公司，分别为东芝（Toshiba）、日立（Hitachi）和三菱重工（Mitsubishi），这些AE公司与核电工程系统设计、成套设备供货等紧密地结合在了一起。

美国、法国、韩国、日本等国家的核电产业各有特点，但其两个共同点不可忽视。第一是AE公司的集成作用，AE公司集成了全国乃至全世界的力量和技术能力高效建设核电站。第二是AE公司的引领作用，AE公司在核电建设中发挥主导和“龙头”作用，能够引领行业内其他企业进行创新、发展。这两项作用虽在各AE公司中表现程度有所不同，但都有所体现。

总之，经过同国际一流核电公司对标，中广核工程公司对AE这一词语有了大致了解。然而，AE 模式究竟有什么内涵，中国环境下的 AE 公司应有怎样的特征，中广核工程公司是否要将 AE 作为公司发展的战略，这些问题还需要进一步探索。

第四节 目标：国际一流核电 AE 公司

企业要健康发展、基业长青，一个好的战略定位必不可少。那么中广核工程公司要选择什么样的发展道路？AE 公司又有什么样的特征呢？

一、战略定位：AE

（一）从 AE 到 AE 战略

AE 的英文全称是 Architect Engineering，简单来说就是设计建造一体化，有建造监督管理和设计构想的含义。AE 的概念源于美国，AE 公司一般指专门从事工业设施与建筑物的规划设计、工程建造和管理的公司。早期的 AE 公司主要为建筑承包商，后来逐渐发展到各个行业。核电 AE 公司最早出现在美国，在大规模的核电建设中，美国核电行业结合其他行业的成功典范，出现了独立于电站设备制造商和发电企业，专门为核电站提供系统设计、工程建造和管理服务的公司，即核电 AE 公司。核电 AE 公司的出现，是核电规模化、专业化、市场化发展的结果，同时也能进一步推动核电工程建设专业化水平的提升，安全、优质、高效地建设核电站是核电 AE 公司的核心价值。

就中国核电产业而言，无论是现场施工技术还是设备制造技术都有待提升，核电上下游产业需要密切合作、优势互补，此时，一家集成产业链的 AE 企业是势之所需。同时，中国幅员辽阔，核电产业有着广阔的发展空间，这要求工程公司必须具备产业引领能力，一是要引领周边企业形成合力，二是要具备核心技术，引领产业向更安全、更优质的方向发展。只有选择 AE，中广核工程公司才能更好地利用自身的优势，与产业链相关企业紧密合作，抓住外部机会，规避威胁。在这种形势下，中广核集团和工程公司决定，把 AE 战略作为工程公司未来的战略发展方向。

中广核工程公司的经营理念是以市场为驱动、以客户为导向。该理念大体有两层含义：第一层含义是要满足市场和客户的现实需求，即当市场和客户需要核电达到某种技术要求时，工程公司应以这种要求为驱动，不断实现管理进步和技术进步；第二层含义是要求中广核工程公司有前瞻性，即发掘市场和客户的未知需求。作为专业的核电 AE 公司，中广核工程公司应发挥技术主导的作用，发掘客户与市场的潜在需求。这种以市场为驱动、以客户为导向的方式，不但能帮助工程公司赢得客户和市场的信任，而且能从客户和市场中洞察未来的技术和市场需求，增加未来收益。

（二）AE 模式

上文简要介绍了中广核工程公司作为核电 AE 公司的核心价值和经营理念，但中广核工程公司的 AE 模式到底有什么不同于欧美等国家的 AE 模式之处呢？这得从中国的核电产业特征谈起。总体来看，中国核电产业有以下四大特征：

第一，体制特征。中国的核电产业受到国家的严格管制，核电从业的资格也受到严格审核，目前仅有三家大型国有企业具备建设核电站的资质。因此，核电产业的发展很大程度上取决于国家政策导向。

第二，产业特征。国外核电产业的主设备供应商具备核岛主系统设计能力，例如法国的 Areva，而国内主设备供应商没有这方面的能力。同时，国内也没有类似于美国 Bechtel 这样的专业核电建设与管理公司。因此，国内的核电建设公司可能要承担多重任务。中广核工程公司在探索国内核电行业特征时发现了这一关键点，只有承担起“Areva + Bechtel”的功能，才能有效地推动核电站的建设，促使核电建设专业化的发展，真正安全、优质、高效地建造核电站。

第三，技术特征。中国核电起步较晚，技术发展相对来说还不是很成熟。通过引进、消化、吸收和再创新形成的 CPR1000 是型号自主化的一大突破，但前途漫漫，CPR1000 还要持续创新。在三代核电技术方面，我国也在努力追赶世界领先水平。技术水平的现状给工程公司带来了新的挑战，工程公司不仅仅要建好核电站，还要承担起核电自主化、国产化方面的任务。

第四，配套资源特征。配套资源指的是整个核电配套体系，包括核电人才的储备、产业工人的储备、设备制造企业的能力、土建施工企业的能力等方面。互补资源相对较弱是国内核电产业的软肋之一。经过大亚湾、岭澳一期等核电站的建设，中国核电配套企业的人才储备、制造能力都得到了较大的提高，但同发达国家相比，我国核电配套产业还有很长的路要走。

我国核电产业四个独有的特征决定了中国核电 AE 公司具有不同于其他国家的特征，我们的 AE 公司应具备一些独特的性质。那么，具体到中广核工程公司，若想成为一家合格的核电 AE 公司，应具备哪些特征？

从宏观的角度来看，AE 公司是以项目群拢聚资源，带动产业群发展，借产业群加快能力建设，从而实现项目群的建设目标，并引领行业发展方向。作为 AE 公司，工程公司应在推进核电自主化、国产化方面发挥主导作用，辐射带动我国核电产业整体能力的提高。

从微观的角度来看，AE 公司主要有以下两大特征：其一，AE 公司应具有极强的工程设计能力，包括总体设计能力和初步设计能力；其二，AE 公司应拥有一支经验丰富的项目管理团队，可以有效控制项目建设的安全、质量、成本和进度等风险，这在建设大型复杂工程中会表现得更加突出。

结合工程公司的经验，中国特色的核电 AE 公司特征可从两个层面总结：第一个层面是从宏观的角度，它是一个集成与引领的理念，其目的在于整合碎片化的资源，带动行业生态发展；第二个层面是从微观的能力角度，AE 公司应具备两方面的能力，即技术能力和资源掌控能力，AE 公司应通过这两个能力发挥资源整合和放大效应。通过承担多个项目的全过程建设，不断提升其工程管理能力，通过参与项目运行后的工程改造、设计服务，以及后端向前端的经验反馈，提高 AE 公司的系统设计理念。因此，AE 公司能够迅速并系统化地积累工程建设经验，实现集约化、专业化和标准化生产，并按照运行实践经验进行不断的改进，从而推动技术的持续发展。

显然，AE 战略能够为工程公司带来诸多益处，特别是有中国特色的核电 AE 更是中广核工程公司的追求。然而，战略目标虽令人欣羡和叹服，但从起点到 AE 战略的完全实现并非康庄大道，路上必定会经历泥泞坎坷。在通往 AE 战略的征途中，中广核工程公司要解决“三大矛盾”，要改变公司过去的行为习惯，还要保持公司良好的安全文化氛围，其过程何其艰辛！

二、战略准备：三大转变

（一）改革驱动力

工程公司既已将 AE 战略作为公司目标，那么培养公司能力，使公司经营和环境发展相匹配便成为当务之急。然而，转变谈何容易？从大亚湾起培养的一套做事方法已经深入每一位员工的内心。“三大矛盾”似三座大山，横亘在 AE 战略前面。公司务必要祛除员工惰性，使员工认识到改革的必要性。

若想改革，两个因素必不可缺：第一个因素是推动员工思维和行为转变的动力，也就是改革的原动力；第二个因素是员工思维和行为方式的转变，这种转变会促进公司组织结构的变化，使改革能够顺利进行。第一个因素必须要先行一步，倘若没有改革的原动力，思想的转变就难以发生，接下来的改革也无从谈起。

对于中广核工程公司来说，转变和改革的动力有四种，如图 2.6 所示。

第一种动力是问题驱动力，所谓问题驱动力主要是指中广核工程公司进入核电快速发展时期所面临的种种矛盾，其中又以“三大矛盾”为主。

第二种驱动力是机会驱动力，主要指的是外部环境中存在的种种机会。例如，核电快速发展为工程公司的每个员工所认知，若以抓住外部机会为变革目的，将得到不少员工的认同。

第三种驱动力是资源驱动力，所谓资源驱动力，是指公司储备的种种物质和非物质的资源、能力有助于转变的发生。“巧妇难为无米之炊”，如果工程公司没有足够的资源支撑，只是空谈“转变思想，走向 AE”，难以让员工从内心认同。

从本质上来说，上述三大驱动力都是被动型的驱动力，真正意义上促进公司思想转变的是第四种主动型的驱动力，而最关键的主动型驱动力莫过于高层管理团队的推动。在很多案例中，高管改革驱动力都是非常重要的一个因素，中广核工程公司也不例外。早在 2005 年，公司管理层就酝酿着进行变革以走向 AE 模式，2008 年这种推动发生了质变，公司高管齐力成为改革的推动者。

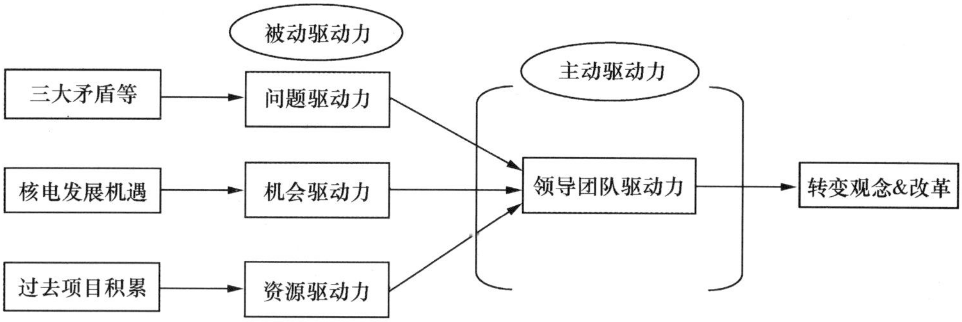

图 2.6 中广核工程公司变革驱动力

(二) 转变思维

一旦公司上下思变，理顺思维就会容易很多。经过不断的调研和思考，工程公司领导班子在 2008 年 9 月提出了工程公司观念和角色的“三大转变”，分别是公司角色的转变、管理模式的转变和工作方式的转变。

首先，公司角色的转变是指公司从业主工程部的角色转变为承包商。这一转变的核心是公司要走专业化道路，是工程公司勇于承担国家核电发展任务的体现。若要打造专业化的核电 AE 公司，将自己拘囿于中广核集团的项目远远不够，工程公司的业务范围应拓展到其他业主的核电项目，甚至走向全球。转换公司角色是中广核工程公司员工转换观念的第一步，也是第一块坚实的基石。

其次，支撑公司角色转变的关键是管理模式的转变，从单项目单基地建设向多项目多基地的管理模式转变。多项目多基地导致工作量急剧增加、资源的需求量大幅增长、工程安全质量管理的难度大大提高，进而导致工程管理的复杂程度加大。为此中广核工程公司必须要采取有效的措施，切实转变管理模式。

最后是工作方式的转变，这更为微观，涉及员工个体的行为，即从被动的任务接受型向主动的战略谋划型的转变。随着我国核电的快速发展和工程项目的迅速增加，工程公司必须思考作为市场主体的发展方向和路径。领导层深刻地认识到，公司必须要走市场化道路，加强精细化管理，增强市场竞争力，主动适应环境、谋划未来，实现从被动的任务接受型向主动的战略谋划型的转变，以尽快成长为国内核电 AE 标杆，向国际一流核电 AE 公司迈进。

这“三大转变”相互依赖，互为补充，是进一步改革的保障。同时，“三大转变”依次递进，公司角色的转变是最基础的转变，涉及公司的定位生存问题，只有把公司放在正确的位置，员工才能摆正自己的位置。管理模式转变和工作方式转变是公司角色转变的有力支撑，只有实现管理模式和工作模式的双转变，公司角色才能够真正得到转变。

经过这一系列组合拳，工程公司内部关于公司定位和未来发展的讨论愈来愈热烈，AE战略逐步得到了一致的认可，上至领导层、下至员工层的观念都得到了一定程度的统一。随着“三大转变”的持续深入，改革接踵而至。

第三章

组织变革：AE公司的组织设计

国家由适度发展核电转向积极推进核电建设，促使核电进入规模化、批量化发展的新阶段，工程公司逐渐从单项目单基地建设向多项目多基地建设转变，原有的组织架构、管理模式及激励机制是否仍能适应外部环境的变化和业务发展的需求？如何设计有效的组织架构来明确责任分工？如何建立清晰的权责体系来落实责任、提升效率？如何构建公平公正的激励与约束机制来调动员工的工作积极性？工程公司通过对自身的组织架构、管理模式以及分配机制进行变革，逐步实现国际一流核电 AE 公司的战略发展目标。

第一节　组织变革背景

管理学者对组织变革的定义和内涵进行了深入的研究，他们认为，组织变革就是企业为适应内外条件的变化而进行的，以改善和提高组织效能为根本目的的一项活动。组织变革往往是由于外部环境变化（经济、竞争、管制等）造成的外部不确定性或组织内外部不匹配所引起的。外部环境发生剧烈变化时，内部机制和组织架构若仍然保持不变，就会产生内外环境的不适应，当这种不适应性越来越明显时，就会催生出组织变革。

组织可以持续成长，源于其内部积蓄的经营资源中未被利用的部分，当未被利用的资源出现不平衡时，就会产生资源失衡矛盾，而这个矛盾正是组织不断发展、不断变革的原动力。企业要不断适应环境变化，就必须成为一个学习型组织，即能熟练地创造、获取和传递知识的组织。这要求组织善于修正自身的行为，通过保持学习能力，及时铲除发展道路上的障碍，不断突破组织成长的极限，保持持续发展的状态。

中广核工程公司进行组织变革就是外部环境变化的结果，也是组织业务增长导致内部各种矛盾不断凸显的结果，更是成为国际一流核电 AE 公司的前提和保障。从更高层次来看，如何推进国有企业改革、提高管理效率、建设学习型组织，也是中广核工程公司组织变革的长远考量。

如第二章所述，促使中广核工程公司开展组织变革的一个非常重要的因素是，国家由适度发展核电转向积极推进核电建设，核电进入规模化、批量化发展的新阶段时，公司内部存在着不可忽视的“三大矛盾”，这“三大矛盾”是组织在发展过程中逐渐累积下来的，也是组织变革的重要推动力量。

核电快速发展与自身资源稀缺、能力不足的矛盾是组织变革前组织内部面临的最严重矛盾。一方面，业务量的突飞猛进使得有限的资源捉襟见肘，装备产能、运营效率、人力资源、管理能力等无法跟上核电快速发展的需要。另一方面，资源、能力的配套跟进不可能一蹴而就，尤其是在人力资源——中广核工程公司最为重要资源的准备度上，公司在业务迅速增长的过程中长期存在人才缺口，新进人员不可能在进入公司后立即成为满足岗位需求的高素质工程师（通常，把缺乏核电建设经验的新员工培养为一名合格的核电工程师至少需要五年的时间）。人力资源的素质、数量无法满足项目建设的刚性需求，特别是核心岗位的人才缺口，不能立即得到填补。与此同时，随着工程公司承建的项目数量逐渐增加，用工需求在一定时期内必定会迅速增长，而在运营成本的控制下，人员总量不可能在短时间内无限扩张，这就进一步激化了组织的内部矛盾。

多项目多基地建设与原有项目管理机制的矛盾是组织发展过程中不可避免的矛盾。从2008年开始，中广核工程公司逐渐形成了岭澳二期、红沿河、宁德、阳江、台山、防城港等多个核电项目同步建设的局面。多项目多基地建设对工程公司的资源配置、管理能力提出了更高的要求，而原有的单项目管理机制显然无法适应这些要求，于是出现了一系列问题：首先，在直线职能式的部门化运作方式下，每个项目相当于一个独立的“小公司”，项目的独立运作使有限的资源被项目部禁锢，为了留住对自己有用的关键人才、核心资源，每个项目部都全力抢夺资源，导致资源在公司范围内难以实现有效共享；其次，在这种运作方式下，一旦工程公司承担一个项目，就要重新对包括人力资源在内的各种资源进行准备和部署，既造成了大量的资源浪费，也增加了管理难度，影响了公司的整体竞争力；最后，经验反馈难以实现，每个项目自成体系，单个项目出现的问题和经验不能在各项目间及时有效地共享。因此，这种“闭关自守”式的单项目管理方式，无法满足多项目多基地建设的要求，难以达成公司整体利益最佳、公司整体效率最高的目标。

市场化与原有的经营管理理念及模式的矛盾是AE战略指引下日益凸显的矛盾。首先，部门不单独核算成本，导致各部门成本意识不足，工作效率低下，公司管理成本居高不下；其次，在原有管理模式下，公司内部存在吃“大锅饭”的现象，没有实行差异化的激励与约束机制，奖金分配不能奖优罚后，导致公司内部滋生出“人多好办事”、“干多干少一个样”的思想，“搭便车”的现象比较严重；最后，长期以来，工程公司的工作主要是依靠行政命令方式推动，而不是依靠激励，致使员工求生存、求发展的意识淡薄，工作积极性难以充分调动起来。有学者指出，当一个企业开始认识到自身陷于危机之中的时候，会产生一种紧迫感，这种紧迫感是催生组织变革的第一步。在这种紧迫感的驱动下，企业会积极谋划组织变革，使企业化险为夷。中广核工程公司也是如此，面对外部环境的变化和组织内部的“三大矛盾”，公司的领导层越来越认识到，要成为国际一流的核电 AE 公司，进行一场涉及组织责、权、利的组织变革，势在必行！

中广核工程公司自 2008 年起进行了一场深入而持久的组织变革——“三分改革”，其背景可总结为图 3. 1。

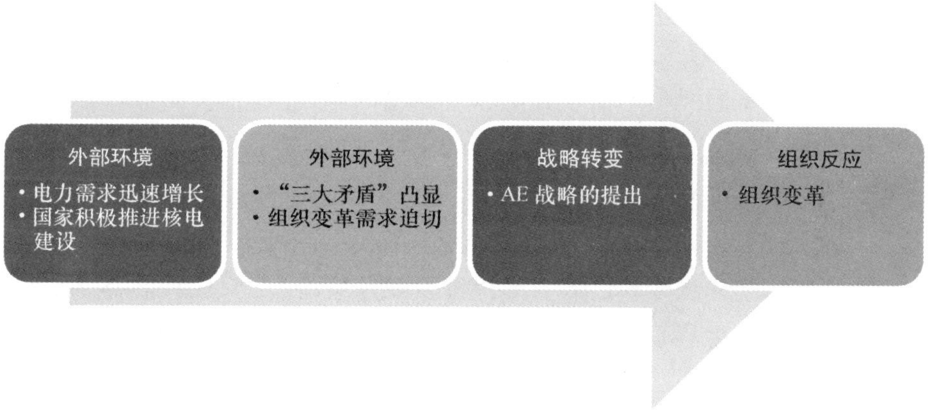

图 3. 1　组织变革的背景

第二节　三分改革

中广核工程公司自 2004 年成立以来，经历了起步阶段（2004—2005）和快速发展阶段（2006—2008）后，进入全面提升阶段。自 2008 年起，公司创造性地开展了一场深入而持久的组织变革——“三分改革”。

纵观学术界有关组织变革的研究，不难发现，组织变革的内容包括企业使命与核心价值重设、组织结构重组、组织再造、权力重置、企业文化重塑、规划策略重建等几大方面。中广核工程公司的组织变革也正是基于这几个方面，结合业务发展需求与企业管理实际，从组织结构的重组、重要权利的重置、分配机制的重建等方面进行“分层运作、分权经营、分灶吃饭”（即“三分”）改革。

一、“三分改革”的内涵

组织的本质是由一群不同层次、不同能力的人组成的队伍，这个队伍要有效地工作、达到既定目标，就必须有清晰的职责分工和有效的约束与激励机制。AE战略目标确定以后，需要根据这个目标搭建合理的组织结构、梳理相应的工作流程、明确不同部门的权责分配和资源投入等，从而确定组织的层级关系和人员配置，并制定相应的激励与约束机制。

“三分改革”从本质上来说，就是“让专业的人，做专业的决策，做专业的事”。如前所述，中广核工程公司在业务快速发展的同时面临着稀缺资源难以共享的问题，如何在多项目间有效地配置稀缺资源，这是决定中广核工程公司运作成败的关键要素。中广核工程公司提出“三分改革”，试图解决三个问题：如何进行组织分工、如何进行权力分配以及如何有效地进行业绩评估与激励。这三个方面就如同一张桌子的支架，共同支撑着组织目标的达成，失去其中任何一个，组织目标都将难以实现。图3.2展示了“三分改革”的深层内涵。

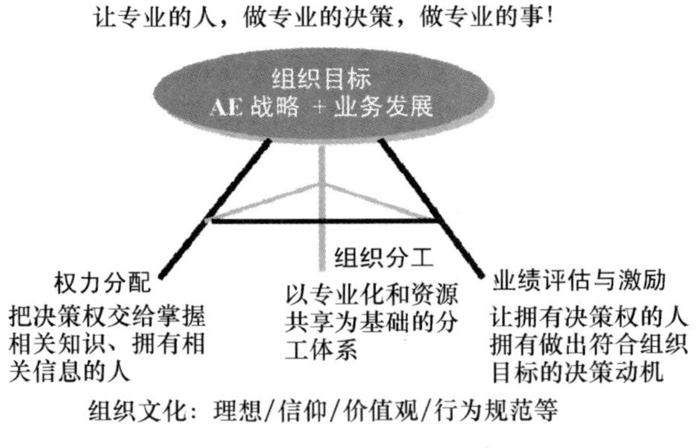

图3.2 “三分改革”的内涵

为了解决组织专业化分工的问题，中广核工程公司实施了“分层运作”，明确以专业化和资源共享为基础的分工，建立以专业化分工为基础的职能定位系统、以资源共享为目标的资源配置系统，保证“让专业的人，做专业的事”，进而保障工程建设的质量和效率。

但是仅仅依靠“分层运作”实现专业化分工还远远不够。“分层运作”后的专业分工意味着每个专业、每个职能、每个环节都对最终绩效产生影响，但每个职能都不能对最终结果承担全部责任，致使责权的模糊性增强。因此，中广核工程公司提出“分权经营”来解决权力如何分配这个问题。“分权经营”的内涵是把决策权交给掌握相关知识和拥有相关信息的人，“让专业的人，做专业的决策”，从而确保做出符合组织目标、符合环境与资源约束的正确决策。

然而“分层运作”和“分权经营”遗漏了一个重要因素：组织中个体的行为动机与意愿。因此，为了充分调动员工的主观能动性，中广核工程公司进一步推行了“分灶吃饭”改革。“分灶吃饭”的内涵是通过对员工业绩的量化考核和合理激励，让拥有知识、信息、能力的人有足够的动力和意愿按照符合组织目标的方式为公司做出贡献，实现组织与员工的共同发展。

在“三分改革”过程中，中广核工程公司的组织文化在调动员工的动机和意愿方面，也起到了重要的助推作用。

二、“三分改革”的内容

“分层运作”旨在理顺公司经营管理组织，按照“一个 AE 公司、三类组织、两级矩阵”的思路，进一步明确各类组织的定位，将公司部门按职能管理、业务中心和项目团队三大类进行分类管理。在公司内部构建了完整清晰的 E（设计）、P（设备采购及成套）、C（施工管理）、S（调试）四大业务板块，理顺了三类组织在项目推进、能力建设、资源调配、人才培养等方面的关系，优化公司组织结构；通过以“两级矩阵”为核心的项目团队建设和项目式运作，建立和完善“集约化、项目式、矩阵型”的项目运作机制。

“分权经营”旨在落实决策及管理责任，梳理公司各级授权体系。“让听得见炮声的人决策”是中广核工程公司“分权经营”的一个形象的比喻，意即让掌握相关信息和知识的人进行决策。“让听得见炮声的人决策”实际上是“让专业的人，做专业的事”，也是决策权下沉的体现。“分权经营”对各级管理者，特别是项目总经理、业务中心经理、专项经理的权限提出了新的要求。通过授权体系优化，协调局部需求与整体利益的矛盾，解决矩阵型管理带来的组织绩效、个人绩效评估及内部交易评价与分配机制之间的矛盾。同时，项目总经理在安全、质量、进度、成本、技术、环境方面的“六大控制”责任，也通过授权体系得以落实。在此基础上，公司重新梳理公司治理、公司管理及项目管理的授权，并以制度化形式将授权固化下来。

“分灶吃饭”旨在结合市场对标，建立激励与约束机制，鼓励价值创造，建设内部市场化交易机制，实现市场化。“分灶吃饭”指的是按项目产值分灶、凭绩效结果吃饭，即将核电建设项目任务以及战略任务所需要投入的资源以相应的产值分解到各个业务板块及前后台，年底根据各业务中心、项目团队的实际投入产出比以及项目综合绩效进行最终的产值结算，并在年度工资总额范围内，兑现项目绩效奖金。根据业务中心、项目团队、职能部门三类组织所完成的任务及各自在公司发展中的职能和定位，三类组织实施差异化的激励与约束方案。

总体而言，“三分改革”的“三分”层层推进、环环相扣，如图3.3所示。通过“分层运作”，理顺公司内部管理结构，实现职能部门、业务中心、项目

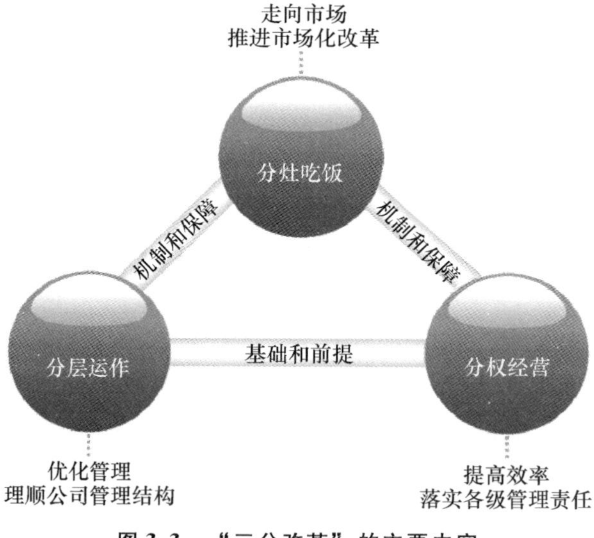

图3.3 “三分改革”的主要内容

团队三类组织的分类管理，以“两级矩阵”为核心实现“资源共享、矩阵型管理”的项目式运作；通过“分权经营”，优化公司各级授权体系，落实各级责任边界，提高效率，协调局部需求与整体资源分配的矛盾；通过“分灶吃饭”，建立激励与约束机制，实施差异化的分配方案，按项目产值分灶、凭绩效结果吃饭，推进市场化改革，调动员工的工作积极性。“分层运作”和“分权经营”是“三分改革”的基础和前提，离开了它们，公司难以应对多项目多基地建设的格局，而“分灶吃饭”则为“三分改革”提供了机制和保障，没有分灶式的激励机制，则难以保障变革过程中的优秀人才供给。

中广核工程名词

“三分改革”——“分层运作、分权经营、分灶吃饭”

“三分改革”是中广核工程公司为应对外部形势变化，缓解组织内部矛盾，推动AE战略实施所进行的一场深入的组织变革。“三分改革”中的“三分”指的是“分层运作”、“分权经营”和“分灶吃饭”。

“分层运作”的核心是打破传统的职能结构，建立矩阵式结构。通过“分层运作”，公司梳理出“一个AE公司、两级矩阵、三类组织”，理顺了公司的管理结构，实现了组织灵活化。

“分权经营”旨在通过权责的重新划分落实决策及管理责任，让掌握相关信息和知识的人进行决策。通过“分权经营”，公司优化了授权体系，并通过决策权下沉，实现了权责明晰化。

“分灶吃饭”是公司通过对标进行精细化管理的创新做法，通过“分灶吃饭”，公司完善了内部的激励约束机制，并通过产值分配和绩效量化鼓励价值创造，实现了内部市场化。

第三节 组织灵活化：分层运作

“分层运作”是“三分改革”的第一步，它的成功推行为工程公司成长为国际一流的核电AE公司奠定了坚实的基础。“分层运作”按照“一个AE公司、三类组织、两级矩阵”的思路，理顺公司的管理结构，明确各类组织的定位，最终建立和完善“集约化、项目式、矩阵型”的项目运作机制。

一、工程设计一体化：一个AE

2008年以前中广核工程公司和设计公司独立运作，致使两家公司在多项目建设中出现诸如争抢有限资源、理解沟通不畅、相互推诿责任等问题。为了落实AE战略、优化资源配置、提升运作效率，2008年工程公司和设计公司实施一体化运作。离开“一个AE”的概念，AE战略将变成无水之源，组织变革也将缺乏组织根基。

工程、设计一体化后，公司仍然面临三个突出问题：一是设计院作为AE公司的下属机构应该如何定位？二是设计院如何进行部门化运作？此外，一体化之后设计院是否意味着不再重要了？

面对一体化运作带来的这些疑问，公司对“一个AE”进行了明确的界定。

首先，“一个AE”强调设计院要坚持作为AE公司设计院的定位。社会上公司化运作的设计院与AE公司框架下的设计院其目的是不完全一样的，发展使命也是不一样的。AE公司设计院是公司自己的设计院，将支持工程建设作为其主要目的，强调设计板块如何为采购、施工、调试板块提供优质的服务和产品。

其次，“一个AE”强调设计院部门化运作。部门化运作是设计院在AE公司架构下的运作表现形式，其考核、分配以及最重要的行政权力必须要由公司进行统筹管理。

最后，“一个AE”并不意味着削弱设计院。AE战略的打造需要拥有一流的设计院，没有一流的设计院也就不会产生一流的 AE 公司。因此，尽管不实行公司化运作，但是设计院仍然是 AE 公司的脊梁，在核电快速发展的形势下，只有在 AE 公司的构架下，设计院才能更好地发挥作用。

二、组织的梳理：三类组织

在“分层运作”之前，工程公司采用直线职能式的部门化组织结构，如图 3.4 所示。每个项目配备一套人马，资源使用效率低下。随着核电建设任务的增多，人员数量与在建机组数量同比例增长，协调难度和管理幅度越来越大，成本费用越来越高，这种组织结构已不能满足多项目多基地建设的需求。

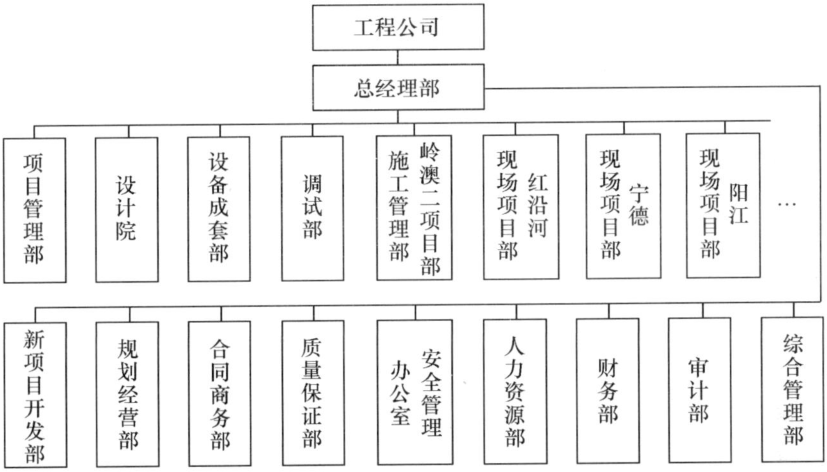

图 3.4　变革前工程公司的组织结构图

通过“分层运作”，公司将组织分为职能部门、业务中心和项目团队三大类。项目团队是工程建设的直接推动者，与职能部门、业务中心通过前后台协作关系形成有机整体，是业务中心和相关职能部门实现价值创造、能力建设与提升的平台；业务中心是公司核心竞争力建设的主体，是推动项目建设的核心力量，也是实现价值创造的主体，通过加强业务板块的建设，实现业务板块在能力建设、资源调配、人才培养方面的提升；职能部门是公司管理提升的主要推动者，代表公司科学管理，向总经理部提供策略、谋划、决策支持，为业务中心、项目团队工作的顺利开展提供方向指引和管理支持。变革后的组织结构如图 3.5 所示。

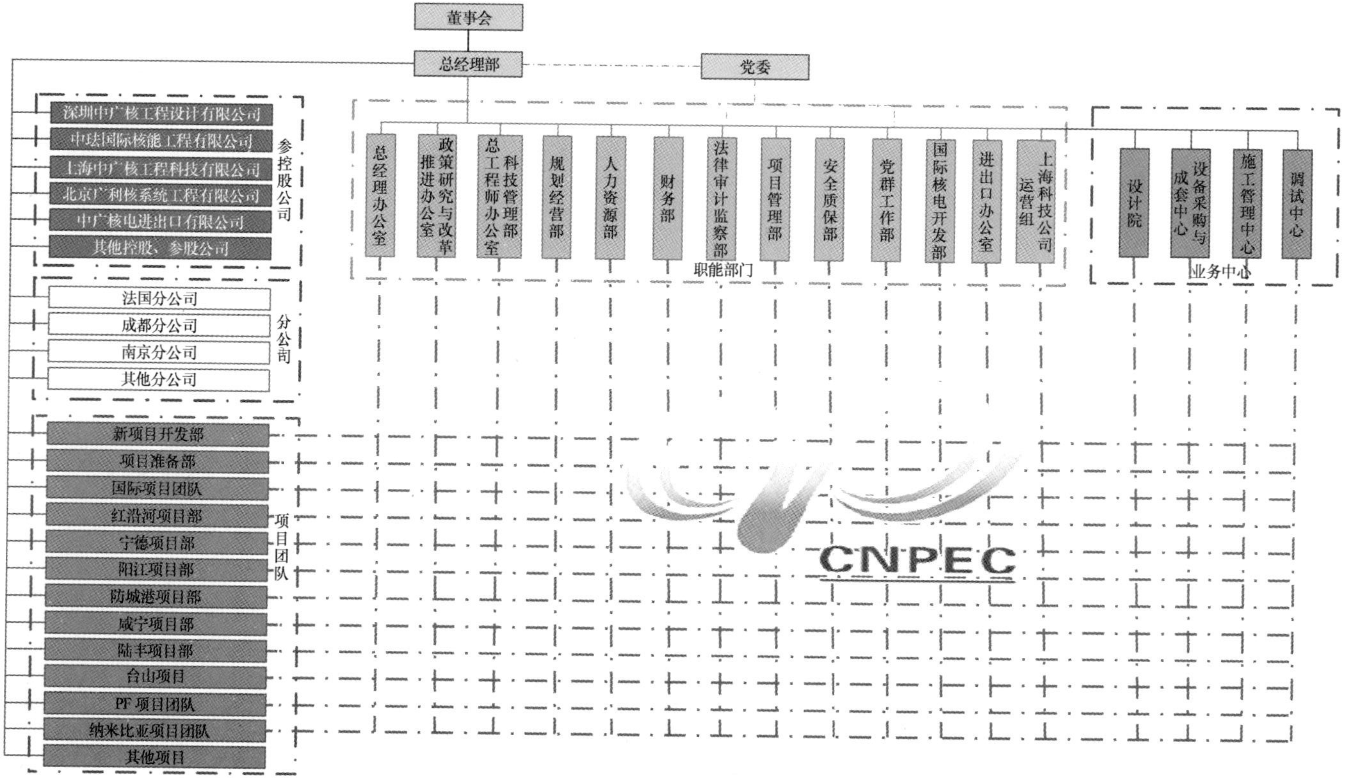

图3.5　变革后工程公司的组织结构图

在“分层运作”的过程中，工程公司十分重视业务中心的组织机构重组。从2009年起陆续对设计院、设备采购与成套中心、施工管理中心、调试中心进行了组织机构适应性调整，构建了以设计（E）为龙头，涵盖设备采购与成套（P）、施工管理（C）和调试（S）的AE公司完整的业务价值链。

通过划分三类组织、构建四大业务板块，一方面使AE战略的落地实施有了坚实的组织保障，另一方面使得各单位进一步明确了自身在AE战略中的定位和使命，为“三分改革”的具体落实奠定了组织基础。

三、多项目运作的实现：两级矩阵

面对新的形势，如何充分实现有限资源的共享？如何使组织模式能够更加适应多项目多基地发展形势的需要？如何持续加强公司的技术能力建设？这成为工程公司在快速发展中面临的重大课题。变革前E、P之间经常发生矛盾，各自为政，没有人为项目说话，如何能够让E和P都代表项目说话？

鉴于核电项目建设的长周期、阶段性特点，以及外部环境的动态变化，项目组织必须具备一定的弹性。这要求中广核工程公司必须根据多项目统筹管理和阶段化推进的需要，建立起高效精干的扁平化组织，形成矩阵式柔性项目组织结构。面对多项目多基地建设，中广核工程公司按照公司与项目分层运作、总部与现场前后台分工协作的思路，提出了“两级矩阵”的项目运作方式，构建了公司和项目“分层运作”、“前后台协同”的管理模式，把项目团队组织建设和运作置于坚实的矩阵式管理基石之上。项目团队是“两级矩阵”运作的重要载体，通过“两级矩阵”运作，公司三类组织实现了有机联结。其思路如图3.6所示。

“两级矩阵”意即大小矩阵的组合：

大矩阵指的是项目总经理与设计经理、设备经理、施工管理经理、调试经理组成的项目层面大矩阵，由项目总经理进行统筹协调。通过大矩阵的建设，实现了E、P、C、S四大业务板块的完美协同，减少了各个业务板块之间对于项目资源等方面的矛盾纠纷，有力推动了多项目的建设进程。

小矩阵指的是项目设计经理、设备经理、施工管理经理、调试经理与各业务中心内部确定的相关主设人或专业经理组成的专业板块的小矩阵。小矩阵的

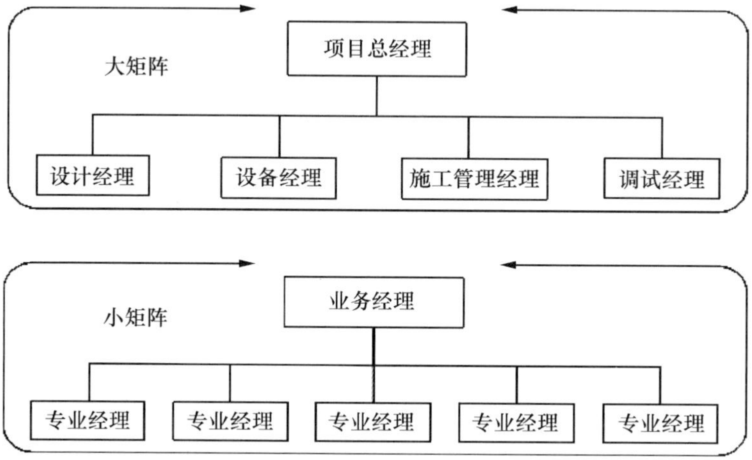

图 3.6　项目式运作——“两级矩阵”

设计，促使各个业务板块内部的工作能够有序进行，从而使得每一个业务板块都能为项目建设竭尽全力。

“两级矩阵”让中广核工程公司受益匪浅：公司层面建立起“集约化、项目式、矩阵型”的组织管理模式，明确了业务中心与项目团队的定位和关系，确立了项目团队组织与运作的基本规则，使项目团队和业务中心形成有机整体，提高了资源的利用效率和运作效率，将当前多项目推进对关键资源的刚性需求转化为柔性调配。前后台统一协作、资源统一调配的机制，使得资源能够在不同项目间有序地流动起来，优秀人才总能适时调整到最需要他的项目上，公司有限的人力、物力、财力、设备等资源也能在各项目间得到最大限度的平衡，从而有效实现了资源利用的最大化，充分缓解了核电快速发展与资源稀缺之间的矛盾。矩阵式管理提升了公司的技术能力，业务中心作为项目建设后台，能够集中精力进行技术攻关和能力建设，同时又能通过小矩阵运作，使项目建设与技术研究得到有机统一，在对项目进行技术支持的过程中，以建带研、以研促建，从而使公司技术能力得到不断提升。在多项目管理过程中，业务中心又能充分起到技术枢纽的作用，将项目建设经验在多项目中进行共享。通过大矩阵运作，即项目总经理与各业务经理组成的矩阵，使得项目团队各板块围绕共同的目标，形成紧密的整体，项目内部各板块间打破了以往的部门壁垒，打通了板块间的通道，在项目建设过程中真正形成了合力，提高了工作效率。矩阵式管理增强了项目团队的凝聚力与战斗力。

第四节　权责明晰化：分权经营

“分层运作”使中广核工程公司面对多项目建设时变得更加灵活、高效，各个项目之间能够实现资源共享。但是新的问题又出现在公司管理者面前，灵活的责权如何在各个项目、业务板块以及职能部门之间明晰化？各个板块如何在彼此共享资源的同时做到为自己的行为负责？因此，为了应对多项目、多基地、多业务并存的现状，中广核工程公司着手进行“分权经营”改革，努力实现权责明晰化。

中广核工程公司在进行“分权经营”变革前，采用的是集中授权。用人授权方面，随着公司规模的扩大，人员数量不断增加，但由于强矩阵的限制，优秀的人才很难在项目间流动，当时项目之间资源交换和协同非常少，只要所在的项目总经理不发指令，其他项目很难协调“外人”到紧要的岗位支援，这导致了人才的固化。公司辛苦招进来的优秀人才由各个项目总经理掌控，不能最大限度地发挥其价值。在物资采购和调度授权方面，总经理每天需要处理大量的采购审批申请，浪费了大量的时间和精力，再加上授权过程烦琐和机械，导致效率低下。在财务授权方面，尽管最了解项目实际情况的是项目部，但在项目合同的签订上它并没有发言权，财务部门虽不了解一线的具体情况，却要对所有合同的审批问题负责。

在“分权经营”思路提出之前，中广核工程公司各级管理权限设定主要套用了香港中华电力公司的相关规定——是一种以内部控制和权利牵制为导向的业主授权模式。由于早期业务都有单项目、单基地、单投资方的特点，业务相对简单，对于各项资源的统筹和调控要求不是很高，通过集中的权力体系和内部控制力也能很好地服务于公司的发展要求。

而随着公司逐渐从单项目单基地向多项目多基地建设转变，从直线职能式的行政组织向矩阵式的项目组织转变，对人、财、物等各项资源的动态配置提出了更高的要求。单项目单基地模式下，一个机构对人、财、物进行集中调配就能够完成工程建设任务，但面临多项目多基地建设，原有的集权方式越来越不能满足对资源的动态配置需求。如果还采用原来的集权模式既不利于协调、管理公司的各项资源，也不利于统筹整体与局部、长远利益与短期发展的矛盾，这需要通过优化授权制度予以明确。

更重要的是，从业主向承包商的角色转变，需要公司进一步重视核电工程成本控制，并且通过有竞争力的造价水平提升 CPR1000 在国内核电市场的竞争力。而当时一个较突出的矛盾是，授权制度无法明确项目总经理在承担项目“六大控制”责任时对应的决策范围及行为边界，而要实现这一点必然牵涉到各业务中心、职能部门的授权调整，因此需要对授权制度重新全盘考虑。

通过以上分析，中广核工程公司认识到需要构建一套以效益、效率和效果为导向，适合承包商管理模式的授权制度体系，这正是“分权经营”理念得以实施的原因。“分权经营”希望通过权责明晰化来促进组织效率的全面提升，其核心思想是决策权的下沉，通过适当地向下放权，让最熟悉工程建设、最专业的人参与到公司的决策中来，让“听得见炮声的人决策”。

为了优化授权体系，工程公司首先进行的工作是重新梳理公司治理、公司管理及项目管理授权体系，并通过制度将授权固化下来，如图 3.7 所示。这三项制度既相互独立又彼此联系，构成了一个有机的授权体系规范。其中《公司治理授权规定》明确了治理层和管理层在公司经营管理活动中的权限，《公司管理授权规定》明确了总经理部和各部门在公司非项目业务管理活动中的权

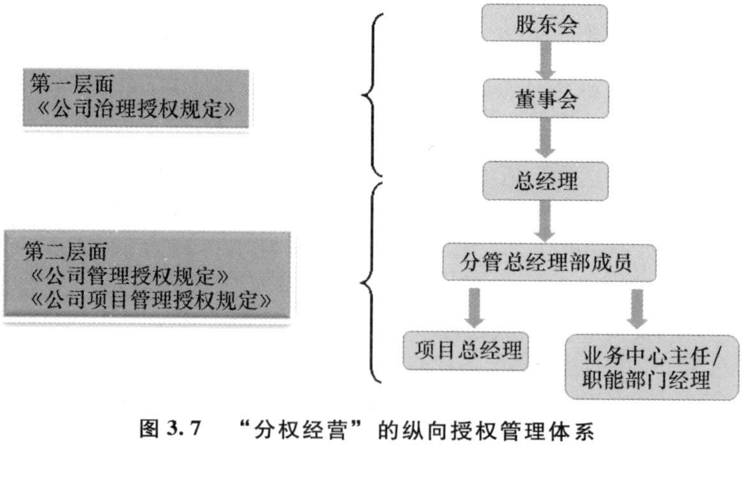

图 3.7 “分权经营”的纵向授权管理体系

限，而《公司项目管理授权规定》明确了总经理部和各部门在项目业务管理活动中的权限。

这三项授权体系规范制度层次鲜明，《公司治理授权规定》是第一层面的授权制度，负责约束股东会、董事会与总经理之间的权责关系。《公司管理授权规定》和《公司项目管理授权规定》是第二层面的授权制度，负责约束公司总经理部成员与项目总经理以及业务中心主任之间的权责关系。第二层面的程序是公司“三分改革”中“分权经营”的具体体现，除传统授权制度规范财务、采购等方面的授权规则以外，公司将技术决策、人事、行政等主要非财务授权决策事项也纳入到本层面的授权制度中，与第一层面不同，第二层面是从无到有的全新程序。这两大层面的授权制度结合在一起，形成完整的纵向授权管理体系。

通过“分权经营”改革，工程公司的授权质量得到提升，权责分配更加明晰，组织效率进一步得到优化。

第五节 内部市场化：分灶吃饭

在解决了组织僵化、权责不清的问题之后，另一个亟待解决的问题就是如何实现公平，如何更好地激励员工。如果说“分层运作”重铸了组织的骨骼，“分权经营”理顺了组织的关节，“分灶吃饭”则营养了组织的细胞，让组织细胞重新充满活力。

一、“分灶吃饭”的理论基础

学术界支持企业实施“分灶改革”的理论有很多，其中影响力较大的是公平理论。公平理论又称社会比较理论，它是美国行为科学家 Adams[①] 提出来的

① Adams, J. S. 1963. Toward an Understanding of Inequity. *Journal of Abnormal and Social Psychology*, 67, 422—436.

一种激励理论。该理论侧重于研究工资报酬分配的合理性、公平性及其对职工生产积极性的影响，认为人的工作积极性不仅与个人实际报酬多少有关，与人们对报酬的分配是否感到公平的关系更为密切。这是因为人们总会自觉或不自觉地将自己的付出及其所得报酬与他人进行比较，并对公平与否做出判断。该理论认为，员工的公平感将直接影响他们的工作动机和行为，因此员工自我感受到的公平感，将很大程度上影响到其在企业中工作的积极性。

公平理论还表明，员工在工作中的积极性取决于他所感受到的分配上的公正程度（即公平感），而员工的公平感则取决于一种社会比较或历史比较。所谓社会比较，是指职工对他所获得的报酬与自己工作的投入的比值同他人的比值进行比较。所谓历史比较，是指职工对他所获得的报酬与自己工作的投入的比值同自己在历史上某一时期内的比值进行比较。在企业中，每个人都会自觉或不自觉地进行报酬的社会比较、历史比较。当比较的结果表明收支比率相等时，他们便会感到公平因而心理平衡，心情舒畅，工作努力；如果收支比率不相等，便会感到自己受到了不公平的待遇，产生挫折感、义愤感及破坏心理，影响工作积极性。由此可见，企业若想健康发展，在制定薪酬分配制度和奖金激励制度时，应考虑到公平性和合理性，以最大限度地降低员工的负面情绪，促进组织绩效的提升。

二、激励机制的设定

“分灶吃饭”设定了项目的产值，总经理部为每个业务中心和项目部切了一块“大蛋糕”，并且赋予了业务中心和项目部分配这块“大蛋糕”的权利。相比于之前按个人级别来获得薪酬，改革后每位员工得多得少更大程度上取决于自己的产值。“大蛋糕”摆在面前，每位员工都看得到，但要想分到满意的大小，就得努力提升自己的工作质量，提高产值。同样，由于蛋糕只有这么大，甲做得多拿得多，乙如果不努力能分到的就少了。这样，无论是在项目部内部，还是项目部之间，“分灶吃饭”都让大家由单纯的合作关系变为合作与竞争兼有的关系，不仅拔尖的员工有动力，后进的员工也有压力。工程公司通过正激励“拉”着员工向前跑，通过负激励“推”着员工往前赶，实现了对不同绩效表现的员工进行全面的激励。

在“分灶吃饭”改革过程中，中广核工程公司设计了全面的激励机制，从制度上促进了“分灶吃饭”改革的开展。

首先，公司以年度为单位，对各业务中心、项目团队实际完成的产值及消耗的成本进行核算，根据其实现的项目综合绩效进行最终的产值结算，并在工资总额范围内，将各业务中心、项目团队的绩效奖金与其年终结算产值直接挂钩。这实现了“凭绩效吃饭”，每个部门、每个项目部的薪酬和奖金很大程度上要与其当期或者当年的工作绩效挂钩。

其次，公司进一步以标杆企业的职能管理为目标，通过向业务中心、项目团队倾斜的方式逐步引导职能部门与业务中心、项目团队之间的人力资源结构调整，促进人才在公司内合理流动，防止资源的浪费和闲置。同时，公司通过价值量评估、业务重要度评估，对职能部门进行分类薪酬激励，从而实现“分灶吃饭”，在“分灶”这方面有据可比，有章可循。

最后，为促进技术进步、管理改进和工程创优，公司建立专项激励机制。公司每年在工资总额中拿出一定比例作为工程成本节约、重大突破、管理创新、人才储备等专项激励金以及公司调控金。公司对价值创造进行评估，对有真实价值的驱动因素给予奖励。这项制度的宗旨是奖先激后，通过对技术能手和业务专家的奖励来激发员工工作的积极性，同时激励绩效一般的部门和个人改进工作，提高效率。在“分灶吃饭”的推进过程中，公司采用产值分配、指标分解、核算与考核等措施实现激励制度的逐步精细，也使作业层面的成本控制责任逐一得到落实。

第六节　组织变革经验总结

“三分改革”是 AE 战略实现的重要保障，也是中广核工程公司组织变革的核心体现。自 2008 年提出“三分改革”以来，中广核工程公司在组织结构、管理模式、授权体系、激励机制等方面不断蜕变，使公司能够更好地应对快速发展的业务需求。中广核工程公司的组织变革经验可以为国有企业以及工程施工企业的组织变革提供一些启示。

一、组织变革的成果

西方研究组织变革的学者发现，大多数企业的组织变革能够提升其组织绩效、管理效率以及市场竞争力，尤其是当一个企业基于自身重组需求以及能力现状进行组织变革的时候。中广核工程公司通过推进“三分改革”等举措，不仅满足了业务发展的需要，也对其 AE 战略的实施大有裨益。具体而言，组织变革帮助中广核工程公司解决了多项目管理难题，提高了市场化程度，提升了管理效率，培养了大批管理干部，沉淀了核安全文化，增强了精细化管理水平，在资源共享的同时实现了清晰的责权划分，在市场化人才激励的基础上确保了企业效益的最大化。中广核工程公司“三分改革”的主要成效如下：

第一，多项目发展难题得以解决。“项目团队是公司最重要的组织”这种观念已经深入人心，“两级矩阵”运作持续深化，从组织机制建设层面保障了多项目建设。项目建设前后台运作关系进一步理顺，由于各板块前后台产值均由业务中心管理，资源配置得以统筹考虑，公司优质资源能够在各项目间得到充分共享并在全公司范围内流动。目前公司 6 000 余名员工可以满足 16 台机组同时在建的要求，施工、调试板块申请参加项目前台工作的人数明显增多，各板块之间的沟通协作打破了各板块间的壁垒，真正形成了项目建设合力，有效促进了多项目建设。通过优化项目管理流程、充分授权、责权保证、合理运用产值分配与考核手段，保障了“两级矩阵”的有效运作。

第二，市场化程度不断深入。通过组织变革，公司推行内部模拟市场，注重产值分配、产值调节。通过项目产值体系的建立，各部门树立起成本意识，积极投身于项目建设，最大化地创造项目产值。通过对三类组织的差异化激励，各类组织的工作方向更明确、动力更充足。通过实施多种专项奖励制度，逐步形成以价值创造为导向、凭绩效贡献说话、与市场接轨的人力资源激励机制。

第三，管理效率不断提升。公司对各业务中心、职能部门的业务流程进行系统梳理、合理授权，促进了各板块间的协同与合作，加强了业务中心与项目间的沟通，有效确保了项目建设。公司对职能部门、业务中心的工作流程进行梳理，形成流程化工作程序，明晰各单位职责，减少工作中的推诿，提高了工作效率。例如，施工板块变更文件的处理流程由原来的三个步骤简化为一个步骤，提高了变更处理效率。

第四，管理干部培养工作进一步落实。公司的组织变革带动了管理干部人才的培养，在“三分改革”过程中培养了一批管理干部，有效提升了管理干部的领导力水平，使他们成为组织变革的中坚力量。他们积极参与到改革的各项工作中，例如，组织对改革的宣讲很好地锻炼了干部队伍的沟通、协调和动员能力。

第五，核安全文化建设的基础进一步增强。公司进一步明晰了核安全文化建设、安全和质量管理的责任与边界，并将“安质环责任”与产值结算挂钩，促使各业务中心进一步强化对“安质环”的重视，夯实了公司安全质量管理的基础（详见第六章“安全质量：AE 公司的品牌和生命力”）。

第六，精细化管理意识增强。公司围绕着精细化管理体系建设推进改革，提升了系统建设的精准度，完善了成本制度建设，加强了多项目间、板块间经验反馈体系和风险管理体系建设，提升了资源掌控与管理的精细化水平（详见第四章第二节“精细化管理：项目的计划和控制”）。

二、组织变革的成功因素

从理论上来讲，组织变革要取得成功是有章可循的。有学者通过研究组织变革的过程，提出了“解冻—变革—再冻结”的三阶段组织变革模型（Lewin，1951）[①]，这个模型为如何发起、管理、稳定组织变革指明了方向。其中，“解冻”阶段主要是明确组织变革的目标和方向、需求和阻力，形成切实可行的变革方案。“变革”阶段主要是展开具体的组织变革，进而形成新的管理理念、价值观导向等，促使组织从旧模式转向目标模式。“再冻结”阶段主要是采取巩固和强化变革的举措，包括制度、政策以及流程等，对新的组织运作方式进行稳固，避免组织和个人退回到原有行为方式。随后，另有学者提出了“输入—变革元素—输出”的系统变革模型（Kast & Rosenzweig，1974）[②]。“输入”指的是企业的使命、愿景等战略指引，“变革元素”包括组织结构、企业文化、

① Lewin, K. 1995. *Field Theory in Social Science.* New York: Harper & Row.

② Kast, F. E., & Rosenzweig, T. E. 1974. *Organization and Management*, New York: McGraw-Hill.

人员激励等，“输出”代表了变革后的组织整体绩效。他们进一步提出了组织变革的六个步骤：审视当前状态、识别企业问题、明确与目标状态差距、提出变革可选方案、组织实施变革、评估变革效果。后来，又有学者将成功的组织变革总结为八个阶段：增加紧迫感、搭建领导联盟、树立正确愿景、保持有效沟通、重视授权赋能、创造阶段成效、推动持久变革、形成新文化，他们认为，一些企业进行组织变革而没有成功往往是因为企业高层领导没有一一攻破以上所说的变革八阶段（Kotter & Cohen，2002）①。

从实践来看，中广核工程公司的组织变革确实取得了很大成效。那么为什么组织变革在中广核工程公司能够推进得如此顺利？变革前中广核工程公司面临的多种矛盾与困境为什么能够被突破？

中广核工程公司的组织变革能够取得成功，很好地印证了上文提到的理论变革模型。工程公司领导者紧紧围绕AE战略目标，极力消除变革阻力，周密部署“三分改革”方案，制定相应的组织运作制度、授权管理制度、利益分配制度来对改革成果进行固化，与Lewin的变革模型步调一致。基于AE战略和多项目发展目标，工程公司提出“三分改革”，而后促进组织整体绩效提升，这是对Kast和Rosenzweig的系统变革模型的明证。工程公司在业务迅猛发展而原有组织不能有效跟进的时候，意识到组织面临的紧迫感，而后组建互补性领导班子，及时沟通，达成向国际一流核电AE公司迈进的共识。在改革过程中，通过“分权经营”实现对员工的授权赋能，通过渐进式改革措施创造阶段成效，通过职能部门改革推进改革的持续深化。如今，经过“三分改革”洗礼之后，创新求变的企业文化已经在公司内部逐渐形成。这无疑是对Kotter和Cohen八阶段变革模型的很好例证。

中广核工程公司组织变革的成功也凸显出了其变革的独特之处，在三四年间能够快速启动组织变革并取得成功的经验可总结为如下六点：业务+战略双轮驱动、变革型领导引领、协作型团队配合、阶段性策略推进、制度化组织保障、求变型文化助推。

第一，业务的迅猛增长、AE战略的适时提出，双轮驱动变革。驱动中广

---

① Kotter，J. P.，& Cohen，D. 2002. *The Heart of Change：Real-life Stories of How People Change Their Organizations*. Boston：Harvard University Press.

核工程公司组织变革的一个轮子是业务量的迅猛增长，工程公司从2004年到2008年短短四年之间在建项目数增加了三倍，在建机组数增加了五倍。公司领导层发现原有的组织结构、项目运作方式、管理模式等已难以满足业务数倍增长的需求，组织变革呼之欲出。而驱动组织变革的另一个轮子则是公司战略的引领，AE战略的提出无疑对工程公司的项目运作、组织结构、管理模式等提出了新的要求，公司领导层意识到唯有进行组织变革，方能为AE战略实施提供强有力的组织保证。公司领导层认为，受到业务发展需求与AE战略实施的双轮驱动，组织变革势在必行！

第二，变革型领导引领前进，具有前瞻性战略思维。随着业务的发展，公司领导层逐渐发现公司面临着人力、物资等多方面的短缺，各种审批也应接不暇，这时公司决定把公司层和项目层分开，围绕着分层重新配置权力，与市场接轨。在推动组织变革的过程中，公司领导层积极倡导下属创新思维，挑战自我，启发下属发表新见解，鼓励下属创造性地解决工作中遇到的问题。

第三，协作型团队众志成城，心往一处想，力往一处使。组织变革仅仅依靠总经理一个人的力量是绝不可能成功的，在有了正确的领导后，还必须有一个高效配合、互相支持的团队作为后盾。公司高层管理者形成了一个优势互补的领导团队，明确了组织变革的战略方向和整体策略，整个领导班子非常团结，分工明确，在改革推进过程中，哪个阶段谁去干什么，班子里每个人都清楚。中层管理团队以及基层执行团队也都在变革中充分发挥聪明才智。公司各个层级的团队形成了一股强大的凝聚力，为了公司利益不惜牺牲个人利益，面对团队任务从不居功诿过，大家抱成一团，打成一片。得益于公司上上下下各层级团队的配合和支撑，组织变革这样的大举措才能在工程公司循序渐进地推行下来。

第四，阶段性策略逐步推进，分段布局，步步为“赢”。工程公司的组织变革并非一蹴而就，而是遵循公司客观实际情况分成了不同的改革阶段，循序渐进地实施。公司率先推行了“分层运作”改革，分离公司层和项目层，理清了公司的组织体系。“分层运作”之后资源流动更加灵活了，但是责权却变得不清晰了，因此紧接着公司进行了“分权经营”来进一步明晰各级责权。随之考虑到公司的分配机制跟不上市场化的步伐，于是采用“分灶吃饭”的方式推行内部市场化激励机制建设。同时，为了保障改革的每一个阶段都能顺利推进，公司特别关注各阶段员工对改革的认识。比如，最初大家对三类组织的定位理解不清晰，公司就专门组织多次会议探讨为什么需要这样做、什么样的模式最好、有没有比这个更好的模式？通过多次讨论，逐步统一思想，实现了对“分层运作”的认同，而后在改革的不同阶段采取不同的策略，在全员认同的基础上分阶段地一一实现改革目标。

第五，改革推进组织落地生根，制度强支撑，变革大保障。为促进改革决策的提出以及改革方案的实施，工程公司专门成立了改革推进组织，由改革领导组（决策层）、改革工作组（参谋协调层）、专项改革推进小组（执行层）组成。对于工程公司的组织变革而言，由总经理部领导组成的改革领导组主要负责进行变革决策。改革工作组内设政策研究与改革推进办公室，作为参谋和协调机构，设置专员负责推进公司的组织变革，为改革实施提供制度保障，对改革过程进行局部调整，对改革效果进行整体评估。专项改革推进小组负责组织各专项改革的推进工作。公司通过这种制度安排，加强对管理政策和制度的统筹，优化管理流程，提升全体员工对改革的认识，增强改革力度。可以说改革推进组织作为一种正式制度安排，能够很好地发挥其在推进改革具体实施过程中的作用。因此，正式制度的保障使得组织变革在工程公司能够有力地推行。

最后，求变型文化去陈推新，上下拥创新，大力助改革。公司十分重视创新求变的文化氛围的培育，鼓励员工打破常规，积极思考，创造性地解决工作中遇到的难题。这种追求创新、不为组织惯例所约束的文化氛围，既使公司领导和员工更容易发现公司发展中面临的问题，更能激发其解决问题的灵感，也使公司领导层改革的想法和推进措施能获得上下各级员工更大的支持与更积极的响应，还能在公司完成阶段性变革之后，激励员工继续投入到下一轮变革的思考和行动中，促使组织变革成为长线机制，让变革的思想持久传承。正是因为这样一种求变文化的存在，帮助工程公司顺利冲破国有企业拘泥于惯例、受制于低效的常态，成功地实现了组织变革。

图 3.8 总结出了以上提到的中广核工程公司组织变革的几大成功因素，即“领导—团队—策略—组织—文化”五方面的联动效应：在业务和战略的双轮驱动下，中广核工程公司的组织变革应运而生，在领导、团队、策略、组织、文化的联合制衡下，公司克服变革阻力，成功突破国有企业变革惰性，引领组织重构、效率再造走向新的台阶。

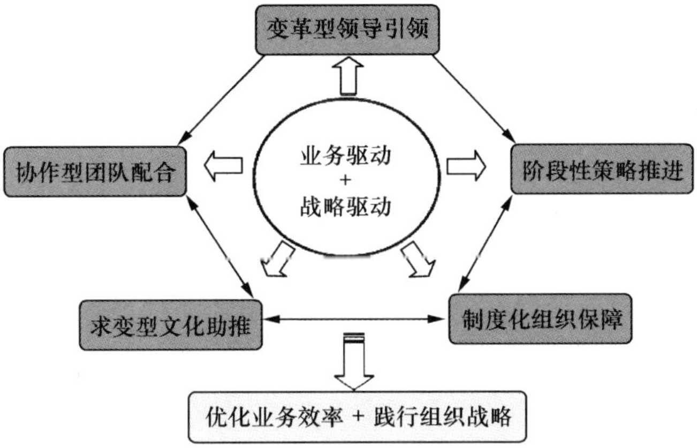

图 3.8　组织变革的成功因素分析

三、组织变革的借鉴意义

“他山之石，可以攻玉”，中广核工程公司的组织变革，不管是对于国有企业，还是工程施工企业，都有着突出的借鉴意义。

（一）对国有企业的借鉴

国有企业可以借鉴中广核工程公司的变革经验，克服自身变革的惰性和阻力。

一方面，国有企业需要转变组织变革的理念和思路。早期一些国有企业的组织变革主要关注技术方面而忽视组织结构、管理体制和人的因素，后来一些国有企业又将改革的重心置于产权方面，组织结构的创新仍未受到足够的重视。然而中广核工程公司变革的成功实践表明，组织结构的重组、柔性组织的设置、分权体系的实施、市场化机制的落实同样能带来企业生产效率、管理效率的提高。国有企业在进行改革时也可以从组织重组与效率再造这一视角出发，以扁平化、柔性化、分权化、市场化组织为切入点进行组织变革。

另一方面，国有企业应该树立创新求变的企业文化，努力克服组织惯性对变革的阻碍，力争获得公司各个层级对变革的最大支持。国有企业组织变革的一大难点是组织惯性的存在，陈旧的组织惯性容易模糊领导者的视野，约束员工的创造才能。中广核工程公司在组织变革的过程中，注重利用求变文化引导员工的变革意识，让文化帮助传播变革之意，因此员工对于组织变革的认同度高，并在实际工作中自觉调整行为方式，积极按照新的组织模式行事，使得不好的习惯逐渐被摒弃，变革的阻力越来越小。

（二）对工程施工企业的借鉴

工程施工企业可以借鉴中广核工程公司的变革经验，提升其资源整合能力，解决多项目建设与异地建设带来的管理挑战。

对于核电这样大型复杂的工程项目，AE 模式无疑是最好的组织方式。通过设计建造一体化，大型项目的设计、采购、设备制造、施工、调试都能在一个平台上完成，且能实现标准化生产并按照运行实践经验进行不断的改进。这样不仅能大大降低成本，也是规模化发展的最有效途径。

任何工程项目都有生命周期，尤其是在多项目建设过程中，如何在成本控制的基础上高效、动态地配置有限的资源，保证多项目的有序建设，中广核工程公司的“三分改革”无疑给工程施工企业提供了有益的借鉴。中广核工程公司通过自身的组织变革探索形成的“集约化、项目式、矩阵型”管理模式，为中国工程施工企业的发展提供了可循的先例。

第四章

项目管理：AE公司核心业务的管理

作为核电 AE 公司，其核心业务是核电项目建设，因此项目管理能力是中广核工程公司最核心的管理能力。AE 公司的项目管理应该是怎样的？中广核工程公司如何在保障质量安全的情况下，应对快速增长的业务量，完成多项目、多基地、多技术路线并行的核电项目建设？中广核工程公司的实践将项目管理各种成熟的理论和方法有机地整合在一起，提供了我国项目管理最高水平的一个良好案例。

第一节　项目组织结构：前后台层级矩阵

一、矩阵的引入

（一）问题的提出

2008 年 7 月，刚到中广核工程公司上任的束国刚总经理感触道："到中广核工程公司面对的第一个问题是资源有限，当时公司有岭澳一期工作经验的人员也就三百多人，这些人加起来可能都无法独立完成两台机组的任务"，然而当时岭澳二期在建，辽宁红沿河、福建宁德和广东阳江项目相继开工，核电建设高峰时公司约有 16 台机组同时在建，有经验的技术和管理人才不足成为多项目建设最大的挑战。

第二个问题是项目运作形式："各项目'篱笆式'运作，也就是红沿河的人圈在一起，宁德的人圈在一起，岭澳二期的人也圈在一起，这三百多人都无法独立完全承担岭澳二期项目，更何况还分成了三块。"他的深刻体会是，"一定要让优质资源流动起来"。

第三个问题是："中广核工程公司所有的运作不是公司运作，而是业主工程部运作，几乎所有的程序都是业主的程序，而非承包商的程序。"业主和承包商的利益取向和关注事项有所差异，例如，业主关注的是监管，要求保证工期和不犯错误，承包商更关注如何在业主要求下建设安全可靠的核电站。作为核电站的总承包单位，中广核工程公司的发展方向应是专业化、集约化的总承包商，不能是花钱当老板的业主，这就需要具备核电项目核心能力，掌控核心技术和核心资源。

针对这些问题，经过半年的思考和酝酿，中广核工程公司提出了新的企业愿景——成为国际一流的核电 AE 公司。中广核工程公司对公司组织结构进行了调整，区分了职能部门、业务中心和项目团队三类组织，其中项目团队专注于解决一个问题，即建设核电站。但由此带来的衍生问题就是：项目团队该如何组织？它与职能部门、业务中心之间应是何种关系？对此，公司借鉴了项目管理中的矩阵思想，形成了“两级矩阵”结构。

（二）矩阵概念回顾

矩阵（Matrix）式管理是自20世纪70年代以来发展起来的项目管理思想，背景是当时各种企业以项目形式开展的业务量越来越多，需要一种灵活的组织结构来充分利用企业的各种资源。项目的核心特征是一次性工作，这就造成其生命周期内的资源（人员、设备等）需求量有很大的波动，一旦项目结束，这些资源就会被释放。这与定岗、定编、定工作量的日常运营管理差异很大，带来了管理上的困难。因此，如何设置组织结构并对项目进行有效的管理成为一个重要问题。发展至今，对项目进行管理的各种组织结构可以用图4.1来表示。

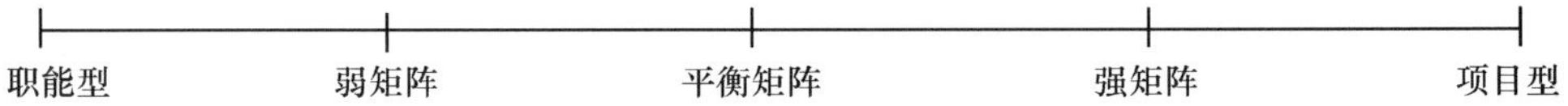

图4.1　项目管理组织结构

传统上绝大多数企业均配备有职能型组织结构，是一种典型的金字塔式层级结构，即总经理之下分为各个职能部门，每个部门再进一步分解为各个专业处室。在这种结构中，每个人都有一名明确的直接上级，根据其上级的指令完成工作并向其汇报工作成果。在职能型组织中完成项目的方式是，将项目工作根据性质分解到各个职能部门。但这样便造成了一个问题：各部门仅关注于分配给自己的任务，项目总体没有人负责，不同部门之间协调起来耗时耗力，容易造成多方推诿的局面和项目延期超支的不利后果。

组织结构另一端是项目型组织，其特点是组建专门的独立项目团队来完成项目，不同专业的人员被抽调到各项目上全职工作，由项目经理调配所有相关资源并负责项目的整个运作。以这种形式来完成项目的优点是，团队全部工作都围绕项目进行，项目工期和质量将得到良好的控制；缺点是代价高昂，项目工作有高峰低谷，低谷时人员等资源没有得到有效的利用，项目结束后人员的安排也会带来诸多管理问题。在项目型组织中，职能部门的功能往往弱化，仅起到支持和保障功能。

综合这两种组织结构的长处，便产生了矩阵管理的思想，如图4.2所示。

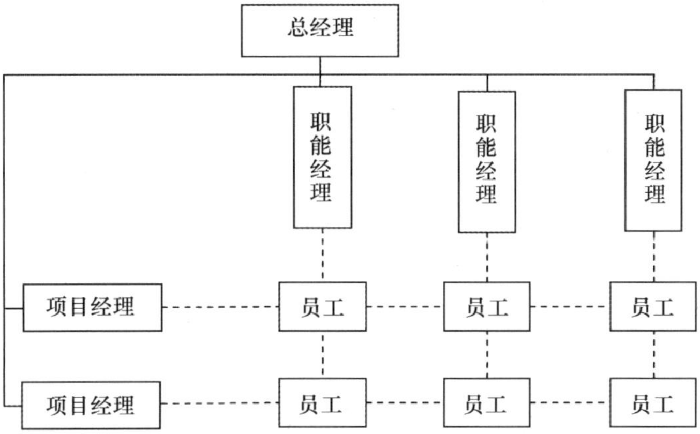

图 4.2　矩阵结构

矩阵结构的核心思想是资源的流动和共享。在这种结构中，职能经理和项目经理各司其责，职能经理负责部门的运行和长期发展，项目经理负责项目的执行。项目团队由各职能部门抽调人员构成，当项目需要时为项目工作，项目不需要时就即刻回到职能工作上来。这相当于在纵向的职能管理基础上，增加了横向的项目管理，一纵一横两条指令就构成了矩阵结构。通过这种方式，员工可以在多个项目之间或者项目工作与职能工作之间灵活流动，根据需要实时切换工作。

矩阵结构有种种变形，形成了弱矩阵、平衡矩阵和强矩阵等概念，其区别在于项目经理和职能经理的相对权力大小。弱矩阵又称职能矩阵，保留了职能型组织的大部分特征，项目经理仅扮演了协调员或联络员的角色；平衡矩阵则需要职能经理和项目经理进行协商，共同决定什么人在什么时候加入项目团队完成什么工作；强矩阵又称项目矩阵，更偏向于项目型组织，项目经理具有更大的职权，其团队中相当大一部分人员为项目全职工作。

事实上，组织结构可以视为图 4.1 中所示的连续变化线，从一端的职能型结构可连续变化到另一端的项目型组织，从左到右的结构变化中，项目经理的权力越来越大，项目团队中全职工作人员的比例越来越高。

（三）中广核工程公司对矩阵思想的应用

矩阵结构的提出是项目管理思想的一次突破，从中广核工程公司的实践来看，其核心在于让组织“灵活化”，产生一种“柔性组织”。传统上矩阵结构应理解为职能型和项目型结构之间的一种中间状态或者说混合状态。然而从中广核工程公司的实践来看，矩阵组织的优势在于结构的灵活化。

职能型是一种条块分割的结构，项目被硬性分割为各职能专业工作，因此对于项目管理来说是一种相对僵化的结构，不利于项目运作和资源流动。项目型由各部门抽调人员组成独立项目团队，能够高效完成项目。但从公司实践来看，这实际上是一种“篱笆式”运作，画地为牢，项目团队被圈了起来，不同项目之间资源无法流动和共享，形成相当大的浪费，是一种僵化的结构。当然职能型和项目型组织各有优势，但对于中广核工程公司来说，在多项目多基地运作下这两种结构都无法应对挑战，因此采用了矩阵式结构。

中广核工程公司的前身是大亚湾和岭澳一期的工程部，传统上是一种项目型组织，项目团队的地位很高，具有人事权和分配权。进入到多项目多基地阶段后，项目型组织的缺陷逐渐凸显，各个项目都在争夺有限的资源，不愿意将优质资源与其他项目部共享。在这种情况下，矩阵的引入就成为打破“篱笆墙”的一种手段，使有限的资源在多个项目之间流动起来，使公司成为一种灵活性组织，以应对新的挑战。

这个过程并不是一帆风顺的，矩阵结构理论本身就蕴含着一个问题，即职能经理和项目经理之间的权力冲突。如果理论应用不当，会导致企业内部激烈的矛盾和问题。中广核工程公司在矩阵化过程中也产生了对抗和冲突，在头两年相当激烈。当时公司内部对于采用强矩阵、平衡矩阵还是弱矩阵产生了极大争议，其核心在于权力如何在项目团队和业务中心之间进行分配。

为此，如前一章所述，公司实施了“三分改革”，对三类组织的责权利进行了系统性的重新设计和调整。其中，项目团队负责完成与项目实体紧密相关的业务，职能部门负责管控和服务，与项目实体建设不直接相关，业务中心则负责 EPCS 业务的长期发展。项目团队的业务随着项目进程会发生变化，而职能部门的职责基本不会随时间发生变化，矩阵运作把两者有机地联系起来。

中广核工程公司在矩阵结构应用时遇到的另一个问题是大型复杂项目的组织问题，核电站建设周期长、专业多、参与人员规模大，在地域上分为多个基地并行运作，如何在异地项目之间实现各业务中心和职能部门的矩阵化运作就成为公司项目管理制度设计时需要解决的关键问题。对此，公司创造性地通过矩阵的层级化和引入前后台协作机制加以解决，形成了复杂项目组织结构的一个良好案例，对矩阵理论本身也是一种提升和改进。

二、矩阵层级化和前后台协作

（一）项目组织结构

核电站建设是一个复杂的系统工程，需要组成庞大的项目团队，形成复杂的组织结构。中广核工程公司在“两级矩阵”的具体实践中，针对核电站建设的特点，形成了如图 4.3 所示的项目组织结构。

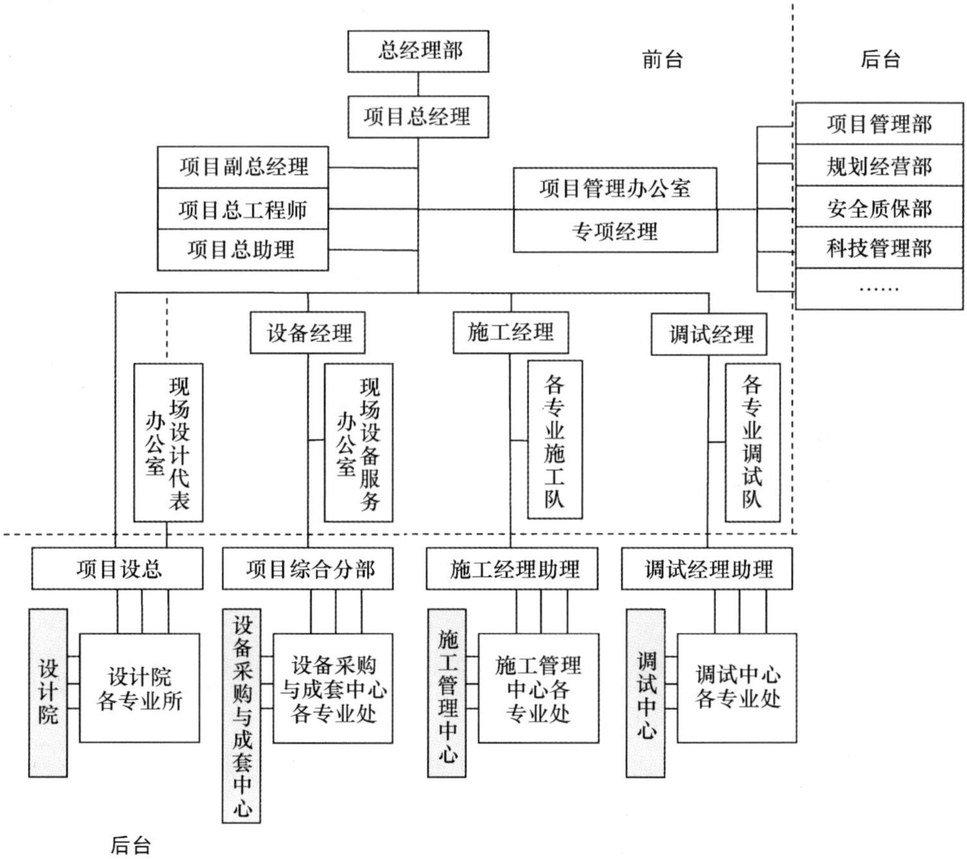

图 4.3　项目组织结构（虚线为前台和后台分界线）

在这种组织结构中，前台为项目团队全职工作人员，侧重于现场工作，要解决项目执行中遇到的各方面的问题；后台在总部职能部门和业务中心工作，需要在并行的多个项目中根据需要分配时间。这种项目组织结构是“三分改革”中“一个 AE、两级矩阵、三类组织”思想的具体体现，通过矩阵结构，中广核工程公司可以灵活地在多个项目间调配 EPCS 业务中心和职能部门的各种资源，由项目总经理带领的项目团队加以整合利用，完成核电建设项目的重任。这种结构表现出了两种核心设计思想和原则：矩阵层级化和前后台协作。

（二）矩阵层级化——大矩阵和小矩阵

在项目团队中，首先是由业务中心、职能部门与项目团队共同构成顶层矩阵——大矩阵。大矩阵由项目总经理与项目设总（也称为设计经理）、设备经理、施工经理、调试经理组成。其中项目总经理统筹管理设计、设备采购与成套、施工、调试等板块业务，保证各业务板块能够在项目建设上形成合力，协调工程建设各业务板块间的矛盾，从而有效地推动工程建设的顺利进行。

小矩阵由项目设总、设备经理、施工经理、调试经理与各业务中心内部确定的相关专业经理组成。通过小矩阵的建设，在业务板块内部建立以业务经理为核心的小团队，统筹协调和推动各业务板块内部工作，保障项目建设的顺利进行，表现为图 4.3 中最底层的小方块。设计院、专业所和项目设总形成的小矩阵如图 4.4 所示。

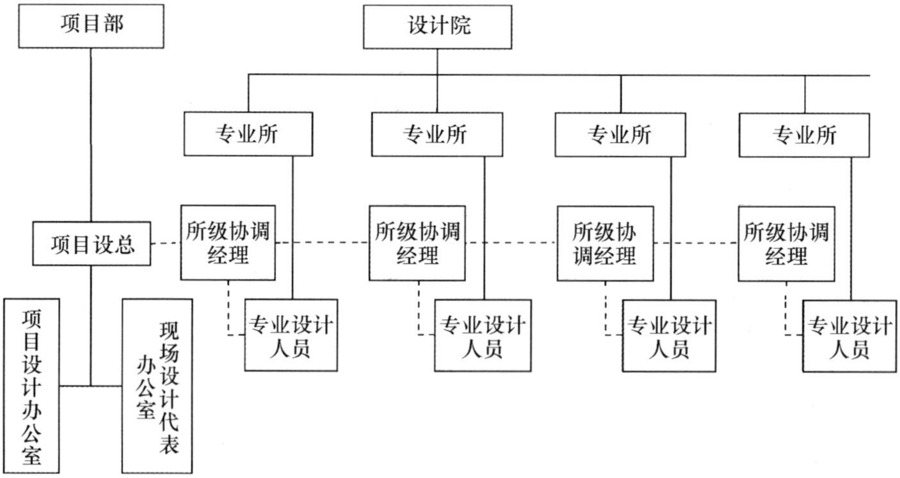

图 4.4 设计院小矩阵结构

项目层面的“大矩阵”以项目总经理为核心，依托项目管理办公室开展各项工作，承担项目六大控制、信息汇总、日常协调、问题跟踪、资源调配等职能。各业务板块的“小矩阵”则围绕相关业务经理，依托各业务中心资源开展各项工作，承担本专业相关业务的具体工作。通过“两级矩阵”的建设，能够有效提升项目问题的处理速度，加强相关业务人员的横向联系，把上、下、左、右集权与分权进行了最佳组合，具有显著的灵活性和适应性。

矩阵的这种层级化还能继续分解，如图4.4所示，设计院下存在三级矩阵，项目设总并不直接调用专业设计人员，而是对应每个专业所为每个项目设置的所级协调经理，也就是专业所的项目联系人，他们从项目设总处接受设计任务，和专业所内各室之间进行矩阵协作，充分利用专业设计人员来完成多项目多技术路线的设计任务。这样各专业所就能够充分利用所内资源来应对多个项目设计任务带来的沉重压力，并形成自己的特色。

以设计院仪控所为例，该所针对项目工作，提出了“手掌原则”的思路，即所级协调经理负责对应特定项目的仪控设计工作，协调所内各专业室不同层级人员完成工作。这不仅是矩阵结构在仪控设计及设计管理领域的应用，也是项目任务和设计技术能力长期培育两者之间有效协调的一种综合举措。此外，为了在完成项目任务的同时能促进设计人员技术能力的不断提升，仪控所还进一步提出了“领头羊原则”，以资深带新进，促进技术能力的整体提升。

中广核工程名词

“手掌原则”和“领头羊原则”

这是设计院仪控所提出的两种基本原则。“手掌原则”形象表现如图4A，指所级协调经理为大拇指，是核电项目所涉及的仪控设计子项目的协调人、项目工作的引领者；负责按照仪控专业标准化设计流程和规范的分发程序，根据任务的难易程度，向四个代表不同层次的手指（设计人、设计组长、室主任、所总工）分配项目任务。手掌原则强调设计工作的项目导向性质，将协调经理对所内职能结构进行项目任务分配的工作流程化、标准化，让其精力更多地投入到外部接口工作和提资处理之上。

“手掌原则”针对的是项目工作，仪控所的职能工作是不断提升仪控设计水平，实现能力提升，为此提出了“领头羊原则”。这一原则要求各室主任、主任设计师将主要精力放在提高各室解决项目中出现的设计和技术问题的能力之上，充当技术管理的“领头羊”，培养“小头羊”（设计组组长），带动“群羊”（设计人员）。在项目管理上则要和项目协调经理密切配合，甘当绿叶、服从安排，带动设计人员学会和上下游各专业进行良好沟通，而不是将项目过程中的问题全推给所级协调经理。

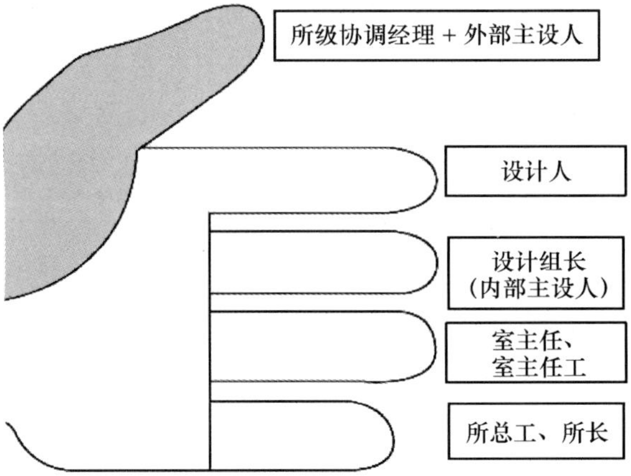

图 4A　手掌原则

（三）前后台协作

中广核工程公司项目组织结构的另一大特点是总部和现场前后台分工协作。由于多基地核电项目并行建设，如果仅仅是矩阵式运作，则多个项目共用特定专业人员时，只能让其在多个项目之间分时段流动，即一段时间在这个项目工作，完成后再投入异地的另一个项目。对于核电站这样的高科技项目，资深的专业技术人才往往是最稀缺的资源，如果将其在一段时间内约束在一个项目之上，则其相当多的时间可能会被用在简单工作之上，这也是一种浪费。

中广核工程公司引入了前后台协作机制，如图 4.3 所示，其基本思想包括：每个业务中心在现场配备专业队伍，负责执行项目计划，发现、协调并落实项目进程中业务方面的问题，这是前台；后台在中心本部设立，针对前台发现的问题进行分析、研究和解决，并在多项目之间共享解决方案和经验反馈。以施工为例，前台和后台的具体设置如图 4.5 所示。

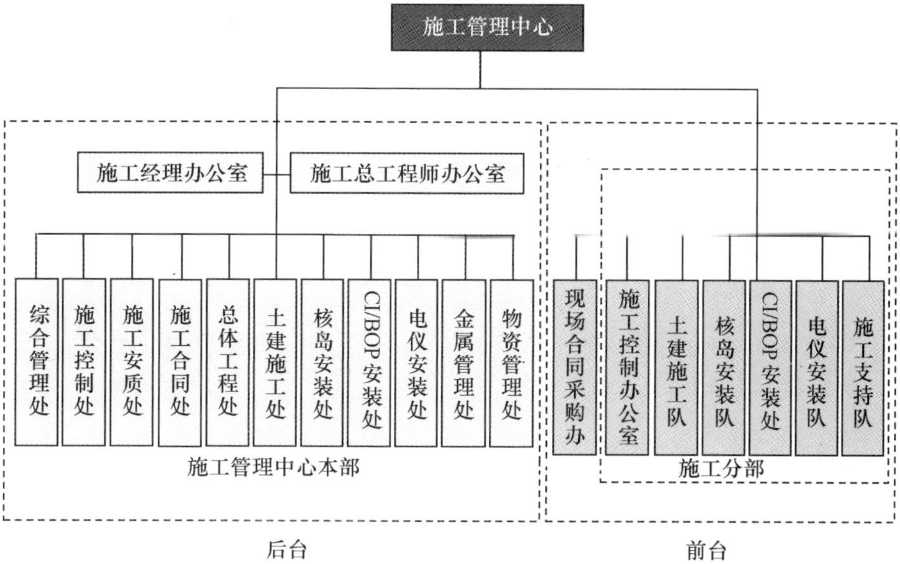

图 4.5　施工管理前后台设置

施工管理前台和后台之间的关系如图 4.6 所示。

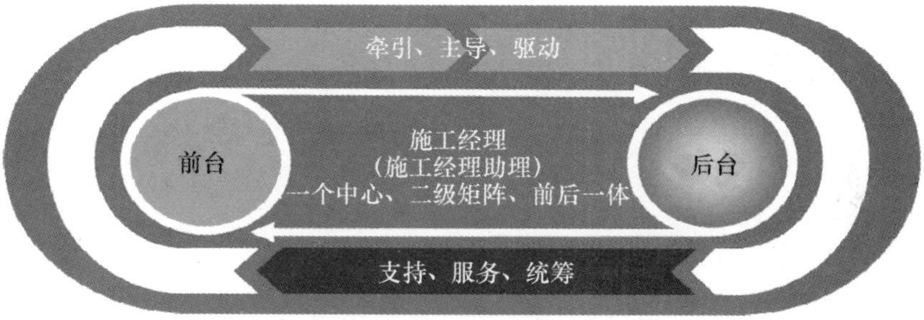

图 4.6　施工管理前后台协作关系

在这种协作模式中，前台工作人员在现场工作，所发现的问题和涉及的工作交由后台处理，前台起到项目导向的牵引、主导和驱动作用，后台负责支持、服务和统筹。前台专业人员是后台专业团队的客户，可借助后台强大的技术、经验和知识支撑制订项目解决方案。

这样做的好处在于：其一，后台专业人员在同一时段可以在多个项目之间分配时间和精力，这对于资深的技术专家尤为有利，他们可以将精力集中在多项目中的技术难题上，提出最优的解决方案交由前台执行；其二，业务中心可以在多项目工作之间灵活调配资源，将不同项目涉及的工作集中起来统一分配，让最合适的人负责完成；其三，加强经验积累，发现多项目中的共同问题，形成良好的实践和经验反馈，发现和解决核电站设计与建造中的难题。

在这种关系中，业务中心是项目建设的后台支持单位，是推动项目建设的主要力量，为前台项目团队提供人力资源与技术支持，统筹考虑各项目间人员的有序流动。前台项目团队则直接承担一线工作，在业务中心的支持下推进项目建设。

项目团队成员接受前台项目线和后台业务线的双重领导与分权管理，可根据各业务中心授权，协调后台业务中心各专业资源，完成项目总经理委派的业务；后台专业处/所向前台业务经理提供专业的技术支持和资源保障，形成二者之间的业务管理层级。

前后台协作的实现也是有条件的，有赖于项目管理的精细化和信息化系统的支撑，只有具备这两个条件，才能保证异地的前后台协作能够准确实时实现，才能达到良好效果。

三、实施效果和经验总结

（一）实施效果

前后台层级矩阵结构的有效运作在中广核工程公司取得了良好效果，促进了公司内部资源的有序流动，促进了项目间的技术和经验共享，为核电站批量化建设创造了条件。

层级矩阵运作以项目建设为核心，所有工作都围绕项目建设开展，项目团队则是层级矩阵运作的重要体现，从而使公司三类组织得到了有机连接。通过前后台层级矩阵的设置，大型复杂项目的团队具有了丰富的内在结构，与公司职能和业务结构形成了彼此穿插、密不可分的协作关系。传统上，项目管理组织结构设计比较推崇扁平化的原则，强调项目经理的作用；而中广核工程公司的实践表明，大型复杂项目的项目团队内部结构与企业职能结构之间的关联是一个需要重视的问题，层级结构在项目团队的引入以及和职能层级结构之间的协同应用得好时，能更有效地整合公司资源完成项目。

“矩阵式管理使公司紧缺资源在各项目间得到充分共享，同时增强了项目团队的凝聚力与战斗力”，工程公司领导深有感触地说。通过大矩阵运作，即项目总经理与各业务经理组成的矩阵，使项目团队各板块围绕共同目标形成紧密的整体，各业务板块间打破了以往的部门壁垒，建立了板块间的业务通道，在项目建设过程中真正形成了合力，提升了工作效率。在小矩阵，即各业务经理与业务中心专业经理组成的矩阵中，业务中心作为总部后台，充分起到资源调配的作用。通过小矩阵运作，公司各种资源能够按照不同项目建设的不同阶段，在不同项目间合理有序地流动起来，优秀人才总能适时调整到最需要他的项目上，公司有限的人力、物力、财力、设备等资源也能在各项目间得到最大限度的平衡，从而有效实现了资源利用的最大化，保障项目建设。从目前的效果来看，中广核工程公司资源紧缺的矛盾已经被成功化解。

中广核工程公司总工程师黄学清更是认识到矩阵式管理有利于公司技术能力的不断提升，“业务中心作为项目建设后台，能够集中人力与精力进行技术攻关和能力建设，同时又能通过小矩阵运作，使项目建设与技术研究实现有机统一，在对项目进行技术支持的过程中，以建带研、以研促建，从而使公司技术能力得到不断提升。其两年来的科研成果，比过去三年的总和还多了一倍，达到了三千余项，而且重大课题的数量在业内也十分引人关注。在多项目管理过程中，业务中心还能充分起到技术枢纽的作用，项目建设经验在多项目建设中得到反馈，加强各项目间的联系”。

（二）经验总结

从中广核工程公司矩阵式管理的实践来看，其重要的经验有：

1. 理顺板块关系，打造核电 AE 公司工程项目管理模式

AE 概念的核心是以设计为龙头的整合式项目管理，然而从工程管理实践来看，设计和施工之间往往存在着较深的鸿沟，常常在项目执行过程中发生很多矛盾和争议。

中广核工程公司早期项目总经理下有设备经理、施工经理、调试经理，即 PCS 板块，有设总却没有进入项目团队，其地位相对独立。由于设计的相对独立性，设总往往从设计院的角度思考问题，而不代表项目总体的利益，很多时候会习惯性地推卸责任，这造成设计（E）板块和 P、C、S 板块之间很容易产生矛盾。

大矩阵的设立明确要求设总必须进入项目团队，为项目服务，其考核由以

往的设计院考核转变为项目和设计院双重考核。这样将 EPCS 捆绑在一起，确立共同的目标和行为规范，从而为项目建设共同努力。

在小矩阵方面，由于业务特征，设计院的矩阵式管理比较容易，较早就有成熟的矩阵式运作机制。而 PCS 的矩阵式管理难度相对较大，例如，施工管理主要在现场，异地项目之间的资源流动比较难以实现。对此，前后台协作模式的引入对于矩阵化的实现起到了至关重要的作用，共同的后台资源通过远程协作的方式对多个前台在项目执行中的问题进行分析和解决，这使得后台资源可以在不同项目之间进行实时切换，同时掌握多个项目在执行中出现的问题，总结规律，提炼解决方案。在这个过程中解决了前台问题、锻炼了后台能力。

这种前台对项目、后台对业务的组织形式对于解决项目给企业管理带来的问题是一种很好的思路，既有助于解决项目执行问题，又为业务中心的长期发展和技术积累提供了条件，也是实现 AE 模式的一种重要手段。

AE 概念的提出是希望将业主驱动的产业模式转向 AE 驱动。业主需求是碎片化的，其目的就是通过项目运营获得收益，不关心产业的长期发展，业主主导下的总承包制也不能从根本上改变这一局面。AE 公司产生的目的是期望通过技术能力的积累、保持和创新来推动产业的不断升级进步，不仅重视如何完成好现在的项目，还关心如何建设好未来的项目；不仅关注现在能为业主实现怎样的价值，还关注未来如何为业主带来更高的价值。

前后台关系的引入对 AE 理念的实现具有很好的促进作用。前台关注于现有项目，中广核工程公司通过前台专业小分队形式锻炼了现场管理能力和现有项目的执行力。后台关注多个项目的并行建设，发现问题、解决问题、总结规律，提供系统性解决方案，进一步通过研发提出未来的发展思路。这就使得公司能够在短期项目目标和长期发展目标之间取得一种平衡，从而得到不断前进的动力。

2. 权利的平衡配置是成功实现矩阵化的关键

在项目型组织中，项目经理的权力往往过大。在职能型组织中，职能经理是决定员工前途的关键人物。矩阵式管理过程实际上对两者的权利进行了限制，他们需要通过协商来解决问题。因此，能否形成稳定的权利分配机制成为决定矩阵式管理成功与否的关键所在。

中广核工程公司推行矩阵式时遇到的一个最大挑战是，“干部和管理者不太习惯于在矩阵式运作情况下行使自己的权利”。项目总习惯于在项目上“一切听我的”，业务中心则习惯于在业务领域“我是权威、我说了算”。这种习惯对矩阵式管理是很大的障碍，矩阵式管理最核心的就是要学会逐级和分权管理，否则整个矩阵的安排就会被全部打乱。

对此，公司在分权制度上进行了大幅度调整，以理顺权力、考核和分配之间的关系。工程公司领导用一个形象的比喻来描述，矩阵式组织“不是一个一车二主的情形，而是一辆板车，由项目总经理在前面拉，各个业务板块在后面推，它们形成了一种合力”。在制度上，为保证层级矩阵的有效运作，各矩阵点上的人员需要获得“充分授权”，其中项目总经理得到公司总经理的充分授权，代表公司总经理在项目上履行工程建设“六大控制”职责，有充分的权限对各业务经理进行协调与考核，并对四大板块在对本项目支持过程中的表现进行满意度评价，从而确保了大矩阵的有效运作。而在小矩阵中，各业务经理又是业务中心在项目上的投影，可以管理、考核和评价业务中心内部与本项目相关的接口人，从而确保小矩阵的有效运作。

（三）启示与探讨

中广核工程公司的矩阵式管理对工程施工企业及大型设备制造商在以下几方面具有一定的启示意义。

1. 项目组织的灵活化和柔性化

让优质的资源能够有序地流动起来，这是中广核工程公司进行项目组织形式变革的最主要目的。职能型结构和项目型结构中都存在资源流动不畅、共享困难的问题。面对竞争日益复杂、大量业务以一次性工作形式出现的市场状况，采用柔性项目管理模式、建设灵活型组织结构成为一种可取的发展方向和思路。柔性生产强调的是组件模块化，可以灵活地调整生产结构。类似地，柔性项目管理和灵活型组织则意味着组织单元模块化，可以灵活地重组，在不同项目之间流动配置，以充分利用有限的资源应对市场挑战。

2. 横向打通和项目导向

横向打通和项目导向不仅仅是针对从事项目的工程施工企业，对大型设备制造商也有意义。目前制造厂主要以生产车间形式进行组织，每个车间仅关心自己负责的那一段工作，没有人负责管理和控制从原料进厂到产品出厂的全过程。也就是说只有纵向的分解，缺少横向的协调。

中广核工程公司在构建AE公司的过程中，愈加深刻地认识到，仅仅是自身EPCS的协同和内部的前后台层级矩阵并不够，还需要将AE理念延伸到装备制造业和施工企业中去。例如，制造企业通常仍然只有职能部门和车间两种组织单元，缺少项目组织单元，这导致车间的横向协调和以最终产品为导向的全流程控制难以实现。中广核工程公司在向核电产业链推广高标准、严要求的核电质量管理体制时，和供应商之间形成了全面质量伙伴关系，将中广核工程公司的项目管理理念和制度在产业链上进行了推广与延伸，促进了全产业链项目管理水平的提升，具体内容体现在第六章中。

3. 内部协同，协调组织

对于多项目环境下的企业而言，矩阵式管理往往是必然的选择，即便不明确提出采用矩阵结构，也需要在实际运作中实现资源在多项目之间的共享与流动。从事复杂系统生产和复杂项目建设的组织更是如此，只有充分地利用矩阵结构才能应对大型项目带来的资源冲击。

然而实践中很多企业的矩阵式管理遇到了困难，甚至以失败告终，未能真正建立合适的矩阵结构。究其原因，最大的障碍在于——矩阵式管理需要对内部权力进行大幅度的重新调整，并不只是简单设置项目经理这个岗位就能解决问题。

中广核工程公司矩阵式管理的成功，是在“三分改革”这样的系统性组织变革中完成的。公司对授权体系的优化改善了权力结构，对绩效考核和激励制度的改革激发了员工参与项目的热情。“三分改革”通过公司的制度革新扫除了障碍，为矩阵式管理的实现提供了良好的环境和条件。

更重要的是，“三分改革”强调的是“分”，而事实上中广核工程公司更强调的是“合”，这就是由“一个AE”来统领所有的组织变革。所有的“分”都是为了实现“一个AE”，强调各个业务中心、职能部门和项目团队都围绕同一个目标开展工作，分层、分权、分灶均是为了打造AE这个核电航母。

只有清晰的“分”才能有整体的“合”。中广核工程公司通过“三分改革”理顺了各组织模块之间的关系，而后才能进行灵活的动态重新组织，形成层级化前后台矩阵结构。

“三分改革”的终极目标是建设内部灵活的协同机制，使得从事业务发展、职能运作和项目执行的各类人员都能在项目的实施中发挥自己的才能。而这需要理顺组织内部关系，协调各方利益，形成相匹配的各项管理制度。只有这样才能实现项目管理矩阵式运作、促进资源流动和共享的目标。

第二节　精细化管理：项目的计划和控制

项目管理能力是AE公司的核心能力之一，关键在于是否能对项目进行有效的计划和控制。中广核工程公司项目管理的特色是精细化管理，其意义正如精益生产之于制造业管理，旨在对项目运作全过程进行精确计划、细致控制。由于项目运作和日常运营有着显著的不同，在多项目多基地的建设过程中，中广核工程公司形成了有特色的精细化项目管理体系。

一、项目管理体系

（一）核电站寿命周期

典型的核电站寿命周期如图4.7所示，中广核工程公司要打造国际一流的核电AE公司，就意味着要提供核电站全寿期内的各类管理和服务，而最重要的就是核电站建设。

核电站建设具有规模大、投资多、周期长、接口复杂、安全质量和技术要求高、用户定制化要求高等特点，是典型的复杂产品系统。按CPR1000核电项目统计，每台机组的建设工期一般为58个月，在设计方面包含41大类共60余个专业，在设备供应和施工方面，每座核电站有300多个系统，直接设备供应商达300余家，安装管道长度达300公里，参建人数合计约20 000人。

核电站的复杂性给项目管理带来了挑战，时间延误、成本超支意味着重大的经济损失。由于核的敏感性，技术上的失误、质量上的缺陷、安全事件的发生、环境损害的出现都会引起社会上的轩然大波，建设过程必须予以严密的控制。因此，中广核工程公司强调的是安全、质量、成本、进度、技术、环境“六大控制”。这要求项目执行具有清晰的思路、完整的体系和精细的计划控制。

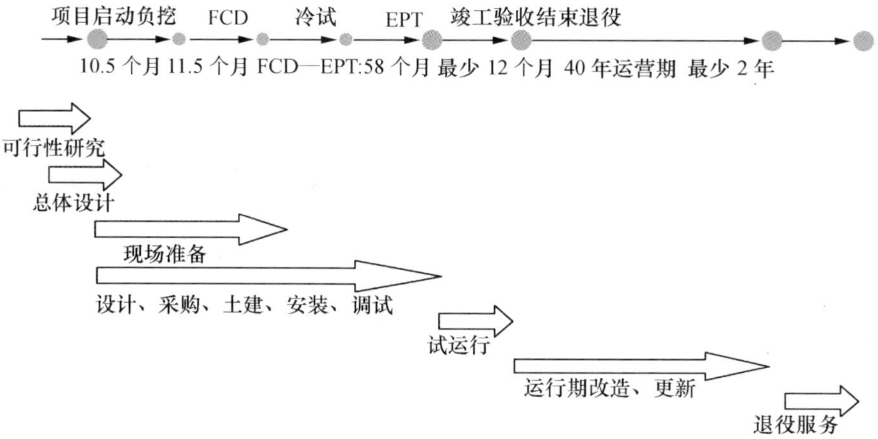

图 4.7　典型的核电站寿命周期

说明：FCD—First Concrete Date，第一罐混凝土浇灌日，标志着现场建设的开始；EPT—End of Performance Test，性能试验结束，意味着可以开始试运行。

中广核工程名词

项目管理六大控制

传统上项目管理强调质量、进度、成本这三大维度，或者加上“安全”形成四大维度，它们是项目成功的关键要素，也是项目进行计划和控制的主要对象。由于核电站的独特特征，中广核工程公司在构建项目管理体系时在这四大维度之外增加了技术和环境，形成了六大控制体系，如图 4B 所示。

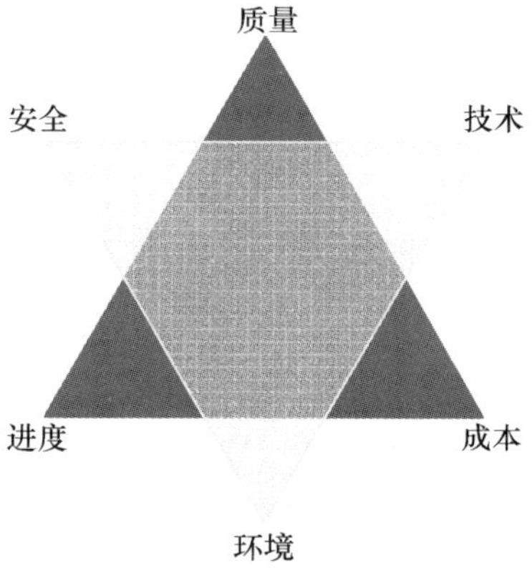

图 4B　六大控制体系

（二）项目管理流程

在多项目多基地建设中，中广核工程公司形成了核电站建设的标准管理流程，如图 4.8 所示，构成了计划（P）、执行（D）、检查（C）、行动（A）的 PDCA 质量持续改进循环（也称戴明环），通过经验反馈将项目执行中发现的问题及解决方案反映到下一个项目的计划中去，使项目管理体系不断深化、细化。

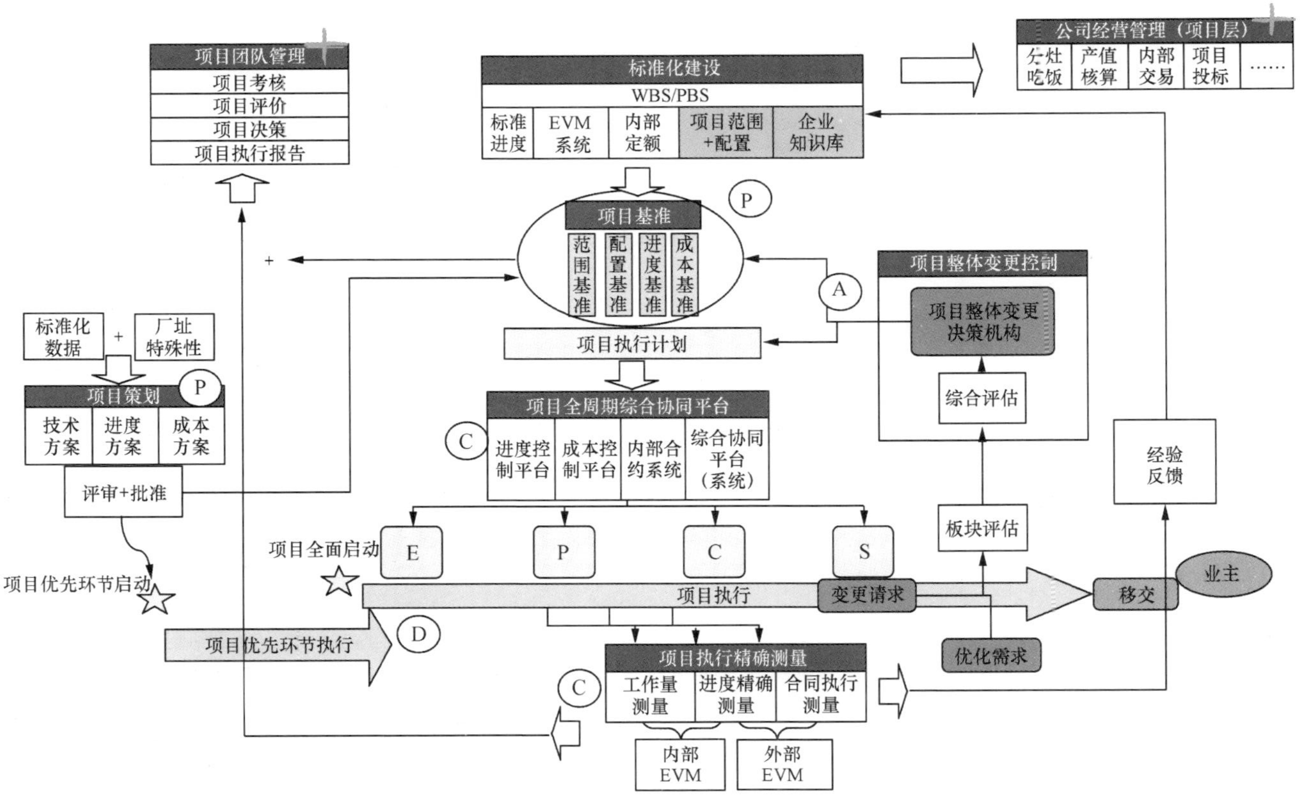

图4.8 中广核工程公司项目管理总图

（三）精细化管理体系

核电站建设周期（从项目启动到试运行开始）长达80个月，每一阶段的工作内容和重点都不一样。这种复杂项目管理的精细化与流水线生产管理的精细化有着很大的不同，需要考虑到项目生命周期的特点，有针对性地进行制度建设。中广核工程公司从项目管理制度的各个侧面对复杂项目的管理精细化进行了探索，形成的精细化管理体系可以用图4.9来直观表现。

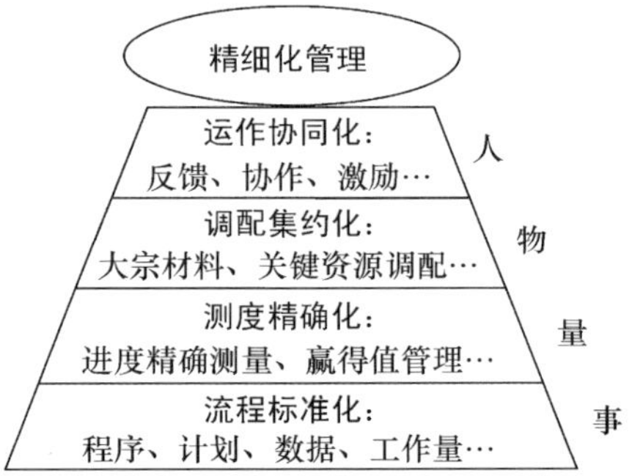

图4.9　精细化项目管理体系

这一精细化项目管理体系可以分为四个层级：

1. 事的精细化管理：流程标准化

项目的特点是需要完成一系列的工作来达成特定的目标，简而言之，需要做一系列的事，因此对事的管理是项目管理的基础。事的精细化需要将项目工作流程进行标准化，其中包括做事的程序、计划、产生的数据、对应的工作量等，只有标准化才能定量化、精确化，管理才能细致化。中广核工程公司首先进行了大量的标准化建设工作，为项目精细化管理奠定了坚实基础。

2. 量的精细化管理：测度精确化

只有在流程标准化的基础上才能对项目进展进行精确度量，这就是对量的精细化管理，其中要对进度等项目指标进行精确测量，以实时把握项目进度，并运用赢得值管理（EVM）等方法进行精细控制。

3. 物的精细化管理：调配集约化

中广核工程公司需要进行多项目多基地建设，其中涉及大量大宗材料和设备等关键资源。基于标准化流程和精确化测度，项目能够对所需要的材料、设备等资源进行集中式管理、集约化调配，将关键资源对核电站建设产生的刚性限制通过多项目之间的资源调配转化为柔性共享。

4. 人的精细化管理：运作协同化

项目团队的激励约束机制设置一直是项目管理中的一个难题，由于项目是由不同专业人员合作完成的，其成果离不开任何一方的努力，如何评判每一方的贡献大小从而给予相应的奖励就成为一个棘手的管理难题。在中广核工程公司实践中，通过对事、量和物的精细化管理，为人员绩效评价提供了丰富而坚实的数据基础，而后通过协作平台建设、项目团队管理制度调整和“三分改革”、“分灶吃饭”机制，为项目参与人员提供良好的协作环境和清晰的激励制度，以促进项目运作的协同化。

二、事的精细化管理：标准化建设

（一）管理程序标准化

最高一级的项目管理制度是公司治理结构和管理制度在项目中的体现。中广核工程公司在制度一级的项目标准化建设体现为：制定了明晰的项目组织与运作规则以及完善的 AE 公司程序体系。

中广核工程公司从程序体系结构、程序内容和程序管理平台三方面对管理程序体系进行优化，以公司定位、业务活动、业务流程、项目模式及内外部接口关系为依据，构建由“四个层次、两大系列、多个业务模块”组成的三维程序体系结构（如图 4. 10 所示）。其中以核心流程为主线，打破部门概念，运用价值原理，对现有程序重新分类、梳理和完善。以“高效、便捷”为目标，建立从程序出版、浏览、外发到进度全线电子跟踪的现代化程序管理平台，并采用“以项目为核心”的理念，形成了项目标准化程序包，有利于项目管理能力的快速复制。

针对项目具体执行中的“六大控制”和各类管理问题，中广核工程公司还形成了一系列标准化程序文件。同时，管理程序的标准化并不意味着不考虑不同项目的特殊性，而是将特殊性处理也予以标准化，从而根据一般管理制度和特定项目的特征形成具体的分项目组织与基本运作规则。

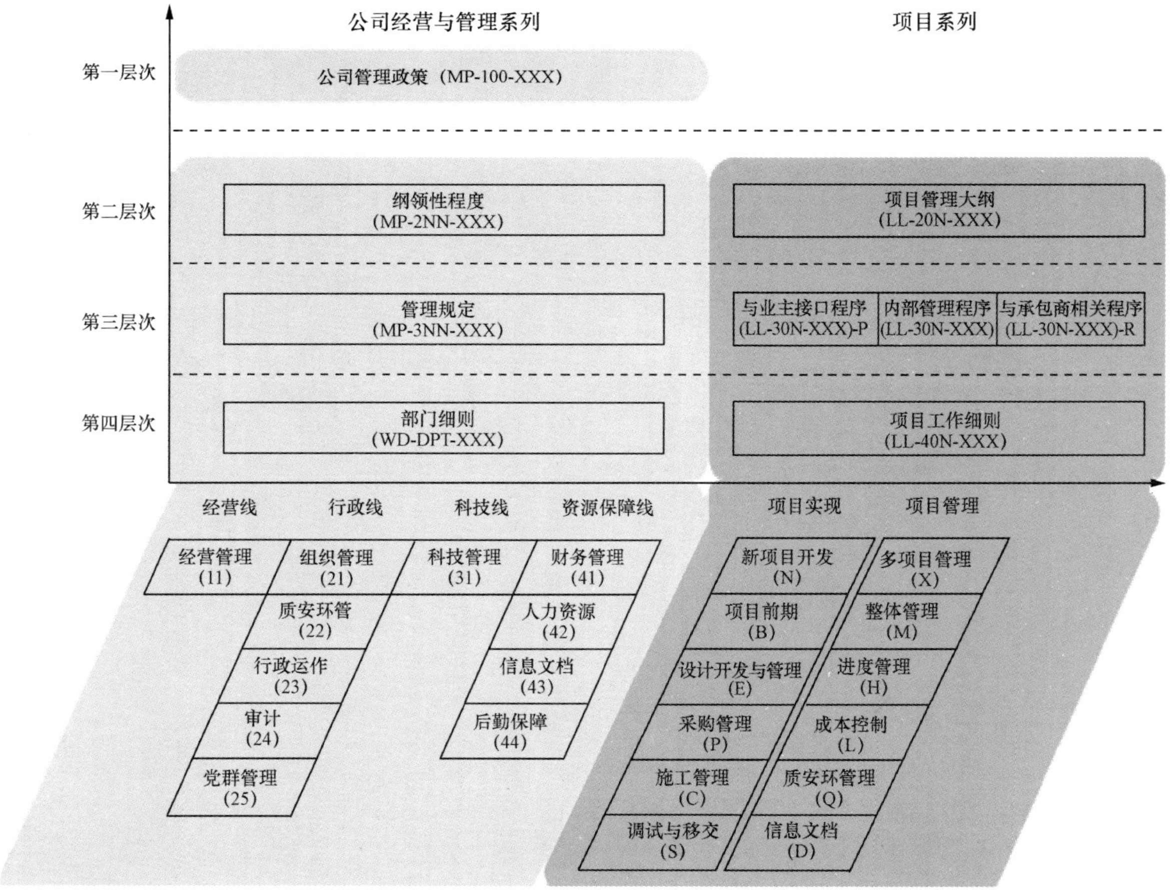

图4.10 中广核工程公司管理程序体系结构

（二）工作分解和进度计划的标准化

项目管理的基本原则是工作分解，可形象地比喻为“庖丁解牛”，即将项目逐级分解为一层层任务，由此形成项目的整体工作结构，在此基础上建立进度计划等项目执行方案。

1. 基于 PBS 的核电项目多维分解结构与编码体系

传统的项目管理有 WBS（工作分解结构）、OBS（组织分解机构）这两个常用概念。其中，WBS 是将项目层层分解，直至可以管理的最小作业单元，而 OBS 是确定分解的项目任务由哪些组织单元来负责执行。对于核电项目来说，参与的单位达数百家，要有效地进行项目管理需要建立一套科学的 WBS 与 OBS，实现进度和成本的分解与归集。

实践中常常出现的一个问题是，对于同一件设备，中广核工程公司的编码和设备供应商的编码往往不统一，在进行跨企业协作时就会出现沟通不畅、信息系统无法及时对接的现象，甚至以往内部 EPCS 之间都存在编码不统一的现象。这会造成中广核工程公司无法达到实时跟踪所有设备、所有任务的进展的目的。

为此，中广核工程公司在传统的 WBS/OBS 的构架基础上，在国内首次提出并构建了电站实体分解结构（PBS）和功能分解结构（FBS）。其中，PBS 是将电站实体层层分解，代表“做什么”（WHAT）；而 FBS 是功能分解结构，代表“如何做”（HOW）。PBS 和 FBS 的引入，将传统的单维度分解结构变为多维度的分解结构，解决了特大型核电项目由于参与单位众多使得项目结构分解难以统一的难题。此外，PBS 将设计、采购、制造、施工、调试等不同单位的进度、物资、文件等方面的编码完全统一，使其成为项目管理各类信息平台建设的基础。目前该项工作还在进一步深化中，力争达到整个核电产业链编码统一的效果，这对于整个产业来说，就如“书同文、车同轨”一样重要。

2. 六级进度计划

基于核电项目多维分解结构，中广核工程公司在核电项目施工中推行六级进度计划，其中对施工承包商进行管理的六级进度计划如图 4. 11 所示。除此之外，设计和调试业务需编制相应的分级进度计划，穹顶吊装、冷试、热试和装料等重大工程节点活动还要编制专项进度计划。

六级进度计划对工程进度的管理非常细致，一、二级进度是相对宏观的总体进度，和承包商协商形成了细分的三、四级进度，五、六级是现场具体施工

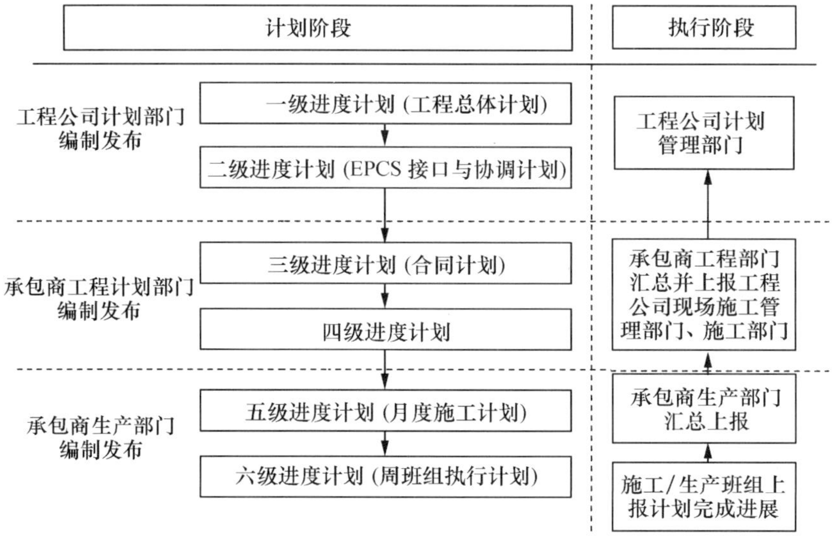

图4.11　对施工承包商进行管理的六级进度计划——动态分级控制

时的进度计划，细分到班组。六级计划彼此之间相互联动，如下一级进度对上一级进度的影响会及时进行调整。

（三）基于“模块式”的核电项目进度关键路径与标准进度

在工作分解结构和进度计划的基础上，项目管理理论产生了一个重要概念——关键路径，指工期最长的任务路径，包含了项目工期最为重要的任务。关键路径概念对于项目管理的各个层面都很有价值。例如，项目工期优化是项目管理追求的主要目标之一。要实现核电总工期就必须深入掌握核电建设的关键路径（在非关键路径上压缩工期没有作用），在确定关键路径上的设备、设计文件、区域和系统后，就需要重点投入人力和资源，通过目标、人员和资源之间的协同才能实现总工期。

然而由于核电项目的作业数以十万计，按传统方法从最底层数十万作业中计算出整个项目的关键路径是不现实的。由于项目涉及的单位众多，在项目开始尚未选定承包商、没有确定相关技术方案时，每个作业的工期是无法确定的，因而难以得到整个项目的关键路径。这是具有复杂供应链的大型项目在计划时遇到的一大难题。

为解决这一问题，中广核工程公司创新性地提出并建立了“模块式”的进度管理方法，即将整个项目划分成一百多个进度模块，针对每个模块的不同技术方案，通过流程和逻辑关系的深入研究，找出模块的关键路径以及模块的最短、最长和最可能工期。在掌握模块关键路径的基础上，建立贯穿整个项目的主关键路径（如图 4.12 所示）。采用基于模块的关键路径方法，能有效解决核电项目作业数多、参与单位众多、同一模块因技术方案不同而带来进度方案不同所造成的进度控制难题，同时也能在选择供应商/承包商时，综合平衡技术、进度和成本的总体得失，选择项目总体最优技术方案。

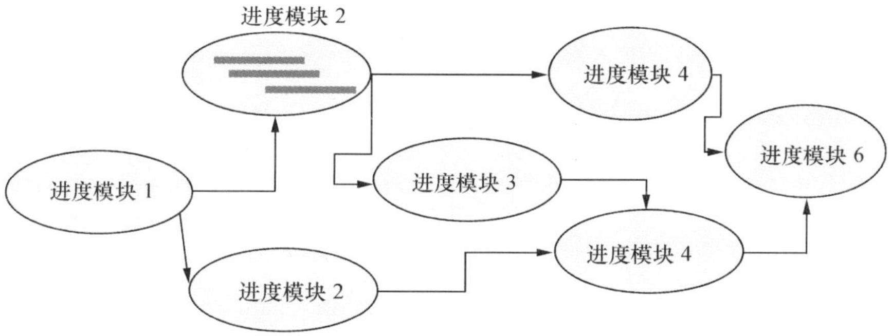

图 4.12　基于“模块式”的核电项目进度关键路径示意图

中广核工程公司通过岭澳二期核电项目的建设，完全掌握了 CPR1000 核电进度的关键路径，并成功研制了基于 58 个月、56 个月、54 个月、52 个月、50 个月的 CPR1000 标准进度计划，获得了中广核集团科技进步一等奖，并通过进一步研究，掌握了 EPR、AP1000 的关键路径，实现了对关键路径的动态管理。

（四）信息化推动标准化建设

业务和管理流程只有通过信息化才能真正固化下来。中广核工程公司通过信息化将标准、数据、流程统一在一起，让所有员工在同一个平台工作，极大地促进了标准化建设。

中广核工程公司的信息化平台建设以“高起点、全范围、标准化、可持续”为原则，有计划、有步骤地开展。2009 年 ERP 项目实现 SAP 系统成功上线。目前初步建成了以 SAP 为核心、IMS（信息管理系统）为辅的公司信息管理平台，实现了人、财、物的集中管控，取得了良好的管理效益和经济效益。

在整个信息系统建设中，最值得一提的是核电三维协同设计生产与控制平台的建设。2001 年该平台建设开始策划；2005 年公司购置了 PDMS 等三维设计管理数据平台，以其为核心、以大亚湾和岭澳一期工程文件为基础初步搭建了设计协同平台；2008 年建成“跨国三维异地协同设计平台”。发展至今，该平台已成为世界上地域跨度最大、覆盖项目最多、设计手段最先进的核电设计平台，覆盖中、法、德三国和中国深圳、四川、上海、北京、武汉等多个地区的几十家核电站设计参与单位的 800 多名设计用户。跨国跨地区的设计人员可以在同一个平台上实时协作，实现了设计各阶段数据的无缝传递。同年建成“三维数字化核电厂信息集成平台”，不同专业、不同地域的用户能够利用该平台实现设计成果的数字化移交。三维可视化平台标志着核电厂数据信息全生命周期管理时代的来临。

三维设计模式的应用一举解决了长期以来困扰业界的“设计”与“现场”匹配的问题。在以往核电工程建设过程中，核电站“走下”图纸时往往会遇到管道、设备位置与实际情况发生不匹配甚至是冲突的情况，解决起来既浪费时间，又容易对建设质量产生影响。三维异地协同设计平台应用后，设计过程可实时看到虚拟的核电站立体模型，随时对设计的正确性和准确性进行验证，既提高了设计速度，又提升了设计质量。最后能够以数字化形式将图纸、运营要求提供给业主，同时全线确保设计数据的唯一性和可追溯性，任何一个管线、任何一个环节都知道是谁做的。

三维协同设计生产与控制平台的后续发展是“理论电站”，目前在开发的“基于 9D 的核蒸汽供应系统建造技术”，在三维设计上增加了六个维度：设备管理（实体物项）、文件体系、进度控制、成本控制、风险管理和经验反馈，如图 4.13 所示。

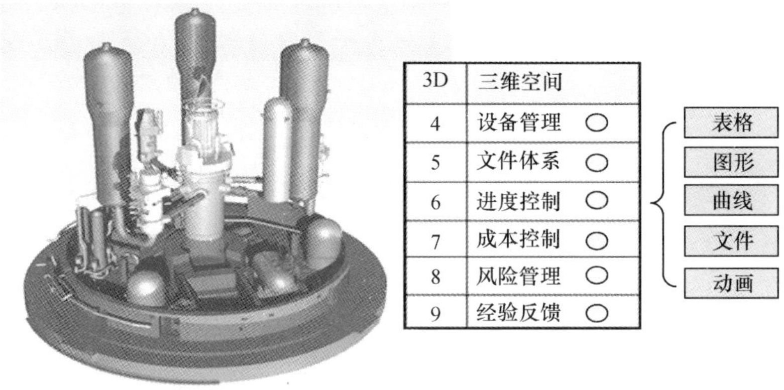

图 4.13 基于 9D 的核蒸汽供应系统

这一系统在三维设计的基础上增加了六层数据，意在实现“实体电站”和

"理论电站"之间的完美结合。所有参与核电站设计、建造的人员都可以在理论电站上实时看到自己工作多种形式的展现，与实际场景一致。这样不仅可以形成设计人员之间的工作协同化，还能让所有核电相关工作人员，包括中广核工程公司E、P、C、S四大业务中心，设备供应商，承包商，核电站运营人员，都有一个标准化的工作平台。其构想非常庞大，一旦实现将会是复杂项目管理的一次质的飞跃，也是中广核工程公司打造国际一流核电AE战略的管理载体。

三、量的精细化管理：测度精确化

事的精细化管理形成了准确计划，量的精细化管理则是为了达到精确控制，中广核工程公司在核电工程控制中推行测度精确化，积累了丰富的实践经验，形成了多项管理创新成果。

（一）基于"作业级"的核电项目进度精确测量与量化系统

工程量的精确测量是项目管理的关键技术之一，但在核电建设项目中是一项难度很大的工作，作业数以十万计，设计、采购、制造、施工、调试各阶段涉及的专业繁多；每个专业的测量和量化方法与专业特点密切相关，国内外还没有针对核电项目的成熟计量方法。

2006年，中广核工程公司为提升核电管理水平，率先开展了"将核电项目中不同专业、不同工种的工程量换算到一个统一单位，实现核电项目总体精确量化"的研发工作，组织了设计、制造、施工、调试等项目建设上下游产业链，针对每个专业研究开发了作业级的进度精确测量与量化技术，并形成了企业标准。随后几年实施了包括工程总量分布标准方法、工程总量的计划分布曲线标准计算方法和进度测量点采样标准等，并建立了进度精确测量与量化平台。通过该平台打破了公司内各项目、各板块之间的壁垒，神经末梢直达工程师，获取第一手的作业级工程进展信息；通过统一的量化处理，实现实时精确的过程监控与进度量化，并自动预警。该平台也是赢得值等其他项目管理技术实施的基础。图4.14显示了岭澳二期执行中某一天的一级进度的精确测量结果，其中省去了具体的任务等信息。

进度精确测量与量化平台的关键点为：（1）标准工作分解结构（WBS），即

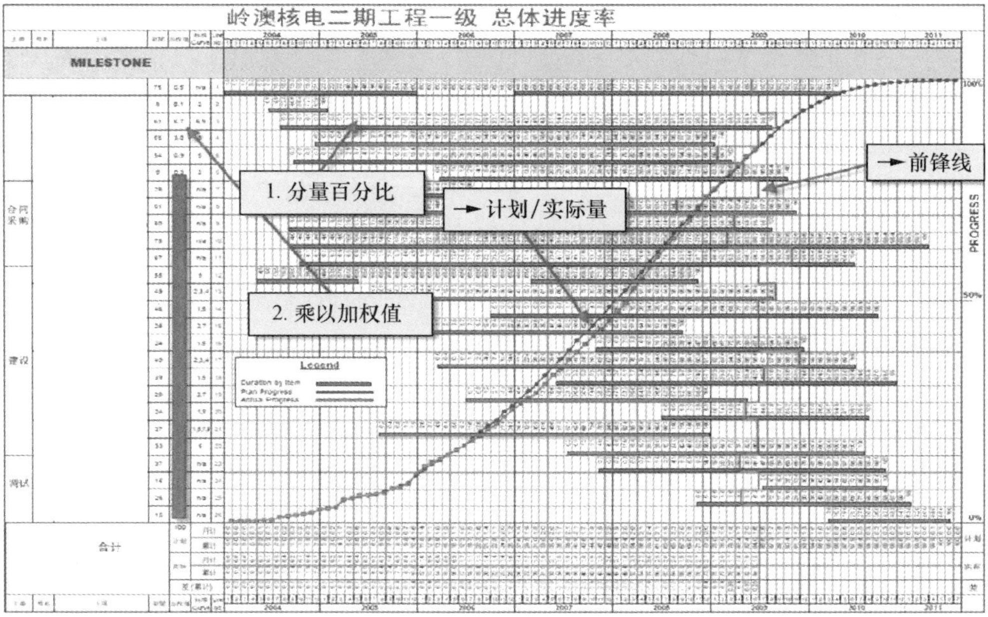

图 4.14　岭澳二期项目总体进度量化示例

标准化成果；(2) 权重分配，对每个工作根据其成本、优先级、工期、难易程度分配合理权重；(3) 量化方法，对每个进行中的工作根据其特征采用不同方法测度其进程，包括开始—结束法、里程碑加权法、实体单位计量、数学函数法等。

进度精确测量和量化平台将不同专业、不同工种的工作赋予特定权重转化为统一的工程量单位，对实际进展采用适当方法判断其进展百分比；随后进行加总形成总体工程量的实时进度，并可以和计划对比判断总体进展情况。

(二) 基于"赢得值"的核电项目全周期精细化成本管理

赢得值（Earned Value）也译为赢值、挣值或盈余，最早是美国国防部在20世纪60年代发展起来的一套集成成本/进度管理系统，其主要思想是，通过详细的项目预算形成精确的成本计划，在跟踪监控时将项目分解的每项工作的实际进展用预算作为权重加总，从而汇总成表现项目总体进展的一个指标，再和计划进展及实际成本对比，最终得到项目在进度和成本上的状态判断。

例如，10个月工程计划每月投入200万元，到第5个月月底计划投入（PV）1 000万元，实际已投入1 300万元（实际成本，AC），这是否说明成本超支300万元呢？赢得值管理（EVM）指出，其中关键缺少一个量：已完成工作的预算成本（赢得值EV）。如实际已完成了6个月的工作量，则EV为1 200万元。由此可计算进度偏差SV = EV - PV = 200万元，这说明项目进度提前了200万元的工作量，成本偏差CV = EV - AC = -100万元，说明超支100万元。因此通过EV的引入可以同时度量出项目的进度是否提前和成本是否超支。EVM的基本示意图如图4.15所示。

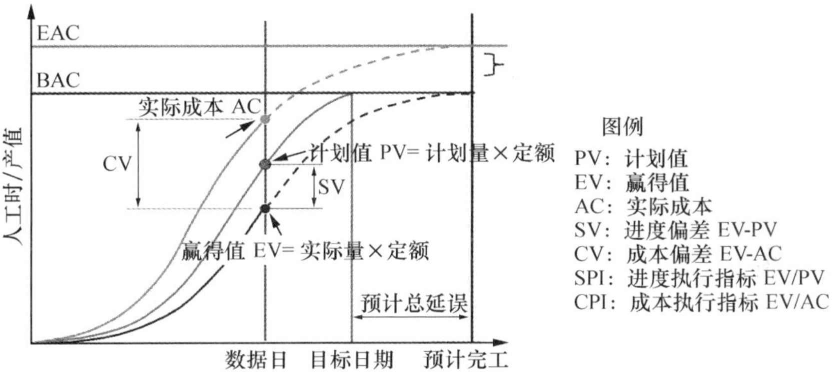

图4.15　赢得值系统基本原理示意图

在赢得值系统中，首先形成详细的成本预算，表现为PV曲线，目标日期为原计划项目完工期，预算总投资为BAC。项目实际成本支出为AC曲线；然后对AC和PV之间的偏差进行分解，引入赢得值EV，即根据预算计算每个任务进展得到（赢得）的价值。在特定数据日，计算出这三个数后可估算出成本偏差和进度偏差，从而判断项目进展情况，并重新估计项目完工日期（预计完工）和调整后的项目总成本（EAC）。

赢得值管理是一套精确化的项目监控系统，需要工作分解和成本预算的精细数据作为基础，目前国内工程施工企业能有效应用这一系统的并不多。中广核工程公司基于坚实的标准化工作和所建设的进度精确测量与量化平台的基础，在国内核电行业率先开发了一套企业级的赢值管理系统，用于“自下而上的进度/成本信息采集和自上而下的进度/成本目标的下达”，在公司层面形成了统一的进度和成本相结合的精细化管理基础，实现了具有国内领先水平的项目全周期精细化成本管理，其体系构架如图4.16所示。

（1）通过进度精确测量，实现E、P、C、S各业务板块的作业级进度过程

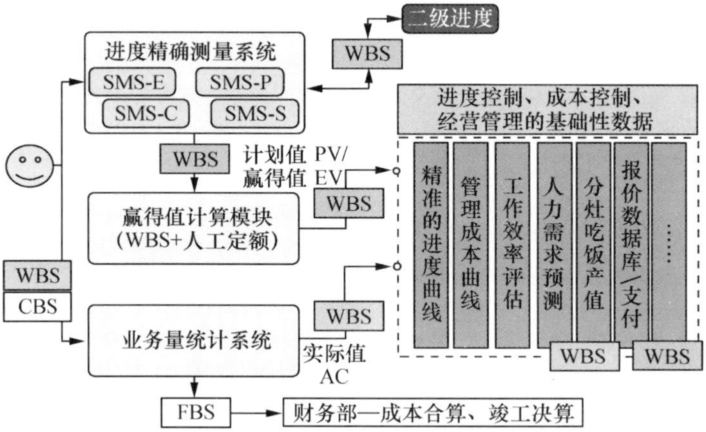

图 4.16　赢得值系统总体构架

控制，并通过统一的量化处理，实现进度的精确量化。

（2）计划值/赢值（PV/EV）的计算，进度精确测量系统的数据（计划工程量/实际工程量）通过赢值计算模块的统一处理可计算出作业或 WBS 节点的 PV/EV。

（3）实际成本的核算，公司开发了业务量统计系统（基于作业层的工时统计系统），每个员工将自己的实际工作时间在 WBS 节点上的分配录入该系统，统计出实际值（AC），完成实际成本开销的记录。

（4）应用：用量化方法精确表达当前进度和成本状态；精确预测未来的进度走势和人力需求；预测竣工时的进度和成本偏差；评估局部和整体工作效率；人力需求与人力动员；发掘进度问题与成本问题。同时，系统还是经营管理的基础，以及深化改革、进行内部市场化的基础性管理工具。

（三）风险管理体系和基于蒙特卡洛技术的风险量化计算平台

科学的项目计划和规范的项目控制并不能保证项目成功，依然难以避免风险带来的项目偏差甚至目标失控，风险管理由此成为项目管理的重要环节。在核电领域风险事件的后果尤为严重，中广核工程公司通过十多年的经验积累，构建了适合核电建设特点的一整套项目风险管理体系，其总体构架如图 4.17 所示。

定性的风险分析必不可少，定量化的风险分析也很有必要。中广核工程公司在国内首次建立了具有国际先进水平的核电项目风险量化计算平台，该平台

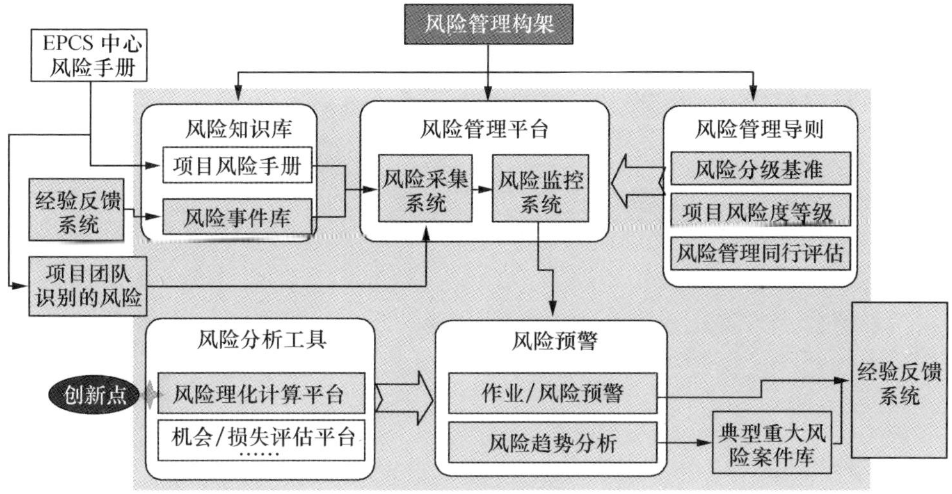

图 4.17　风险管理构架

包括基于蒙特卡洛模拟分析技术的风险分析模型和相配套的企业级专家经验数据库，并集成了公司总承包的 16 台核电机组建设过程中所积累的丰富经验数据。该平台运用高速计算机，通过数千次甚至更多次的随机模拟运算，计算出风险控制目标的可控性概率值。

该平台目前已成功应用于公司总承包的 16 台在建核电机组的风险分析，适时为企业高层提供项目风险状态信息和项目风险决策支持，有力地保障了项目目标的实现。该平台的建成，受到国际核电工程公司的关注。许多国际公司已经主动与公司开展了多次项目风险管理交流与研讨。

四、物的精细化管理：调配集约化

核电站建设涉及大量设备和材料，而且对材质和技术的要求非常高，市场上有能力供货的供应商并不多，一旦供应出现问题就很难从市场上及时找到合格的替代品。这就要求中广核工程公司充分利用多项目多基地建设的机会，在物资调配上实现集约化管理，中广核工程公司在这一方面做出了出色的成绩。

（一）以“零库存”为目标的多项目大宗材料集约化精确管理系统

大宗材料管理是核电项目管理的一个难题，主要难点在于：（1）核电大宗材料种类繁多，仅管材类大宗材料就达三千余种；（2）大宗材料的管理需要详细的技术数据支持，在下订单之前需明确采购材料种类、总量、发货批次；（3）对于材料总用量，只有整个电站施工设计全部完成后才能精确知道，然而由于要求高、周期长，大宗材料订货往往需要发生在设计完成前，订货时不能确定材料的品种和数量，这就产生了矛盾。大宗材料管理不善，将会出现现场急需的材料不能到货，而不需要的材料却大量到货，造成现场仓储爆满，而工程却因材料的短缺而被迫局部停工的现象。对此，中广核工程公司通过深入研究大宗材料管理的特点，创新性地研制并建立了以“零库存”为目标的多项目大宗材料集约化精确管理系统，如图 4. 18 所示。

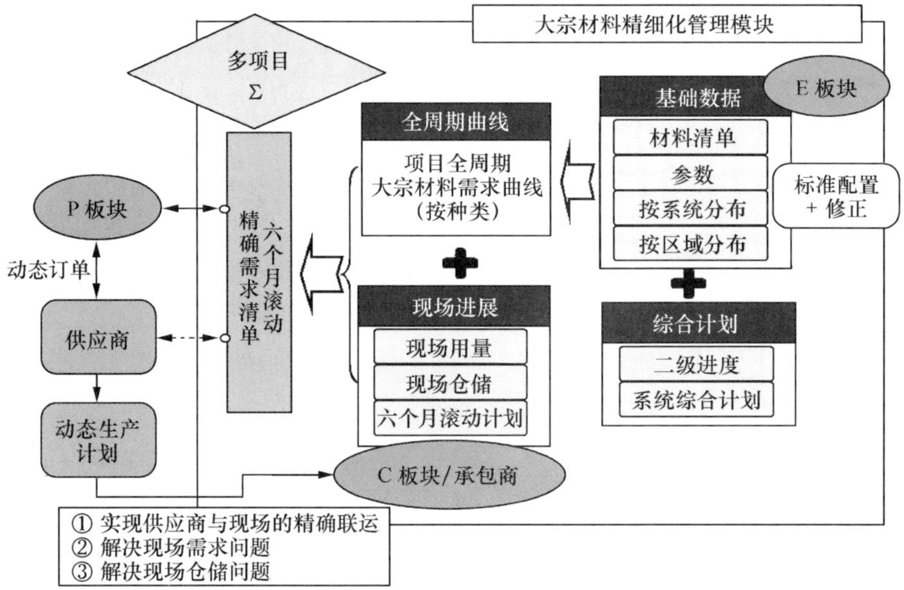

图 4. 18　以“零库存”为目标的多项目大宗材料集约化精确管理系统

该系统首先将参考电站的大宗材料设计用量进行了详细梳理，形成大宗材料的标准配置数据库，包括每种材料的型号、参数、在系统和区域中的分布，再结合进度计划，计算出每种材料的需求分布曲线，并以电站标准配置为初始采购订单量；随着设计的进展，持续更新每种材料的需求总量和需求分布曲线；同时，通过对现场实际用量和仓储量的精确统计，形成大宗材料现场用量与厂商的直接联动。大宗材料精确管理系统的研制与建立，解决了核电大宗材料管理的难题，实现了大宗材料以“零库存”为目标的精确管理。

（二）基于“产能”与“集约化”的核电建设关键瓶颈资源监控与调配平台

由于核电行业的特殊性，供应商的产能或施工单位的资源有限，在国内核电快速发展时产业链上一些环节会出现产能瓶颈。中广核工程公司通过对国内外核电市场的制造、施工的瓶颈资源进行全面调研，掌握了核电建设产业链关键瓶颈资源的第一手详细资料，并建立了数据库和数十种瓶颈资源监控平台，对国内外核电建设瓶颈资源进行监控。

以核岛主设备为例，无论哪种核电堆型，都深受重型锻件制造能力和产能的制约，因此中广核工程公司密切关注能生产这些关键设备的供应情况，对于各种主设备都建立了精确的生产状况跟踪表，这使得公司能根据瓶颈资源的产能合理进行项目总体安排，同时也为国家对核电项目的总体部署和市场培育提供了科学决策依据。

在此基础上，公司建立了项目间物资调配机制，通过合理的资源调配实现综合效益最优化。例如，宁德 1 号 RPV 及 SG 预计交货时间与现场安装最晚时间相比还要迟 6.5 个月，无法通过后续安装赶工来消化到货延误，这会对项目工期产生严重的冲击。而红沿河 2 号 RPV 及 SG 与安装需求相比分别有 5.5 个月和 5 个月的余量。经过对比分析，公司考虑将宁德 1 号 RPV 及 SG 与红沿河 2 号 RPV 及 SG 互换，再通过后续建安赶工实现冷试目标，同时也基本不会影响红沿河 2 号的冷试目标。最终调配方案在通过国家核安全局的批准后，于 2010 年年底成功实现，有力地保障了两个项目的工程进展。

五、人的精细化管理：运作协同化

工作最终都是靠人来完成的，只有形成良好的协作机制和团队精神，才能发挥各种技术工具的作用，否则任何精细化系统在人员的“不用心”三个字下都会遭到失败。中广核工程公司通过“三分改革”、前后台层级矩阵的设置形成了治理结构上的协同化局面，并通过一系列协作平台和工具得以具体实现。

（一）基于“内部合约”的项目任务分配与考核系统

协同化的首要保证是激励机制的设计，也就是公司分配与考核机制的设置。

引入前后台层次矩阵关系、推行内部市场化改革之后，公司内部出现了“项目与项目之间、项目与业务中心之间、EPCS 业务中心的上下游之间”较为复杂的利益关系与分工协作关系。如果没有清晰的利益分配机制，在这个复杂的组织结构中必然会出现争功、推诿等不良现象，造成协作精神的缺乏，以至于任何协同化运作机制都会失效。

中广核工程公司经过探索，提出了“内部合约”的概念。它作为项目管控的重要抓手，充分利用合同管理成熟的理论和方法，用利益驱动的方式，实现项目任务的落实和项目考核。其具体实施办法：项目总经理作为项目的总承包方，与公司总经理签订项目总合约；然后总项目经理分别与 E、P、C、S 各大业务中心签订板块合约，作为项目的分包方，内容包括委托任务清单等关键内容。内部合约的整体关系如图 4.19 所示。

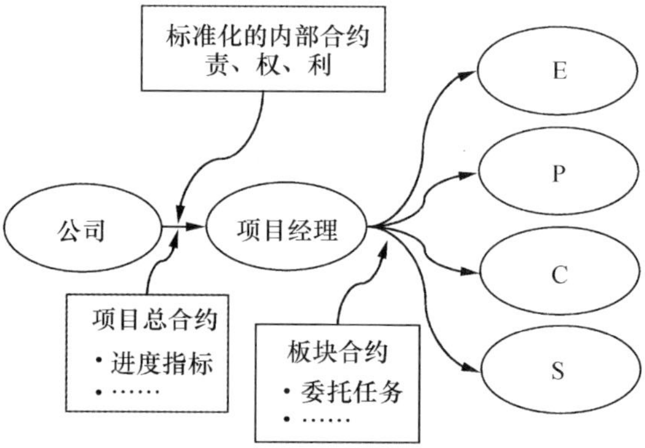

图 4.19　内部合约关系图

内部合约文本的质量关系到执行效果。为此，公司设置了科学的合约基本框架：

（1）项目总体目标（一级里程碑）：统一纳入各业务中心的内部合约，将项目利益与各业务中心的利益捆绑在一起，“一荣俱荣、一损俱损”；

（2）项目阶段性目标（二级里程碑）：将二级里程碑的上游条件分解到各业务中心，促使各业务中心为项目阶段性目标而协同作战；

（3）业务中心之间七类典型任务：为解决 EPCS 业务中心的接口关系，公司全面梳理了 EPCS 上下游之间提供的产品（或服务），将业务中心产品的进度、成本、质量、范围等纳入内部合约，形成完善的合约文本，在作业级上明确了业务中心之间上游对下游的承诺与责任，如图 4.20 所示；

（4）下游对上游产品的验收机制：在作业级上落实业务中心之间客户的权利，实现作业级的满意度评价，为推动内部合约的执行，公司还开发了内部合约管理信息系统。

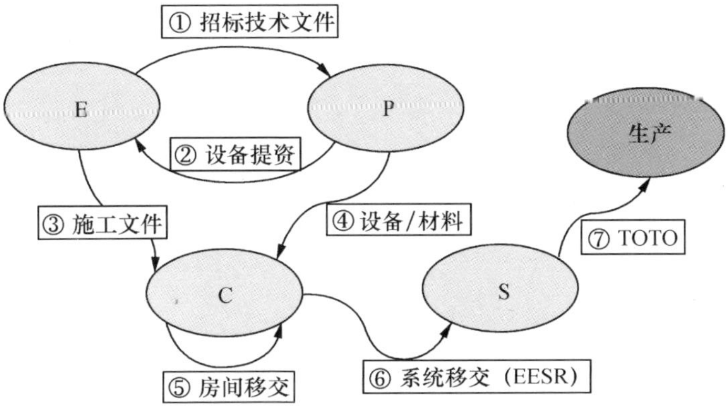

图 4.20　业务中心之间七类典型任务协同机制

（二）基于“小项目”的核电项目全周期 EPCS 协同平台

由于核电建设涉及整个核电产业链上的国内外数百家单位和数万人，任何一个环节出现问题，都可能对项目的关键路径和成本产生影响，这就需要系统化、精细化的项目管理协同技术。核电项目管理难的根本原因就是项目太大、太复杂，因此中广核工程公司创建了“小项目”管理理念，即将整个核电项目化大为小、分级管理。通过电站实体分解结构（PBS）将整个核电项目分解为众多的小项目，每个电站实体单元设置为一个小项目。

对于每个小项目，设置一个有充分授权的项目责任人统筹该项目的管理，既包括对范围（含技术）、进度、成本、风险的统筹管理，还包括对参与该项目的 EPCS 四大业务中心相关人员的管理。小项目管理的实施还需要一系列配套的精细化管理工具，为此建立了“小项目全周期综合协同平台”，这是公司项目管理的基础协同平台。在此基础上组织实施的小项目全周期 EPCS 综合协同计划（参见图 4.21 示例），提前锁定小项目涉及的设计文件、系统、区域、设备、大宗材料、接口等内容，指引项目小组的具体实施工作，成为小项目从设计到移交全周期的作战地图。

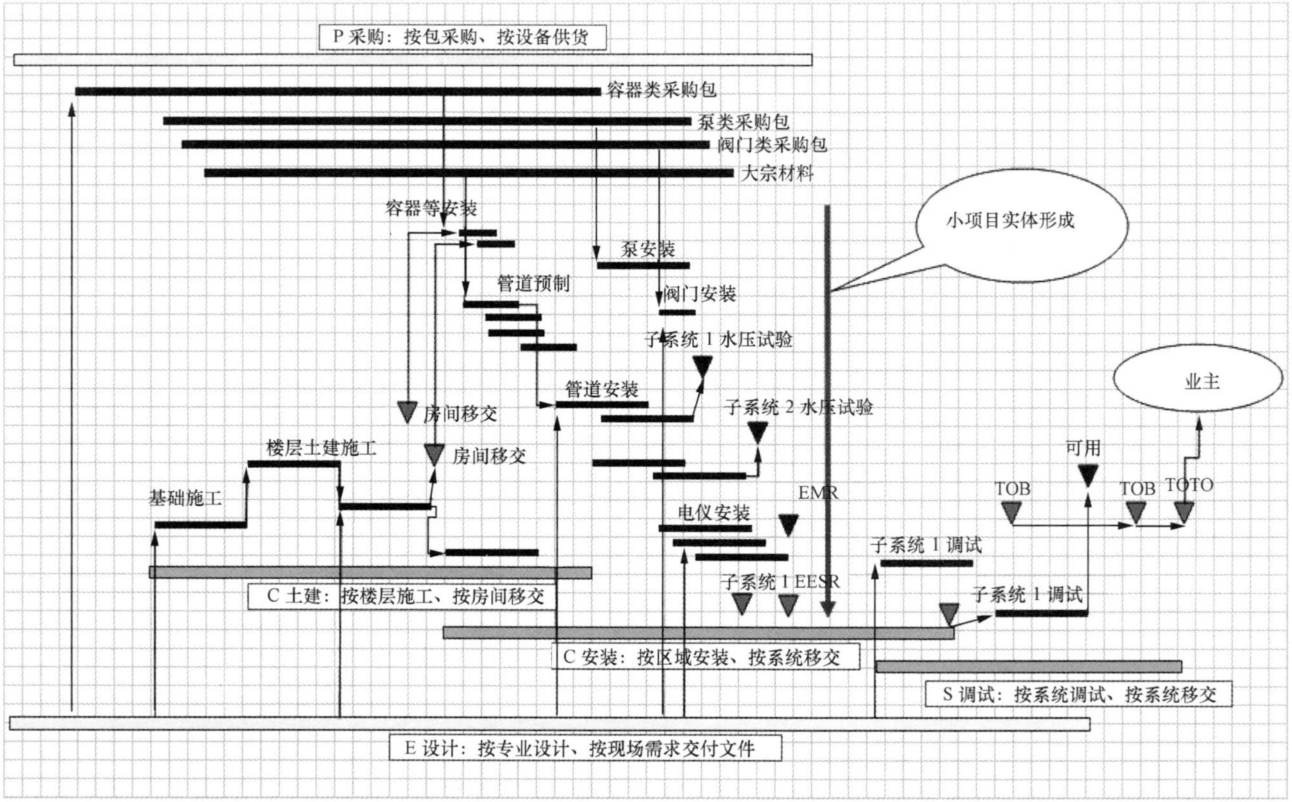

图4.21　小项目全周期综合协同计划（示例）

（三）基于“自动路由”与“闭环控制”的企业级经验反馈平台

随着核电建设的批量发展，项目之间的经验反馈是一项极其重要的工作，能给企业和国家创造巨大的经济价值，也是多项目之间协同运作以及产业链协同发展的需要。中广核工程公司需要建立集成的经验反馈平台，以满足项目之间、项目内部各个业务板块之间、工程与运营之间的经验反馈需求。公司建立了企业级核电项目经验反馈平台，实现了作业级的深度经验反馈。全体员工参与，积累了大量的正面与反面的经验反馈信息，其结构如图 4. 22 所示。

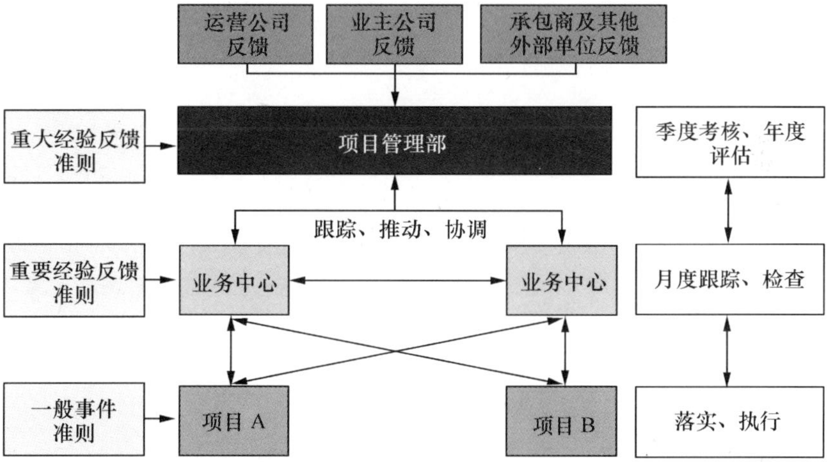

图 4. 22　公司经验反馈体系总体构架

要实现经验反馈的价值，需要解决两个问题：其一，浩如烟海的经验反馈信息的快速检索问题；其二，已有的正面案例是否能复制、反面教训是否能有效避免的问题。

为解决经验反馈信息有效利用的问题，公司在管理技术方面开发了“信息自动路由技术”，通过对数据库的每条经验反馈信息建立时间、角色和级别等几个维度的属性，经验反馈信息能在适当的时候实现自动触发，通过企业邮件系统和短信平台，自动发送给需要的人，实现了从传统的“人找信息”到“信息找人”的跃进。这样，员工能在需要的时间内自动获得所需要的正反面经验、知识与案例。

为了实现经验反馈的闭环控制，公司建立了技术与流程的配套管理体系，从异常事件探测、事件调查、纠正行动落实、有效性的验证，直到经验反馈的推广应用，形成完整的循环过程并制定配套的程序、文件、考核体系，保证了经验反馈的实施效果。历史经验信息在新的项目上得到应用后，其应用情况又录入数据库，形成经验反馈的闭环控制和进一步累积，其流程如图 4.23 所示。

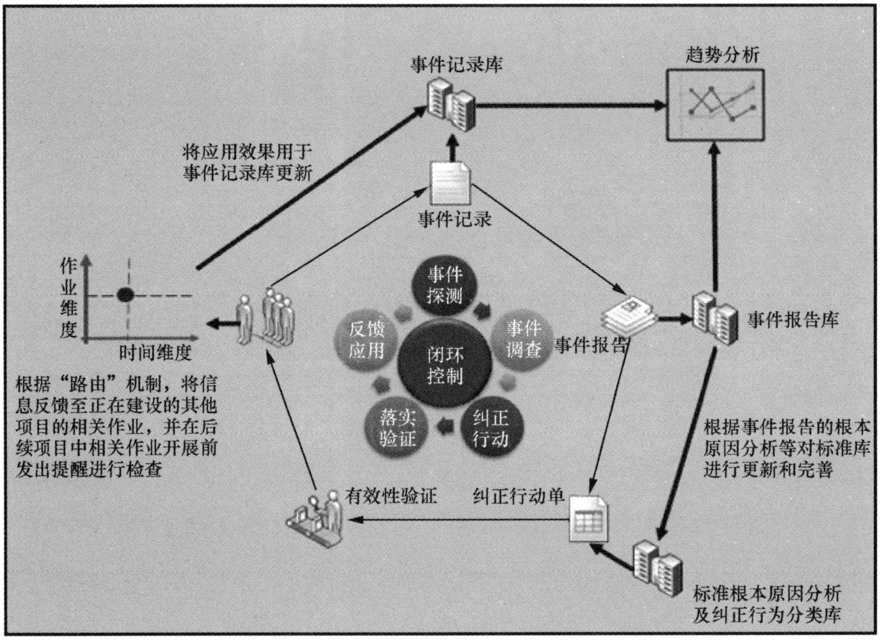

图 4.23　经验反馈管理闭环控制示意图

公司通过管理技术上的创新，成功解决了经验反馈领域的信息检索与闭环控制两大难题，建立了国际先进的企业级经验反馈平台。这一点可视为信息化和流程标准化的一项重要成就，但究其目的，更重要的是通过实时发现、解决核电工程问题，使得参与核电建设的本公司和供应链各企业的员工之间能够形成良好的协作机制，以快速、有效地解决项目执行过程中出现的问题，并能够加以提前预防。项目执行中查错、排错和纠错往往是最棘手的问题，涉及参建各单位、人员之间的大量交流沟通，如果没有此闭环控制系统的良好运作，就没有人与人之间的良好交流，因此将其列在了运作协同化的内容中。

（四）信息化时代的协同化

在信息时代，运作协同化的基础是信息化建设。只有建立完善的信息化平台，才能促进不同部门、不同专业的人员开展高效的协作，尤其是中广核工程公司引入的前后台层级矩阵运作机制，更需要快速有效的异地协作平台才能实现。公司的信息化平台建设不仅促进了标准化建设，同时也是人与人之间进行高效协作的工具。以核电三维协同设计生产与控制平台为例，这一平台对于设计人员的运作协同化起到了重要作用：

1. 改变核电站设计方式，实现流水化作业，加强分工协作

传统设计多为个体劳动，往往一个人要完成整个设计流程。在三维协同设计平台下，由于有了标准的设计数据与设计方法，可以把一个设计产品分成很多个小模块，分别由不同人负责，组装与衔接工作完全由系统来完成，最后只需专人对整体设计进行审核。这样，平台的应用将个体劳动变为设计生产线的流水化生产。设计工作现在如同“搭积木”：设计到什么程度、走到什么步骤、每一部分的设计进度如何，在平台上一目了然，不但可以看到自己的成果，还能看到别人的进展。同时，借助这一平台，设计工作走向了无纸化。手工绘图以往是设计人员的日常工作，现在设计院已经全部实现无纸化设计。

2. 提高设计效率，降低设计成本

分工协作可以将资深的设计人员从一般性、重复性的工作中解脱出来，用在最有难度的地方。而对于一般性工作，由于所有设计规程制度和要求都融合在工具中，对人的要求降低，只需对新毕业的大学生进行不到半年的培训，就可使其完全熟练掌握某一模块的设计能力，这样不仅提高了设计效率，同时还降低了人力成本。据保守估算，两年中仅设计院核岛系统所就较原规划岗位节省 200 余人。图纸流转速度的加快也提高了效率，有参与者说：“以前仅数据和图纸的流转，就要至少 20 天的时间。成为中广核跨国三维设计平台的用户后，可以异地相互配合，同时开展设计并成功出图，让各方面的工作全面提速。”加强协作、加快流转能大量降低施工图分包费用，“以前一个 CPR1000 核电机组的核岛施工设计图要几亿元，现在只需几千万元，只需原来费用的 10% 左右”。

3. 加强资源掌控：从“技术掌握”到“资源掌控”

在相当长一段时间里设计院虽然具备了“总体院”的能力，但是具体工作

中面对多项目需求往往心有余而力不足。设计院总体所的看法是："我们的人手不够，很难对所有设计分包商真正实现技术控制，也就没有办法对所有图纸、所有设计都进行'技术总体负责'，而现在我们的三维协同设计平台建成投用后，这一被动局面得到了根本扭转，这意味着我们的设计核心能力得到了货真价实的提升，真正的从掌握技术到掌控资源。"

利用三维协同设计平台，不同地域、不同单位的设计人员像在同一台电脑前工作一样，实现了远程实时管理，有效地缓解了人员不足的问题，同时加强了对各设计分包商的指导、管理与控制。设计院通过对核心技术的掌控，从设计方法和基础数据等方面为设计分包商制定了统一标准，这有效地增强了设计院作为总体院的话语权和主导权。核心技术的掌握与设计标准化，也使得分包商的培育更加容易，这反过来又有力地促进了设计院作为总体院对优质资源的选择与掌控。从"技术掌握"到"技术资源一体化掌控"的升华，为实现"一流的核电 AE 公司必须要有一流的设计院"的战略要求奠定了坚实基础。

4. 提高设计质量，加强上下游协同

平台协作使得设计质量更有保障。以往个体设计的质量取决于单个设计人员的能力与态度，现在每个模块的设计质量需经受统一标准的检验，通不过则不能进入下一个环节，这样可以有效减少设计中的不合理之处，保障设计质量。以往现场经常会发现很多设计问题，如管道、设备位置冲突等。在三维设计平台上，设计过程中就可以实时看到虚拟的立体模型，并能对设计正确性进行验证，从而在设计阶段就能及时发现和消除问题及缺陷。这样可以形成"以模型为中心"的设计体系，将设计问题彻底消除在设计阶段。

除了三维设计生产与控制平台，工程公司的信息化时间形成了贯通各业务板块信息流的专业信息系统 IMS，将图 4.8 所示的项目管理总图通过信息系统予以实现，将事的标准、量的测度、物的调配和人的协作通过整体系统加以集成，形成了规范完整而又灵活有效的管理体系。通过信息系统，E、P、C、S 四大板块在同一平台进行工作，彼此之间交流沟通顺畅快捷，处理问题及时准确，事后追溯完整清晰，形成了通过信息系统促进内部协作的良好环境。

未来 9D 理论电站的实现更可以将运作协同从内部扩展到外部，让供应链每一环节都能在统一平台上工作，这使得各个相关企业之间不仅仅是在企业层面上进行合作，还能让负责具体工作的不同企业、不同单位的人员实时协作，提前发现协同中存在的问题，寻找出最佳解决方案。这种大协作格局是对最终产品质量工期的最好保证。

第三节　项目管理体系的执行

完善的体系需要在实际执行中落实，再完美的计划也会被各种意外事件打乱，为此中广核工程公司构建了强有力的执行力和快速灵活的反应机制，从而形成了良好的项目执行机制和文化，为核电建设提供了有力保证。

一、核电建设成效

通过制度的改革和项目管理模式的改进，中广核工程公司进行了集群式核电工程建设，核电站项目群建设规模世界第一。在此过程中，充分发挥了产业内上下游企业间的协同效率，核电站建设技术水平迅速提升，建设经验和能力在短期内得到广泛复制和推广，建设周期大大优化。岭澳二期核电项目已于2011年9月投入商业运行，承建的其他核电站建设项目也正在有条不紊地推进，如表4.1所示，其中红沿河、宁德和阳江为基于当前进展的预估数据。

表4.1　中广核工程公司承建核电机组工期及总投资

核电站	大亚湾	岭澳一期	岭澳二期	红沿河（1—4号）	宁德（1—4号）	阳江（1—6号）
机组数量	2	2	2	4	4	6
周期（月/2台）	64	60	58	56	56	52
投资（亿元/2台）	430	300	285	246	248	234

从表4.1可以明显看到工期的缩短和总投资的降低，工程造价的降低集中体现在核电站的上网电价方面。在国内，CPR1000核电机组上网电价低于脱硫、脱硝火电机组，经济竞争力强。项目工期的压缩带来了机组的提前商运和上网发电，提前了收益时间，满足了国家经济和能源的发展需求，也为项目业

主节省了可观的财务费用。此外，核电设备国产化率从2004年的30%提升到2011年年底的80%，也有效地降低了工程造价和运行成本。这些数据是项目管理体系有效运作最有力的验证，尽管这些成绩的取得是各种因素综合的结果，但若没有项目管理体系的完善设计和有效执行，这些显然是不可能实现的。

在管理方面，精细化项目管理体系在核电建设中的实施取得了如下成效：

（1）通过对工程设计、采购、安装和调试的全过程质量控制，核电站的整体质量得到了有效的提升，岭澳二期核电站两台机组经过一个燃料周期的运行实践和机组各项性能指标考核，充分验证了工程建设的高质量。

（2）中广核工程公司通过对进度和成本的精细化管理，有效提升了对工程项目进度和成本的管控能力，在同等条件下，使得后续机组的建设进度逐步加快，建设成本逐步下降，尤其体现在台山三代的EPR核电项目，它已经大大超越了国际同类型机组的建设速度。

（3）通过建立先进的项目风险管理信息平台和开发跨项目经验反馈信息化平台，及时把可能的风险提前化解，及时做好纠正预防措施，有效地规避了项目风险和同类事件的重发，并在各项目间充分借鉴和利用各种良好实践，在多项目多基地建设中起到了很好的作用。

（4）通过对公司各级业务流程的梳理优化，以业务为导向打破各部门之间长期形成的壁垒，实现了资源利用的最大化，大大提升了劳动生产率，在多项目建设中成效显著。

二、项目执行能力

中国工程有着中国特色，表现为对事灵活机动的处理能力，中广核工程公司正是将这种能力和标准严格的程序化管理结合起来创造了核电建设的佳绩。

（一）程序化运作

中广核工程公司起源于大亚湾，从法国合作方学习到的最重要的管理经验是一整套工程管理方法，其中有两条项目运作原则对工程公司项目管理风格的形成起到了重要作用——程序管理和信息管理。

在程序管理方面，当时法国珐玛通公司将其在法国、韩国和南非的经验进行总结，编写为一套程序，其中包括了工程程序和设计程序等内容。工程程序要求所有的供应商和合同商都必须要遵守，相当于核电的游戏规则。设计程序要求所有的设计单位都要遵守。例如通信规则，公司之间的交流必须按照一套固定的规则，如将文件发过去命名为001，对方回过来也得是001，以此类推，分别将其命名为002、003等，假如中间空了一个005，公司需要立即追溯004在哪里。如果不遵守规则，将会出现责任推诿的状况，导致合同纠纷。此后，中广核工程公司一直将这一套严格的程序管理思路沿袭下来。

在信息系统方面，中广核工程公司在大亚湾时期感受到了信息系统缺乏带来的问题。当时供应商主要来自国外，当货没到时对方总以"on the way"来逃避责任。从岭澳一期起，中广核工程公司开始建立其与供货商共同的信息平台，做到所有设备都能追溯。

大亚湾时期中方参与人员主要扮演助手角色，听从外方的指派。岭澳一期时这些人就已成长为骨干，法国人则作为助理起辅助作用。到岭澳二期之后中方起主导作用，外方担任顾问。法方遇到问题时先追溯、再验证、后通过行政程序进行审批，非常程序化。这些特点在中广核工程公司得以学习和传承，形成了严格按程序办事、严格管理的风格。

在吃透了核电建设技术和管理程序之后，中广核工程公司也在严格程序管理的基础上形成了自己的特色。

（二）动态管理能力

中国工程发展至今主要靠什么？一方面，改革开放后人的积极性被开发出来；另一方面，程序化和非程序化管理能力的结合发挥了中国人机动灵活做事风格的长处。

通过向西方学习程序化运作，中广核工程公司发挥了团队的力量，形成了严格的作风。同时，中国人对事件做出灵活反应的能力也发挥了突出作用。1999年，岭澳一期的发电机在阿尔斯通生产中出现了差错：转子铁芯有180吨，由矽钢片堆起来并压实，非常紧密，中间有通风道，但压力没控制好，通风层压力没了，如果不能通风就得报废，如果报废，按程序只能是将2号机的转子给1号机用，会导致后续2号机明显推迟。最后中方提出了总体解决方案，由于定子有内定子和外定子之分，其中外定子是由东方电机做的，原来应是内定子做好后运到国内、与外定子组装调试好后再使用，现在转而将外定子运到法国，内定子完成后现场即进行组装调试，之后直接运到工地，以节省时间。不过，测算下来时间仍然来不及，还差三个月。因此中方建议，将外方工作中的一部分交给山东电建解决以节省时间，然而阿尔斯通和山东电建之间没有合同关系，但中方和阿尔斯通有供货合同，和山东电建有安装合同。于是通过中广核工程公司牵线，阿尔斯通将部分工作交予山东电建完成，发挥其在火电方面的特长。通过这些灵活举措，最后合同不仅没有延误，反而还提前了，同时依然保证了质量。

在岭澳二期，中广核工程公司提出的项目执行原则是“确保安全，后果可控，能走则走”。在技术成熟的前提下，要敢于思考创新，设法让工程上量，在满足严格的质量控制条件下加快进度。在中广核工程公司实践中，进度控制靠的是点面结合，要界定好项目关键点，予以严格控制；对于重要的里程碑，迟一天罚数十万元，这使得施工单位非常重视。小的部分则要灵活，计划可以根据实际工作改变，现场三天滚动计划不断修正。同时，在不同阶段对项目的控制精度也是不一样的，开始时变数太多，更重视里程碑管理，到了后期的施工调试阶段变数减少，就要把工作按小时安排。

正是因为这种思路，中广核工程公司提出了“后墙不倒”的理念，即施工、调试是承重墙，由于设计、设备采购的不确定性因素太多，很容易产生延误。这种情况下施工、调试部门就需要发挥敢于承担的精神，在满足技术规范和质量标准要求的前提下，通过资源配置和流程优化将损失的时间夺回来，尽可能满足工期的要求。

这种动态管理能力是中国工程执行力强的一种表现，也是中国人智慧的一种体现。当然这是一把双刃剑，用得好能让项目加速前进，用得不好会遇到重大风险。在核电设备国产化过程中遇到的最大问题之一就是制造质量问题，中国工人的非程序化运作能力太强，以至于有程序也不执行。一旦掌握了技术就喜欢走捷径，以至于现在核电延误往往都是由于设备制造的问题，质量不合格需要返工，造成较大的延误。

中广核工程公司的体会是，对于基本规则和技术规范必须要按严格的程序处理。程序管理是一种管理方法，在实际操作过程中可以优化，在程序的基础上，在外部环境变化的情况下，中国人可以利用自己的智慧创造出更优的结果。

第五章

技术创新：AE公司核心能力的培育

核电不同于常规电，与核安全相关、技术要求高，涉及的专业面广、接口复杂。没有强大的技术能力不可能成为核电 AE 公司。中广核工程公司如何培养技术能力？有怎样的制度支撑技术能力发展？取得了哪些成功？公司创新的模式是什么？中广核工程公司的实践为中国式创新提供了一个良好的案例。

第一节　引进、消化、吸收：自身技术能力培养

大亚湾和岭澳一期为中广核工程公司提供了技术能力学习和积累的机会，然而要成长为国际一流的核电 AE 公司，其关键在于如何进一步提升自身的技术能力，本节着重描述工程公司技术引进、消化、吸收的过程，以及依据所引进的技术进行的融合和创新活动。

一、核电技术概述

核电是电力的一种，但相对于煤电和水电而言，核电技术大不相同。核能的性质决定了核电产业的特殊性，主要体现在以下五个方面：

第一，核燃烧具有放射性，全社会广泛关注。核电是通过可控核裂变产生巨大能量，推动发电机组发电的过程。一旦发生核泄漏，对环境影响极大，核电产业发展过程中要求采取妥善的防护以及特别的安全措施，防止其伤害人体和污染环境。

第二，核电属于高科技产业，需要跨学科或跨行业合作。核电产业是在地质勘探、采矿、冶金、化工、电力、机械和电机制造、建筑、电子和精密仪表、环境保护等产业部门基础上发展起来的，涉及的学科包括物理、化学、生物学、地质学、气象学、电子学、半导体技术、信息处理技术、自动控制、材料科学、传热学、流体力学、环境科学、结构力学、医学、生理学、心理学、经济管理等学科领域。跨学科或跨行业合作给核电技术带来了很大的复杂性，众多学科之间需要紧密协调。

第三，核电产业链中各环节关系密切，需要统筹规划。核燃料、核电站与电网是核电产业链的三大要素，彼此之间紧密相连。整个核电站建设过程中风险大，应实现国际间的资源平衡、技术引进和竞争。其中任何一个环节没有跟上都有可能影响整个产业的发展。因此，核电产业需要全面规划，紧密配合，相互监督，明确责任。

第四，核电产业初期投入大，开发周期长。同煤电和水电相比，核电产业发展初期的投入非常大。在投资中，首先，固定成本占总成本的比重很大；其次，沉淀成本较高。这些特点决定了核电产业难以获取较高的成本优势和实现较大的范围经济。

第五，核电产业属于垄断行业，政府影响力较大。例如，核电站的布局宏观上受区域能源资源、电力需求及经济水平的影响，在微观上受国家产业政策、区位政策、技术政策和地理环境等因素的影响。

除了这些核电产业宏观特征以外，具体到核电站工程建设，其复杂性更是显露无遗。从核电站建设所涉及的设备角度而言，主要包括核岛、常规岛和电站辅助设备。其中，核岛主设备是核燃料燃烧产生能量的地方，是核电站最不同于常规电站之处。核岛设备和常规岛设备一般都是成套供应，美国的西屋公司、法国的 AREVA 和阿尔斯通公司等都是国际著名的供应商。中国通过持续的引进、消化，具备了部分核电站设备供应的能力，但部分关键核岛主设备制造能力还有待提高。

一般而言，建造一座核电站可分为选址、勘察、设计、设备采购、施工、调试以及机组的在役、退役技术服务等几个阶段。目前，除在役、退役技术服务能力以外，中广核工程公司基本具备了上述几项核心技术能力。

能够培养如此全面的技术能力和工程管控能力，过去的引进、消化和吸收过程功不可没。中广核集团和工程公司是如何不断提高自己的技术能力和管理能力的呢？

二、技术引进：储备力量

核电技术进步与发展是核电产业发展的基础，纵观世界核电发展，按照国家核电技术的来源分类，大致可分为完全自主型创新和引进、消化、吸收、再创新型。

所谓完全自主创新型技术发展模式，是指依靠本国自身的力量将军用技术转为民用核电站技术，进行研究开发，并在此基础上，实现科技成果的商业化。美国和苏联等国家就是如此。引进、消化、吸收、再创新型，是指将购买设备与引进技术结合起来，在引进技术的基础上，进行消化吸收和改进创新，如法国、日本和韩国等国。

中国不同于美国、苏联，也不同于法国和日本，走了一条中间路线。中国的核电发展是靠“两条腿”走路的：“一条腿”是自主研发，“另一条腿”是引进、消化、吸收和再创新。早在20世纪70年代，中国核电发展的自主之路就开始了，以秦山核电站一期的建成为标志；引进、消化之路则以大亚湾为起点，历经岭澳一期、岭澳二期等项目。

大亚湾核电站基本上是全盘引进，核岛、常规岛等设备成套进口。但中国并不想始终甘居人后，必须要考虑自主建设百万千瓦级的商用核电站。因此，大亚湾核电站的土建和施工均安排了国内建安公司参与。中核建设华兴公司、中国核工业第二三建设公司、东北电建等公司参与了大亚湾的土建、安装和辅助设施工作，积累了宝贵的工程经验，提升了能力。

岭澳一期核电站建设是中国核电走向自主的重要一步，它是在国家指导下进行的产业化布局。虽然在岭澳一期，主设备仍然主要依靠进口，但国家已经初步确定了一个国产化比例。核岛和常规岛的主设备仍同大亚湾一样由法方提供，但部分设备开始在国内制造。

在国内进行制造时，中方制造企业对设备的质量并不负责，外方必须指导和监督国内企业的制造工作，承担所有的技术责任和保障工作。这个过程是十分艰难的，中国的核电制造体系本来就不完善，工艺水平和技术水平均落后于外方。但由于质量责任在外方，他们派出了大量的技术人员为中方做指导和监督。指导从车间改造开始，外方手把手地帮助中方构建流程，制定管理程序，帮助中方企业实现过程管控和设备评定等。中方设备制造企业在手把手的学习中，其技术和工艺水平有了很大的提高。

在岭澳一期，中方还与法方签订了核心技术和关键设备的转让清单，这也是空前绝后的。在这个合同中，法方所有的技术必须无条件转让，中方需要的任何资料，法方必须提供。此技术转让没有任何技术转让费用，中方只需要支付材料复印费即可。中方通过这种方式复制了大约十万份技术文件，其中很多技术是制造技术，其目的是帮助设备制造企业提高技术能力。在这一过程中，中广核作为一个大的平台，发动了很多企业来做技术引进的工作；企业需要什么样的技术文件，只需向中广核提出，中广核负责同外方接洽，免费将技术文件转让给申请企业。在此期间，中广核为大约十几家主设备供应商提供了技术文件，其中有六到七家是核岛供应商。

随着岭澳一期的结束，中国核电的产业链布局也基本完成。主设备和配套设备供应商都具备了相当的能力，岭澳二期就成了这些企业的试金石。岭澳二期主要以中方为主，外方做技术支持，中广核工程公司在岭澳二期的建设中扮演了最主要的角色。在岭澳二期主要合同签字时，签字席上的代表都是中国面孔，工程项目管理、工程设计、设备制造以国内企业为主承担，特别是核岛主回路系统、常规岛汽轮机、发电机等关键设备都是以国内企业为主制造。中方逐步实现了自主设计、自主制造和自主建设。

严格地说，建设岭澳二期的困难更大。岭澳二期的技术路线是“翻版加改进”，即要在岭澳一期的基础上，结合工程经验的反馈及技术水平的发展适当考虑设计改进项，使其达到国际第二代改进型核电站先进水平。大亚湾时期，中方并未参与设计，岭澳一期中方也只是参与了部分非关键设计。到了岭澳二期，所谓翻版，其实是无“版”可翻。然而，经过设计人员对结果文件的深入分析和学习，岭澳二期的“翻版加改进”得以实现，我国首座采用自主品牌技术方案的改进型压水堆核电技术（CPR1000）得以顺利建成。在岭澳二期工程中，中广核工程公司的引进、消化、吸收上升到了一个新的高度，融合和创新相继出现。

三、融合创新：发展之路

（一）融合创新概述

复杂系统产品的创新和普通产品的创新有很大的区别。在普通产品的创新中，一个很小的改进就可以引发一场市场革命，产品更新换代非常快。而在复杂产品系统中，整个系统由很多小的系统形成，这些小系统又由不同的专业、元件构成，元件之间、小系统之间的接口极为复杂。若要形成一个复杂产品系统的型号，对整个系统的了解及自主的设计必不可少。

一般来说，复杂系统技术的演进可分为以下几个阶段：第一阶段是技术基础自主发展或引进、消化、吸收的阶段，第二阶段是局部提升阶段，第三阶段是全面技术集成，第四阶段是形成自主的型号。

对于一个不完全具备核电技术能力的核电工程公司来说，第一阶段主要是积累技术能力和提升管理能力，这实际上是一个自主发展技术或技术的引进、消化、吸收过程。这种能力的初期培育为企业提供了能力基础，这一能力基础能够帮助企业吸收并进一步发展技术和提升能力，因此，学者们也称这种能力为吸收能力。

在具备吸收能力的基础上，企业就进入了第二阶段，这一阶段可称为局部提升阶段。在复杂产品系统中，局部提升往往体现在单项技术改进。要实现突破单项技术非常困难，一项突破性的单项技术往往要经过千万次的验证。而自主知识产权一般集中在单项技术，技术集成并不存在产权之分。以核电为例，譬如压力容器设计技术、主泵建造技术都是单项技术，中国没有一家核电供应商拥有完全的产权。当然，单项技术的改进相对容易一些，在复杂产品中也具有非同寻常的意义。能够对单项技术加以改进，是我们掌握该项技术基础的表征，是实现技术突破的开始。

第三阶段则是全面技术集成。复杂系统都是由单项技术、元件构成的，由于接口的复杂性，简单地将元件或者单项技术堆砌起来并不能构成系统。因此，在掌握单项技术的基础上，只有将各个单项技术加以集成改进，平滑接口，才能构成系统。

第四阶段是形成自主的型号。自主型号需要有自主知识产权的支撑，既要有单项技术的支撑，同时还要能够将各个专业完美结合。这是形成自主复杂系统创新的最后一步，也是最难、收益最大的一步。

伴随技术创新的是建造复杂系统工程的管理能力提升，包括公司的制度、规范、激励机制、人力资源制度等方面的不断提高。

（二）中广核工程公司的融合创新历程

中广核工程公司的创新是循序渐进的，同前述融合创新的四阶段相吻合。工程公司开始并没有掌握核电核心技术，而是通过大亚湾核电站对法国 M310 技术的引进、消化、吸收形成了自己的能力基础，即吸收能力。而后又通过岭澳一期、岭澳二期核电站的建设完成了单项技术改进和系统集成创新，提升了自身的核心技术能力。最后朝着核电自主型号的研发迈进，技术能力发展到了一个新的高度。

大亚湾时期，中广核作为一个指挥部把国内专业化的参与单位聚集在了一起，相关的单位有科研院所、制造企业，也有国家核电行业的主管部门。大亚湾孵化出了公司的项目团队，包括设计管理、采购管理、设备制造管理，以及建造、调试运营等一套机制，并形成了一定的技术能力，这是引进、消化、吸收的前期阶段。

岭澳一期过后，中国已具备核岛、常规岛的基础制造和建设能力，中方设计单位也习惯了在总体设计的组织框架下做分包设计的模式。这为岭澳二期进一步的融合和创新做好了准备。岭澳一期基本上完成了技术的引进、消化和吸收，并且实现了一定程度的单项技术改进和系统集成创新。

岭澳二期是真正意义上“翻版设计、批量建设”的首台示范工程。国家希望将核电作为一个新兴产业来发展，毕竟核电技术十分密集，是带动各个产业更上一层楼的依托项目和驱动力。因此，岭澳二期成为“四个自主化”实践的国家依托项目和示范工程，特别是设计自主化和设备国产化这两个方面尤为重要。此时工程公司对自主化有了进一步的诠释，充分认识到工程设计、工程管理、系统集成的重要性，进而尝试以 AE 模式对项目进行组织和管理。各种创新也在 AE 模式的带领下层出不穷。

岭澳二期是单项技术改进和系统集成的较成熟阶段，通过多项技术改进和自主设计建设的百万千瓦级压水堆核电站，实施了包括采用数字化仪控系统、先进主控室、先进核燃料组件、半转速汽轮发电机组、改进专设安全设施、增大堆芯热工裕量、优化反应堆压力容器设计等 15 项重大技术和 44 项重要技术改进，实现了系统性技术集成创新，形成了中国 CPR1000 这一改进型压水堆型号。在岭澳二期，设计、制造、建设等一系列综合能力得到了显著提升，各种改进层出不穷，M310 技术的引、消、吸在岭澳二期画上了圆满的句号。

在岭澳二期之后，工程公司又在已有的单项技术改进基础上向系统集成改进过渡。首先以阳江 3、4 号机组为载体，对 CPR1000 进行了 28 项持续改进，形成了二代改进型 CPR1000 + 型号，确保整个核电产品更为安全、可靠。在福岛事故后，中广核工程公司结合福岛事故的经验反馈，本着安全第一的原则又对这一型号进行了 32 项持续改进，这些改进通过了核能行业协会专家的评审，初步形成了 ACPR1000 型号，目前已进入工程前期阶段。ACPR1000 型号的形成也归功于公司持续推动的集成创新。

目前，中广核工程公司的技术能力大幅提升，已经进入到复杂系统创新的第四阶段，即自主知识产权型号的研发。自主知识产权型号是中国核电走出国门的关键一步。缺乏自主知识产权的型号，中国核电很难实现国际化。中广核的 ACPR1000 + 就是基于公司原有的 CPR1000、CPR1000 + 、ACPR1000 技术和能力进行的系统集成和自主型号研发。

以上描述的是中广核工程公司的技术演化路径。接下来举例论述技术上的融合和创新，并将其延伸到制度融合创新和组织管理的融合创新。

（三）三大融合创新

总的来说，融合创新主要可分为三个方面：第一种是最为常见的融合创新，一般来说，它被定义为狭义的创新，即技术创新；第二种是制度融合创新；第三种则是组织管理方面的融合创新。

技术创新一直是核电建设中历久不衰、最为重要的话题。突破性的单项技术创新很难成为其早期技术发展的主流。逐步改进所学习的技术，并将其同外部其他技术相融合进行创新才是可行的道路。对中广核工程公司而言，引进、消化、吸收和再创新是其技术成长最重要的战略，在此基础上形成的吸收能力促进了工程公司对技术的改造和融合。

同时，核电产业的特殊性也决定了技术发展的融合创新特性。核电是一个以核安全为根本的产业，所涉及的技术必须是成熟的、有保障的，突破性的全新技术很难首先应用在核电产业上。很多技术都是经过反复验证才得以在核电产业上应用的，且应用时还要经过很多安全性的改进。基于自主设计的要求，设计改进成为岭澳二期的重点和难点，当然也成了岭澳二期的特点和亮点。公司基于大亚湾和岭澳一期的经验，提出了大量改进项，对此进行了严密科学的论证和分析，尤其是在核安全与经济方面，岭澳二期一共提出了15项重大的设计改进。

改进过程中最难、最值得一提的莫过于全数字化仪控系统（DCS）了。在岭澳二期工程中，中国核动力院在核电设计领域第一次全方位地接触了DCS技术。与传统仪控系统相比，作为核电厂神经网络的DCS系统在遵循标准、设计需求、设计原则上都有重大的发展和变化。根据设计分工，无论是核安全级的保护系统，还是非安全级的控制系统在整个DCS中都处于核心和关键地位。设计人员以科学求实的态度，在没有参照经验的情况下，按时独立完成了DCS输入文件的编制，包括系统功能要求、功能图、信号清单、报警手册、专用系统操作画面等；在设计过程中，结合现有核电站运行的经验反馈，根据数字化技术的特点，在安全性和可用性方面进行了优化设计。这个项目为岭澳二期核电站工程后续项目的仪控数字化系统设计奠定了坚实基础。

除改进项以外，核电设计领域取得的另一重大突破就是堆芯试验程序文件（TP-COR）的编制。围绕这块“硬骨头”，设计人员以堆芯物理专业为主导，热工、仪控、事故分析、系统工艺等专业积极参与配合，自2007年6月起，历经两年的艰难攻关，圆满完成了物理计算、调试大纲、装料大纲、试验导则、试验程序、安全准则等与启动物理试验相关的工作。该项工作的完成，对堆芯物理试验的圆满成功起到了决定性作用。

上面所举的例子大多是单项技术的改进，系统集成性改进以及型号形成主要体现在 CPR1000 方面。这一型号通过各参建方的技术分析与充分论证，最终实施了 15 项重大设计改进、44 项重要设计改进及 300 余项一般技术改进，涉及核岛、常规岛和 BOP、数字化仪控系统（DCS）和先进主控室、状态导向法事故处理规程（SOP）、设备技术、施工技术、调试技术、运行技术等八个方面的系统性技术集成创新。

第二种融合创新是制度、程序方面的创新。这种创新分为三个阶段：

第一个阶段是大亚湾时期。这一时期主要是学习外方的程序化、规范化管理。不注重流程和程序的规范性，最终可能造成“千里之堤，毁于蚁穴”的后果，核电站的安全就没有了保障。中方在大亚湾的合作中学习了外方大量的规程，从制度上保证了核电站建设的安全性。

第二阶段是岭澳一期。中广核在岭澳一期开始了自主建设的历程，大量程序和规则在岭澳一期得以实践。这些程序和规则在实践中逐渐形成了一个整体，发挥了巨大的作用，保障了岭澳一期优质、高效的建成。

第三阶段是岭澳二期以及后续其他核电站建设的积累。外方的制度有利有弊，其中最大的弊端是过于死板，缺乏灵活性。而必要的灵活性不仅能够提高核电建设的进度，有时更有利于核电站的安全建设。因此，工程公司基于原有的制度规程，设立了一大批有效的新管理制度。核电站工程文档管理的创新就是其中一种。岭澳二期工程文档管理体系建设充分汲取大亚湾核电、岭澳一期项目积累的经验，以文档信息化、网络化建设为依托，结合国外先进文档管理理念，实行文档一体化管理，建成一个管理规范、职责明确、流程清晰、运转高效的文档管理体系，为工程建设提供了高效的文档信息服务，确保工程竣工后向业主保留并提交完整、准确和系统的工程建设项目档案。这种一体化管理文档的方式在岭澳二期项目中发挥了极大的作用，后续又被应用到辽宁红沿河核电、阳江核电、福建宁德核电等项目，在多项目建设中不断被检验和发展，为工程公司其他核电项目文档管理体系的建设提供了复制模板和建设经验。

第三种融合创新指的是组织管理方面。该创新主要体现在工程公司组织变革方面，尤其是“三分改革”结合了西方先进管理经验和中国的现实国情，这在第三章已有所论述，此处不再赘述。

（四）多技术路线的融合创新

目前，中国核电技术沿着多技术路线不断发展。在新形势下，中广核工程公司更是勇上浪头，急攀高峰，在实践中实现着多技术路线的融合。根据国家自主化的战略要求，中广核集团引进了 EPR 三代堆型，参与了 AP1000 技术的引进、消化、吸收。AP1000 型号源自美国，是非能动技术，引进主体并非中广核集团，中广核集团主要是参与者。EPR 则源自法国，和大亚湾引进的技术一脉相承，以中广核为主承担引进任务。

基于此，工程公司共参与了三条技术路线，一条是基于大亚湾法方 M310 型号自主开发的 CPR1000 型号，一条是 EPR 型号，另一条是 AP1000。这几大技术路线从专业的角度来讲都是相通的，只是从规范体系的应用、设计理念、计算程序角度来看会有所不同。例如，工程公司通过比较 EPR 和 CPR1000 发现，EPR 在技术管理方面做了很多适应性调整，更强调了三代所需的全过程管理和状态管理，要求设计过程的前后、专业之间以及在不同项目建设阶段信息的一致性。在传统上，由于大量固化的不同阶段文件的存在，这种一致性很难建立。但三代型号中大量信息化技术的运用使一致性得以实现，通过计算机的管理以及技术平台上的统一技术流转，不同阶段、不同场合的技术信息得到了有机的一致协调。EPR 的这种技术对 CPR1000 也是一个很好的互动，CPR1000 的很多能力缺陷通过借鉴 EPR 得以完善。当然，CPR1000 的一些好的技术和管理手段也被反馈到了台山的 EPR 项目。技术路线之间的融合创新，对 AP1000 和其他型号来说也是如此，从基本的技术工具来讲，法国的技术工具平台和美国的技术平台差别不大，只是在设计理念方面有所不同。

经过中广核集团和工程公司上下不懈的努力，以大亚湾时代引进法国 M310 型号为起点，进而经过岭澳一期 37 项大的技术改进，中广核工程公司利用引进、消化、吸收这一战略，将高新、完整、规范的核电工程技术和管理技术纳入自身体系，并在岭澳二期、红沿河一期、宁德一期以及阳江核电站的建设中进一步融合创新，积极参与 AP1000 技术的引进、消化、吸收，引进 EPR 技术建设台山核电站一期，使自身技术水平和管理能力提升到了一个新的高度。中广核又将形成自主知识产权的三代核电技术（型号为 ACPR1000 +）作为进一步努力的方向，相信在不久的将来，中广核工程公司一定能实现这一目标，从而实现更好的融合创新。

中广核技术能力培养路径图如图 5.1 所示。

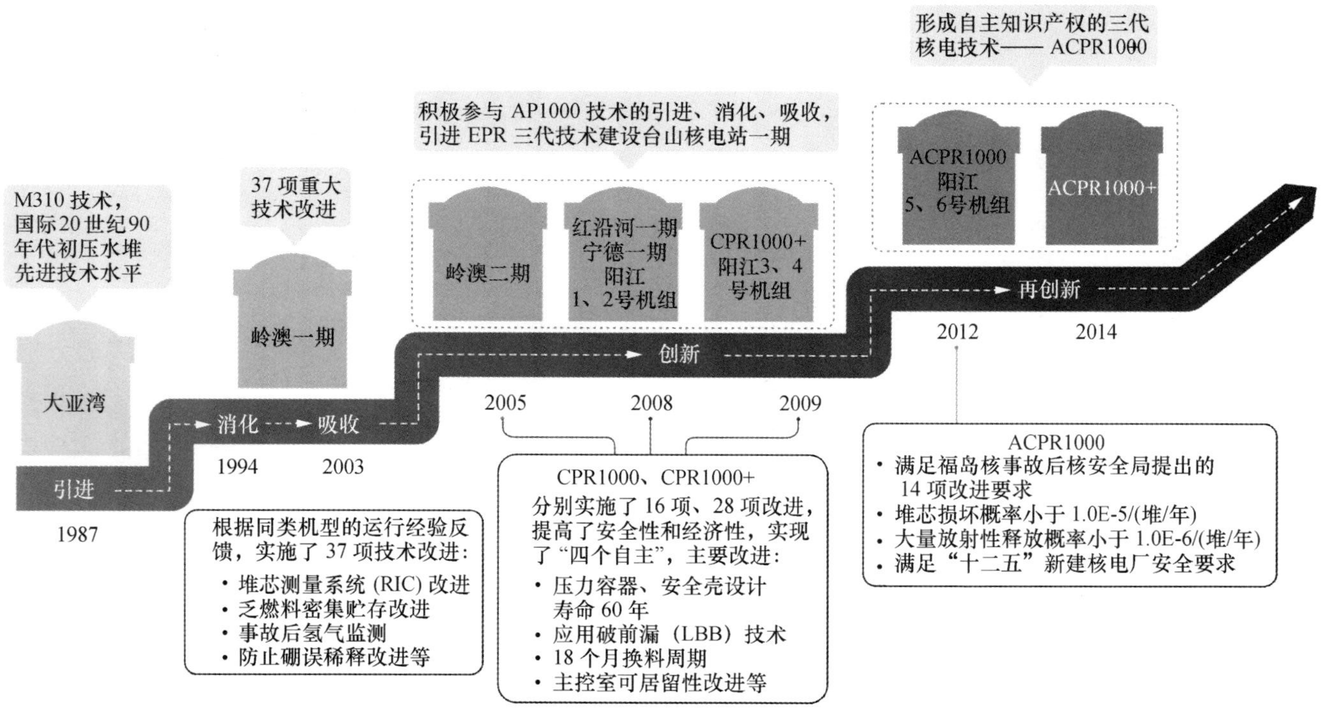

图5.1　中广核技术能力培养路径图

第二节　协同创新：全产业链体系

一家公司显然不能独立完成一个大型复杂项目，核电站建设也是如此。对于中广核工程公司来说，通过自身的资源掌控能力和技术能力联合产业链上下游企业，推动核电站建设，这才是安全、优质、高效地建设核电站的关键。突出的一点是，中广核工程公司采用了一种全新的管理模式引导其上下游企业，和这些企业形成了一种全产业的协同创新模式，把这些企业当作工程公司的伙伴，而不仅仅是合同方。这种模式极大地促进了核电站的建设和核电技术的发展。

一、工程公司和它的伙伴们

核电产业的创新不是一家企业的创新。中广核工程公司作为一家 AE 公司，是引领整个产业发展的平台。核电产业链十分长，倘若 AE 公司不能把所有公司纳入 AE 引领的平台体系，使核电产业链的其他公司成为它的伙伴，那 AE 公司的发展必然会受到限制。

大亚湾核电站建设初期，中广核就同国内先进设备制造企业和施工土建企业建立了良好的关系。在后续的核电项目中，大浪淘沙，一批在核电建设中成长起来的企业同中广核工程公司成为亲密的伙伴。工程公司成立后，大批项目亟须建设，形成囊括核电建设产业链上下游企业的大团队是保证所有电站项目安全、优质的必需条件。大团队中的企业中，一些早在大亚湾时期就和中广核工程公司建立了关系，另一些是随着招投标的进行进入了公司的视野，公司同它们建立了伙伴关系，有些甚至与其直接建立了股权关系。

例如，东方电气（广州）重型机器有限公司（简称“东方重机”）是中国东方电气集团有限公司的控股公司，是具有世界先进水平的大型核电设备国产化制造基地。在东方重机的发展过程中，中广核集团和工程公司给予了其巨大的帮助。很多企业制造核电设备所碰到的最大问题就是理念问题。刚接触核电产品时，工程公司曾希望东方重机制造一个钢管，钢管的直径不长，并只有一米多。刚拿到钢管时，东方重机认为按照常规的流程三个月就可以把它完成。然而，在中广核工程公司的严格要求下，钢管最终花了一年多的时间才完成。工程公司对它的过程要求非常严格，所有的屏蔽等相关试验都要完成，中间的文件准备要求非常详细，每一个过程都由业主、核安全局等机构来见证，第三方和业主的监督十分严格。流程中任何一个步骤做得不齐全或者准备得不到位都没法继续下一步的工作。所有正常手续处理过程都要进行详细记录，以保证未来不管在核电站运营的哪个阶段，都必须能够从原材料到成品每一步追踪溯源。这是东方重机最先接触到的全过程质量管理，完全颠覆了其过去对全面质量管理的概念，丰富了东方重机对质量管理的认识。

东方重机开始和工程公司合作时感觉很不习惯，他们认为工程公司的要求太严格了。在做常规容器时，倘若文件方面略有不完备，只要制造不出问题，东方重机都放过了，但工程公司则坚决不放过这些过程监控的死角。随着合作的进一步进行，核安全文化在东方重机逐步深入，这种过程监控也得到了东方重机员工的认可，他们与工程公司的合作也变得越来越顺畅了。

在东方重机看来，中广核工程公司作为工程的总承包商，将各个利益关系方之间的关系处理得都很妥当，真正起到了纽带作用。在工程公司的帮助下，东方重机不断努力，迅速发展，以“中国装备、装备中国”为己任，不断提高自主创新能力，努力提高核电装备国产化率，倾力打造“东方核电航母”。

中国核工业第二三建设公司（简称二三公司）是第二个例子。二三公司和中广核工程公司的合作由来已久，早在大亚湾时期就已经开始。从大亚湾到现在的诸多项目，二三公司承担了中广核工程公司所有的核岛安装工程。通过承接中广核的核电工程，二三公司从国外学习了一整套的先进技术。在岭澳一期核电站建设中，二三公司组织科技人员进行攻关，成功开发了13套具有国际先进水平的计算机工程管理软件，实现了对工程建设的全方位控制和管理，使公司劳动效率提高了26.3%。这种技术进步既源自于其自身的钻研，也在于中广核工程公司提供的同外方充分交流的学习机会。

从2007年起，二三公司分别组建了南方公司和东方公司，其中南方公司只为中广核提供核岛安装服务。2009年，中广核工程公司又以现金入股二三公司，工程公司还派人员到二三公司担任董事，南方公司的副总由中广核工程公司派出。至此，二三公司和工程公司在合同关系的基础上，形成了良好的产权纽带关系。在技术方面，工程公司和二三公司也有良好的合作。两个公司合作研发了一些核电领域的新技术，如联合研发的主管道自动焊技术，有效缩短了核电站建设工期近一个月。相信在不远的将来，随着工程公司“走出去”战略的实施，二三公司等合作伙伴一定会同工程公司一起，走向世界。

二、协同发展：技术联盟

（一）建立联合研发中心

中广核工程公司一直以企业为主体，以市场为导向，与产业相结合进行创新，将这三个要点发挥得淋漓尽致。

2009 年 2 月，中广核工程公司发起了我国唯一一个以核电国产化研发为己任、以推动核电产业发展为最终目标的企业联盟——中广核核电设备国产化联合研发中心。这个联盟囊括了中国五十多家顶级的核电装备制造商，包括中国东方电气集团公司、中国第一重型机械集团公司、中国第二重型机械集团公司、哈尔滨动力设备股份有限公司、上海电气重工集团有限公司等在内的各大骨干企业。联合研发中心以提升国内核电设备成套供应能力为目标，以中广核工程公司承担的核电建设项目为依托，共同致力于中国核电设备国产化的研制和开发，努力实现我国核电技术与装备自主化，共同促进核电事业的长远发展。

中广核核电设备国产化联合研发中心成立近三年来，建立了开放、互信、高效的核电设备国产化研发和供应体系，在核电设备与技术国产化的研发中取得了令人瞩目的成绩：先后开展核电设备研发活动六十余次，在 CPR1000 堆型核电站压力容器、蒸汽发生器大型锻件工艺方面实现了自主化等重大突破；解决了制约核电站核岛主设备大锻件等关键瓶颈资源问题，结束了国内无法自主生产的历史。此举也受到国家能源局、国家核安全局、中国机械工业联合会的高度评价。国家能源局等有关部委充分肯定了中广核核电设备国产化联合研发中心的意义和成果，认为其“为中国核电设备国产化建立了一个共同发展的平台，为我国核电的产业化发展注入了新鲜的力量”。

（二）联合研发中心主要成果

中心成立后，中广核工程公司与多家成员单位签订了国产化联合研发任务书六十余份，内容涉及核电站设备国产化研发的各个方面。同时，与部分企业签署了联合研发协议、长期战略合作协议、全面技术支持协议等。在研发过程中，中广核工程公司与国内骨干企业密切配合、精诚合作、攻坚克难，一系列国产化产品通过了技术鉴定，并已应用于核电工程建设。除了上面所说的CPR1000堆型核电站压力容器、蒸汽发生器外，还有其他一大批重要设备。例如，联合研发中心研发的余热排出泵、电动辅助给水泵、安全壳喷淋泵、低压安注泵等一批泵类设备都通过了评审，CPR1000堆型七种核二级泵，除汽动辅助给水泵外，均已完成自主知识产权样机鉴定；核一级电动截止阀、核二级气动直通式隔膜阀等六种核级阀门已完成鉴定并应用于核电工程。这些成果不但打破了国外相关设备的垄断，而且开拓了国内泵阀产业的发展方向。同时，百万千瓦级核电机组控制棒驱动机构电源系统（RAM）也由联合研发中心先后研制成功，并达到了国内领先、国际先进水平，是核电设备国产化的又一个重要里程碑。类似的联合创新的例子还有很多：

最大锭型核电用不锈钢钢锭生产成功，填补了国内空白，为大规格板材的批量化生产提供了良好的技术与操作平台；

大型海水过滤设备鼓形旋转滤网顺利完成卧式组装试验，标志着百万千瓦级核电站大型海水过滤设备鼓形旋转滤网国产化取得了阶段性成果；

核电蒸汽发生器Inconel-690U型管国产化一期项目顺利投产，标志着中国核电关键用材生产又迈出了实质性的一步；

核电站常规岛主蒸汽和主给水管材和低压给水管材钢管首件通过评定，有效地打破了这类产品的国外垄断，促进了瓶颈资源的充分竞争；

……

中广核核电国产化联合研发中心的一些成果大大缩短了核电站建设的工期。自动焊就是一个典型的例子。经过核电建造的锻炼，我国核电已经掌握了改进型百万千瓦级核电站建造的手工焊接技术，但国外供应商并未提供当今最先进的自动焊技术。从国外核电公司此前参与的投标过程可以明显地看出，国外技术的转让是一步步的释放，并且每次技术的引进都伴随着巨额的代价。因此，倘若公司坐等引进自动焊技术，时间成本会十分巨大，特别是目前核电大发展，开展焊接自动化的研究和应用是十分紧迫且非常必要的，它能够有效缓解国内核电站批量化建设过程中，上游设备严重滞后、主管道手工焊焊工人力短缺的状况；同时，也只有自主开发自动焊技术才能真正提高国产化水平，增强自主创新的能力。

2008 年年底，中广核工程公司启动了中国改进型百万千瓦级核电站主管道自动焊工艺技术开发及应用项目，同时确定依托在建的红沿河及宁德项目推进自动焊实施。此后公司与国内相关设计、安装及检测专业单位签订了自动焊项目服务协议，并在充分调研的基础上，在国际范围内完成了焊机、焊材、坡口机以及三维精密测量设备等各项工具材料的采购工作，形成了主管道自动焊的成套设备。

2011 年 1 月 25 日，具有国际先进水平的窄间隙自动焊工艺在宁德核电站 1 号机组主管道焊接中正式应用，这是自动焊技术首次在我国核电站建设中投入使用，填补了我国核电建设领域的一项空白，标志着占我国在建核电机组过半的 CPR1000 项目全面进入主管道自动焊工艺时代。

窄间隙自动焊技术的应用，将对提高核电站主管道焊接质量、优化焊接工期以及压缩核电建造成本起到非常重要的作用。传统手工焊工艺，坡口尺寸大，焊材消耗量大，单个焊口需要 4 名焊工约 35 天才能完成。采用窄间隙自动焊工艺，坡口尺寸将大大减小，焊材消耗量仅为手工焊的 1/8 左右，单焊口仅需 2 名焊工 15 天就能完成。这将使核岛安装关键路径工期缩短 30—45 天，由此带来单台机组商运提前，其直接经济价值约 2 亿元。主管道自动焊工艺在 CPR1000 的成熟应用，将使我国能够自主完成 EPR 堆型主管道自动焊工作，直接节省国外技术支持费用近 4 000 万元，同时也将为 AP1000 项目自动焊焊接提供必要的技术准备。

自动焊技术的研发成功无疑是集成创新的成果。中广核工程公司作为一家 AE 公司，发挥总承包优势，遵循科学规律，搭建科技创新平台，联合中国核动力研究设计院、二三公司、中核武汉核电运行技术公司以及国内主要的核电设备制造单位组成项目团队合作开发此项技术，该项目也得到了国家核安全局的指导与支持。

联合研发中心为致力于中国核电设备国产化的企业提供了一个共同提高、

共同发展的广阔平台，这对于集中优势力量、攻克国产化进程中的关键问题有着重要作用。

在联合研发过程中，一些成员单位经常会面临生产资源紧张、核电项目生产管理人员缺失、经验匮乏、制造加工设备能力不足等难题。此时，中广核工程公司就起到了一个非常好的纽带和协调作用，通过成员之间积极调配资源，制定长远规划，通过建造新的核电车间、集中力量培养核电管理和生产人员、添置自动化设备、引进信息化软件等方式增强成员的实力，并通过相互合作与积极交流，克服了研发过程工艺失败、试验结果不满足要求、研发生产与制造生产冲突等各方面的困难，努力寻求解决途径，从而达到了“同心协力，攻坚克难，共同提升”的目的。

联合研发中心为中广核工程公司实现AE战略打下了坚实的基础。AE公司是一个平台，就是要引领产业生态的发展。而组成联合研发中心的五十多家供应商正是产业生态中重要的组成部分。工程公司通过联合研发中心将多家设备供应商组成一个体系，使整个产业协同发展，工程公司距真正实现AE战略、成为国际化的一流核电AE公司又迈进了一步。

中广核工程公司是核电技术发展的引领者和集成者。一方面，工程公司集成了产业内各项最先进的技术。这些技术不仅来自工程公司自身，更来自公司的各大供应商。工程公司怀着开放的心态，纳各项创新为己用，而后通过集成和融合创新，提高核电工程建设的质量并加快建设的速度。另一方面，工程公司引领着整个产业技术发展的方向。AE平台不仅要满足市场需求，更要挖掘市场未知需求，通过引领行业技术创新，满足这些需求。

三、协同创新管理：引领与集成

作为一家核电AE公司，中广核工程公司和整个产业协同发展，共同进步。其协同创新管理的特色主要体现在两个方面：一个是工程公司的管控体制，另一个是工程公司和上下游的互动机制。

工程公司对供应链伙伴的管控非常有特点，可称为全面质量伙伴关系，后面的章节会有详细的论述。这种关系使中广核协调着产业链上相关联的各个企业，而这些相关联的企业和中广核之间形成了一种网络的关系。从管控角度而言，中广核的机制主要分为三种：一是合同管理机制，二是资本纽带管理机制，三是伙伴管理机制。

（一）合同管理机制

合同管理机制是目前企业之间最为常见的管控机制之一。在国外，合同已成为解决企业之间问题的最主要方式。中国则有所不同。在过去的几十年中，中国企业的合同意识十分淡薄，很多供应商并不依照合同办事，即使违反了合同，私底下沟通交流也就把事情解决了。但中广核工程公司在合同管理机制方面与国外接轨得非常好。由于中广核所承接的大亚湾项目、岭澳一期和岭澳二期等项目和外方都有直接或间接的联系，合同制定的纰漏较小，很多合同的执行都依照了西方较先进的标准。同样，大亚湾时期的项目服务商是法国电力公司，法国电力公司将这种合同管理的方式也灌输到了大亚湾的国内施工商。在岭澳一期，外方作为项目咨询商，使这种合同管理机制得到了延续。岭澳二期，工程公司将合同管理做得更好，合同制定也更为合理。同时，通过先进的信息化管理方式，供应商合同执行过程中可以和工程公司充分交互，双方的权益也得到了进一步的保障。

（二）资本纽带管理机制

合同管理是制度保障，但合同管理过于严格。另外，合同也不可能事无巨细，将每件可能发生的事情都纳入体系。合同出现的漏洞可能导致供应商出现机会主义行为，损害产品安全质量。但安全质量是核电的命脉，既然仅仅凭借合同难以阻止合同漏洞出现的机会主义行为，中广核工程公司必须采用其他互补的办法来解决这一问题。

资本纽带是最为直接的方法。所谓资本纽带，指的是工程公司通过投入现金、技术等方式入股供应商，成为其直接股东。以二三公司为例，作为一家专业核岛设备安装企业，二三公司对核电站建设质量安全有着至关重要的作用。为了保证在这一环节上的质量安全和进度要求，同时也为了两家公司能够更紧密地协作与共同研发，2009 年，中广核工程公司以现金方式入股了二三公司，二者的关系也从合同关系进入到合同加资本纽带关系。

(三)伙伴管理机制

伙伴管理机制从长期来看是最有效的机制。合同关系和所有权虽然比较有效，但却未能从根本上解决问题。只有建立一个大的关联网络，保证与网络成员有较强的连接和亲密的交往，保证所有网络成员之间大的利益方向一致才是最根本的解决办法。中广核工程公司在其中扮演着协调管理的角色，只有这样才能保证中广核工程公司和供应商形成长期、稳定的伙伴关系。纵观中广核工程公司的发展历程，形成这种伙伴关系就是一部公司和供应商的互动史。

这种互动主要体现在五个方面：第一，中广核工程公司和供应商的国产化历程；第二，工程公司和外方讨论形成技术转让政策的过程；第三，工程公司和供应商之间形成技术伙伴的过程；第四，工程公司对供应商的帮扶政策；第五，中广核对供应商的管理能力提升的过程。

国产化历程伴随着中广核集团发展的每个阶段。从大亚湾核电站、岭澳一期核电站、岭澳二期核电站到现在的诸多核电站的建设，中广核工程公司和它的供应商们一直努力实现百万千瓦级核电站的国产化。由于目标是国产化，集团从大亚湾起就要求外方允许中方企业参与，并在岭澳一期、二期，按照国家的要求逐步提高国产化比率，降低外方参与度。

和国产化紧密相连的是外方对中方的技术转让政策指向。中广核集团和外方通过艰苦卓绝的谈判，最后形成了外方的技术全部无偿转让的协议，中方只需支付复印费即可，无需支付技术转让费。而这些技术转让的受体并不仅限于中广核集团，集团选定了十几家大型核电企业，无偿或以极低的价格将技术转移给了这些供应商。

也正因为如此，工程公司和各大供应商之间建立了亲密的技术伙伴关系，后续的联合研发中心才能顺利成立和发展。通过这种技术伙伴关系，百万千瓦级商用核电站的国产化进程愈发顺利。一大批国产化创新设备都被成功研制，譬如自动焊技术、蒸汽发生器等都是这种亲密伙伴关系的杰作。

工程公司对其供应商制定的帮扶政策增进了其和供应商之间的亲密伙伴关系。例如，在供应商碰到各种问题时，工程公司会派公司专家协助对方解决。对工程公司而言，这种帮扶不仅能使对方技术能力提高进而有利于供应商及时供货，收获更多的是一种信任，会促使供应商更积极地投入到技术研发中。

除了技术的帮扶外，中广核工程公司在管理方面也给予了供应商很大的帮助。首先，中广核工程公司总结自身的改革经验，帮助其他公司推进改革；其次，工程公司会委派人员进驻关键供应商，帮助供应商提高过程监控体系和质量体系，一些工程公司员工甚至常驻供应商企业，位居副总之职位；最后，工程公司还会委任专人到供应商企业进行核安全文化宣传，帮助供应商形成核安全文化。在工程公司的帮助下，供应商的管理水平得到了大幅度的提升。

在供应商看来，中广核工程公司确实给了他们极大的帮助。例如，工程公司会安排供应商之间互相参观、交流，一些看上去互为竞争对手的供应商实现知识共享，彼此受益匪浅。

（四）协同关系中的技术引领和集成

通过良好的管控体制和上下游的互动机制，工程公司更好地实现了技术引领者和技术集成者的角色。作为一家 AE 公司，发挥平台的作用、集成系统关键元件、提高系统集成能力是工程公司发展的必然道路。在提高系统集成能力的同时，工程公司善于利用各种资源，从上下游厂商中汲取创新力量，引领行业的发展方向。无论是合同管理机制、资本纽带管理机制，抑或伙伴管理机制，都促使工程公司更好地成为技术引领者和技术集成者。不拘泥于公司边界，善于引领和创新是中广核工程公司创新的关键。

在上文中，多个例子都揭示了工程公司作为技术的集成者和引领者，在协同关系中发挥的 AE 平台作用。例如，自动焊的例子表明工程公司在创新中的引领作用，而核电型号的研发则说明了工程公司技术集成者的作用。然而，中广核工程公司不仅仅着眼于产业链协同和产业链创新。公司立足于产业链，着眼于整个核电生态环境，力图成为整个“政产学研用”链条的集成者和引领者。

四、“政产学研用”大协同

对核电产业而言，全产业链协同是一个伟大的创举。但工程公司并不满足于这种协同，他们将视线放得更远，从上下游企业之间的互动着手，开展了“政产学研用”的协同。

视野决定战略半径，作为政府机构，他们往往着眼于全局，为整个国家安全和多个产业协调考虑；作为产业链上的各大装备提供商，追逐利润是企业的本质，他们希望能够在保质保量的情况下节约成本，创造效益；而学术机构和研究机构则不同于政府和企业，他们更关注高精尖技术；作为实践者和技术应用者，在考虑技术高、精、尖的同时，实践中企业会结合实际状况分析，保证系统的运营最为通畅、安全，当然，他们也会有成本方面的考虑。

作为核电产业，工程公司利用国家对“政产学研用”协同创新政策的扶持，以国家能源核电工程建设技术研发中心和国产化联合研发中心为依托，打造了核电装备协同创新联盟。该联盟由装备企业、高等院校、研究院所、工程公司和运营公司组成。联盟以政府引导、需求牵引和技术推动为手段，实现研发、应用、推广的协同运作。

“政产学研用”核电装备协同创新思路的实质是技术产业化的过程，如图5.2所示，其目的是希望贯通“政策引导（政）、需求牵引（产+用）、技术推动（学+研）”各环节，发挥上述环节的协同效应，实现技术升级和技术掌控，拓展服务范围，形成新的业务增长和资产增值，最终实现掌控核电装备产业链及推进国产化的目标。

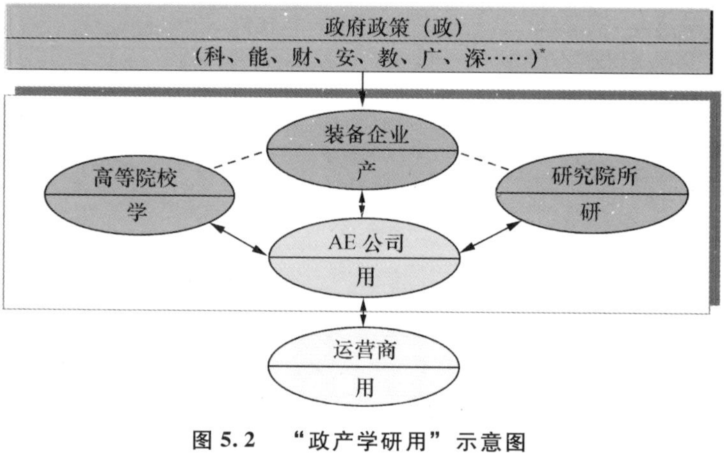

图5.2 “政产学研用”示意图

* 科、能、财、安、教、广、深是指科技部、能源部、财政部、安全监督局、教育部、广东省、深圳市。

目前，这一体系已取得多项成果。集团内已经开展的37个研发项目，绝大部分是与合作单位或制造企业联合研发的。以“政产学研用”中的“产学研”

这一环节为例。2010 年 4 月，中广核工程公司设计院与南华大学人因工程研究所签订《人因工程研究成果合作备忘录》。该合作备忘录内容涉及技术合作、科研课题和人才培养等多个合作领域，旨在通过与高校的密切合作，加快人因工程设计科研理论在核电工程领域的成果转换，同时快速提高中广核自身科研及设计能力的建设。同时，EPCSM 协调技术研究与清华大学、南京大学开展了内陆厂址关键技术研究；施工技术研究已经与华兴公司、二三公司、广东火电建立了战略合作关系，在施工工艺改进方面已展开了广泛的合作，同时还与中国冶金建造研究总院、武汉岩土所、哈尔滨工业大学等研究所和高等院校合作开展材料及监测方面的研究。类似的例子不胜枚举。

然而，无论是全产业链协同，还是“政产学研用”，若是要保证它们的良好运行，一个好的制度保障必不可少。

五、制度保障：科技创新体系

中广核工程公司将创新动力固化为制度，成为公司持续发展的源泉，形成了清晰的科技战略定位。此外，公司构造了完善的创新体系作为支撑，取得了丰硕的创新成果。

（一）科技发展定位

工程公司的科技发展定位分为三个部分。

第一部分是对现有技术体系进行的拓展，工程公司希望在未来能够围绕工程建设业绩创优、二代加型号核电技术持续改进和核电新技术品牌研发的科技创新战略要求，遵循公司发展战略和集团科技发展规划部署，以提高工程公司核电市场竞争力和可持续发展能力为目标，以完善科技创新体系、提升公司科技创新能力为手段进行科技创新。这是工程公司中短期的目标，这个目标以二代加核电技术和相关的创新为基础，对相应的型号进行改进升级，其目的在于攫住核电市场。当然，这一目标需要以公司制度体系和科技能力为支撑。为此，工程公司努力提高科技研发能力，完善科技创新体系的申报、激励等制度，保证第一部分科技目标定位完全实现。

第二部分关注的是工程类技术。该定位的关键在于，工程公司应紧密围绕核电工程建设“六大控制”，开展工程应用型研究，通过技术持续改进，在工程领域创造卓越的绩效。作为一家核电AE公司，安全、优质地建设核电站是其主要任务，支撑公司核电站工程建设的关键技术当推工程应用类技术，包括核电站的信息化建设，多项目之间信息共享机制、焊接技术、安装技术等方面。工程技术的提高对缩短核电站建设工期、提高安全质量环境至关重要。

第三部分与自主型号研发和实现AE战略有关，它更多的是愿景性质的。工程公司希望通过技术革新和自主核电型号研发，逐步形成技术研发与工程应用相结合的科技创新体系，形成完全自主的核电工程型号，为具备国际一流的核电AE公司提供技术保障，支撑并引领公司的可持续发展，进而支撑公司战略规划的实现。AE战略是工程公司的战略目标，工程公司必须要形成专业的工程设计能力，才能够在未来走向世界。实现AE战略目标必须以强劲的技术能力和工程能力为支撑，自主核电型号的研发更是必不可少。

（二）科技创新支撑体系

制度是科技发展定位得以实现的基础和保障。2010年，中广核工程公司组织编制并发布了《科技发展中长期规划（B版）》，其中对公司科技创新体系的保障和机制建设做出了明确的规划。该规划通过公司科技委与科技咨询体系、科技决策体系和科技管理体系建设，形成了结构合理、分工明确、接口清晰、层次分明的核电工程科技创新体系。

图5.3是工程公司科技创新与支撑体系示意图。科技创新体系、技术责任

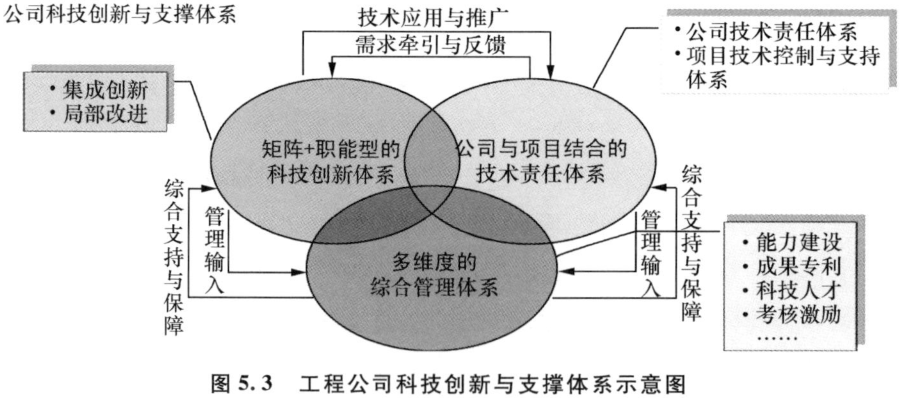

图5.3 工程公司科技创新与支撑体系示意图

体系和综合管理体系互为支撑、互相牵引发展。其中，矩阵型和职能型相结合的科技创新体系负责集成创新和局部改进，为技术责任体系提供原动力，使其开发的技术得以应用和推广。技术责任体系作为公司技术责任负责机构，同时充当了项目技术控制和支持体系，将项目所需技术提供给科技创新体系，或将科技创新体系研发技术实施效果反馈回去，起到了需求牵引和反馈的作用。为科技创新体系和技术责任体系提供综合支持与保障的是综合管理体系，综合管理体系负责公司的科技能力建设、申请成果专利、吸收科技人才以及考核激励等工作。这三大体系保证着工程公司科技发展定位的正确实现。

第三节　开放式产业协同创新模式

中广核工程公司的创新模式有着独特的特点，在本书中将其总结为开放式产业协同创新模式。这种创新模式和自主创新并不矛盾，它结合了开放式创新和自主创新的优点，并将创新的范围扩大化，把行业上下游企业纳入了创新主体。作为架构技术创新者，采用开放式产业协同创新模式将更有利于核电产业健康、高效地发展。

一、开放式创新与自主创新

有学者曾经将类似核电站的复杂产品系统企业的核心能力归结为系统集成能力，并将核心能力分为三个维度，即产品顶层设计等核心技术能力、供应链管理及最终产品批量总装的协同建造能力，以及市场开拓与客户服务等市场与商务运作能力。中广核工程公司的发展正是这三项能力不断积累的过程。

设计能力是主导核电站建设和工程公司成长的关键核心能力之一，以设计为主导是工程公司的实践方向。中广核工程公司不仅具备了核电的独立设计能力，还具备了囊括常规电在内的全范围设计能力。工程公司作为一家 AE 平台型公司，设计能力主导了整个平台的发展。例如，新型号的研发带动了平台周围企业科技的进步，使 AE 平台和各大企业之间的聚合力更强。又如，AE 平台作为系统集成商，通过掌握设计能力拥有了核电站型号的支配权，可以带领平台周围企业更顺利地走向世界。

协同建造能力和工程公司所倡导的项目管理能力及科技能力有异曲同工之处。协同建造能力是从产业链乃至“政产学研用”链条的角度而言的能力，不仅包括了产业链协同，也包括了产业链范围的制造能力。协同建造能力是建造一个好的核电站的基础。只具备顶层设计能力而不具备协同建造能力如同大厦缺了基石，协同建造能力能够帮助工程公司更好地理解设计的每个环节，从而帮助设计能力在实践中不断提高。

三种能力维度呈三角形，互相依赖，又发挥着不同的作用，支撑着工程公司不断前进。工程公司能力培育对国内大范围科技创新起到了重要的引领作用。在工程公司引进、消化、吸收和国产化的历程中，不仅核电技术取得了巨大的突破，制造技术、施工技术以及新材料技术都取得了很大的进展，这体现出工程公司 AE 平台对大范围科技创新的引领作用。

（一）开放式创新

创新对企业的发展起到了非常关键的作用，对于核电工程企业更是如此。学者们一般将创新分为开放式创新和自主式创新，这两种创新是对企业一般创新方式的描述。通常有企业会认为开放式创新和自主创新相对，一旦企业采用了开放式创新，那么自主创新就无从谈起了。在他们看来，自主创新便是“闭门造车”，但事实并非如此。

开放式创新强调了创新的来源，与其相对的是封闭式创新。在开放式创新中，企业应该并且能够利用外部和内部两方面的创意，并使这种创意市场化。由此可知，开放式创新认为内部创意可以通过外部渠道加以实现，进而创造现有业务之外的价值。这一观点使得创新的来源得以拓展。

学术界认为，开放式创新具备四种不同的优势：第一，引进新创意能够增加创新的“基本材料”，这是开放式创新的基础含义；第二，开放式创新输出的市场化创意是增加收益和保持创造才能的良好方法；第三，开放式创新同时为公司提供了衡量创新真正价值的方法；第四，引进和输出创意可以帮助公司明确其最擅长的部分。但学者们同时也认为，在风险防范方面，开放式创新需要耗费较多的时间，且知识经历了转移的过程后，购买者可能始终无法获得原创性的全部知识和价值。

一般来说，开放式创新有四种机制，分别是完全复制、逆向工程、合资和战略联盟、并购。

完全复制，是指企业在接触到外部创意的情况下，将外部创意完全直接引入到内部实践中，通过复制外部创意以促进企业自身的创新。最常见的情况包括购买专利或使用权以及复制流程等。完全复制是开放式创新中比较直接和初级的形式，在一定程度上有利于企业较快地将外部创意转化为内部创新，但对企业发展持续性创新能力的作用有限。

逆向工程，是指从实物、样件获取产品数学模型，进而开发出同类先进产品的技术，这个概念来自工程学。逆向工程不仅是对现有产品的改造和超越，还可以较大地提高产品设计的一次成功率，从而缩短周期、降低成本、减少风险、提高质量。逆向工程既是企业知识积累的过程，更可以有效地利用外部的知识和技术。

合资和战略联盟，包括合资、战略技术联盟等形式。以较为典型的合资形式为例，基于合资的开放式创新主要是指通过与行业领先企业或技术互补的企业合资，借此实现将外部创意转化为企业创新。

并购是最后一种形式，企业可以通过并购获得外部知识以增加自身的知识，有学者认为并购是实现技术发展创新的重要手段。

（二）自主创新

自主创新的概念主要来源于社会实践，它本质上主要源于技术学习，是指企业积累和提高技术能力的过程或行为。国家“十一五”规划文件中对自主创新的含义进行了诠释，即原始创新能力，集成创新能力以及引进、消化、吸收、再创新能力。

原始创新的特点是自主研究，自己设计，自行开拓，自成体系，并在此基础上努力争取获得更多的科学发现和技术发明。它的优点是可以享受专利，受法律保护，有利于开拓新兴产业及其市场；缺点是投资大、风险大、时间长。

集成创新的特点是把已被掌握的科技资源，包括自创技术或他创技术，集成起来，通过兼容并蓄、融会贯通和放大效应，再创一个或多个新的科学和技术或新的产品和产业。

引进、消化、吸收、再创新的特点是在引进国外技术的基础上，经过研究、消化和吸收，再创造出新的技术和产品，即站在“巨人”的肩膀上，并超越“巨人”。它的优点是投资小、风险少、见效快。

由此可见，开放式创新和自主创新并不矛盾，二者从内涵而言是统一的。中广核集团的发展正是这种统一的体现。大亚湾核电站就是开放式创新和自主创新的统一。在大亚湾核电站建设过程中，外方作为项目服务商承建核电站，中国担任副手，属于完全模仿。但同时，大亚湾核电站又是引进、消化、吸收和再创新的起点，中广核工程公司将其当做能力积累的源头之一，通过引进国外先进核电站建设经验，将其吸收并为己所用。

岭澳一期和岭澳二期核电站同样是开放式创新和自主创新的统一。岭澳一期、岭澳二期和开放式创新中的逆向工程有异曲同工之处。在取得外方结果文件后，中方通过逆向工程的方法倒推，计算出了每一步的设计路径。当然，在逆向工程的基础上，中广核工程公司还做了大量的集成创新，公司对法方型号M310做了数十项重要的单项技术改进。在单项技术改进的基础上，公司又进一步进行系统集成创新，形成了CPR1000这一改进型压水堆型号。在此之后，公司又结合国家对三代先进技术指标的要求，在CPR1000+的基础上，创建ACPR1000/ACPR1000+系列品牌，这是集成创新和原始创新的高度结合。

二、模式总结和启示

中广核工程公司所从事的业务决定了其创新的特殊性，可称为系统集成商，或者是架构技术服务商。图5.4展示了四种类型的创新，这四种创新由两个维度分割而成：第一个维度是元件或子系统的创新，第二个维度是元件或子系统接口之间的创新。如果接口之间没有发生变化，元件只是有较微小的创新，这种创新被称为渐进式创新；如果接口之间没有发生变化，而元件发生了颠覆性的变化，这种创新被称为元件创新；元件只发生微小变化而接口发生大的变化时，公司创新就会呈现架构创新形式；若两个维度都发生了变化，则被称为颠覆性创新。

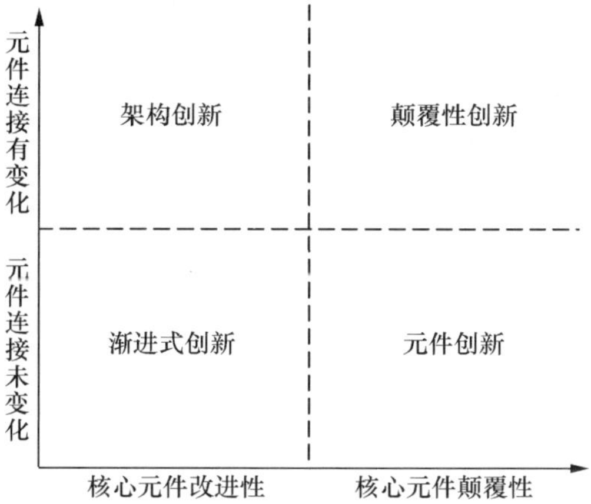

图 5.4　创新方式

作为系统集成商或者说总体架构技术服务商，工程公司主要关注的是元件或者子系统之间连接的优化和创新，对于单纯元件这一部分内容，工程公司则关注较少。这并非意味着中广核工程公司对其他三种创新不起任何作用。一般来说，元件的任何变化都有可能导致接口的变化，更不用提元件的颠覆性创新了，其更会导致接口的变化。而元件的创新一般集中于设备提供商，工程公司看似鞭长莫及，但由于核电产业的高安全、质量标准和企业之间较高的依存度，中广核工程公司十分看重对元件创新的管理。

中广核工程公司究竟采用了什么方法来兼顾架构创新和元件创新呢？可以说，工程公司开创了一种开放式产业协同创新模式。其中有两个关键词：一个是开放，另一个是产业协同。

这里的开放包括了多重含义。首先包括了我们在前面讲到的开放式创新，即企业应该并且能够利用外部和内部两方面的创意，并使这种创意市场化。更为关键的是，工程公司将开放拓展至更宽的范围。在这种开放中，创新主体并不是必须要以中广核工程公司为主，其他设备制造商同样可以加入创新体系，甚至成为创新主体。对中广核工程公司而言，开放主要体现在三个方面：

第一个是以市场为导向。就大环境而言，中广核工程公司赶上了一个好时机，核电市场迅猛发展，工程公司利用中国市场的吸引力，把西方的先进技术吸收了进来，建成了大亚湾核电站以及岭澳一期、岭澳二期核电站。然而，目前再以这种引进、消化、吸收为创新的主体方式已经不太可能了，“市场换技术”也走到了头，传统的开放式创新必须要更进一步，要走向以联合产业链各大供应商的方式进行产业开放自主创新。在这种情形下，工程公司提出了AE战略。公司认为，在这一阶段强调的应该是市场，不是以市场换技术，而是引领市场、掌控技术，市场上需要哪些技术，工程公司就去开发、掌控哪些技术。因此，以市场为导向是以工程公司这一AE公司为掌控平台的。显然，AE公司作为引领行业的“领头羊”，是有利于行业发展的。

第二个是指全球化特征和全球化AE。中广核工程公司同欧美等世界顶级核电供应商都建立了广泛的联系。作为一个系统集成商，中广核工程公司有着全球化的视野。只有更好地了解世界的先进技术，才能更好地推动国产化。工程公司不应该为了国产化而国产化，不应该过于片面地强调国产化。

第三个是开放的心态。工程公司必须要兼容并包，容忍差异。工程公司若要走出去，心态必须要放宽，要有天下英才为“我”所用的思想。一个好的核电技术不知道会先出现在哪个国家。过去的核电技术创新一定不会发生在中国，现在有可能会发生在中国，未来不一定会100%地发生在中国。因此要保证当世界上任何一个角落出现创新时，都应该能为“我”所用。

除了开放之外，另外一个关键词就是产业协同。有学者指出，协同是复杂开放系统内部的各子系统在自身独立、自发、无规则、无序运动的同时，通过不间断的物质、能量和信息交换，自发地相互影响和相互作用，实现从无序到有序、从混沌到稳定，并最终形成新结构的自组织过程。协同涉及“协作、协调、耦合、匹配、互动、集成、整合”等方面。由此可见，协同的定义描述了复杂系统内部关系变化所形成的整体状态。

企业创新是开放的系统行为，资源的稀缺性和有限性决定了企业只有提高对外资源交换能力才能提高创新的质量和速度；只有通过组织间协调开展非一体化下的分工整合，成为价值链和产业链的一环，才能实现创新资源的最优配置。一般而言，协同会导致企业创新的有序和稳定，会引发企业创新的调整和改进。

核电产业协同涵盖的范围非常广，它囊括了核电站建设产业链上的所有企业，企业之间存在着协作、协调、匹配、互动、集成和整合。不同的是，在中广核工程公司所在的产业协同体系中，整个产业协同创新的开展是在中广核工程公司这一AE平台下进行的。AE公司作为产业的引领者，协调和组织着整个产业链上的创新发展。

具体而言，中广核工程公司的协同可以分为以下三种：第一种是企业内部和产业链上下游之间的组织协同；第二种是技术协同和管理协同；第三种是我们前面提到的“政产学研用”有效结合的协同创新体系。对这些协同方式的具体描述在整个章节都有所涉及，这里主要讨论的是形成并支撑这三种协同的各种纽带。

第一是市场的纽带。市场化的方式能使核电产业的其他企业分享好处，从而实现协同。同时，核电“新”市场开发也成为协同的纽带。由于核电产业受政策影响很大，核电工程建设也会遇到高峰和低谷。面临这种情况，中广核工程公司不断开发在役市场，以平抚核电建设市场的高峰和低谷，减小振幅。这种促进核电市场繁荣的“市场化”是维系产业协同、技术管理协同和“政产学研用”协同的重要纽带之一。

第二是技术纽带，这已在前文多次论述，此处不再赘言。

第三是协议纽带，这里的协议不仅包括了同产业链相关企业签订的合同，也包括了框架协议、战略合作伙伴关系等，这一纽带是三大协同的法律保障。

第四是资本纽带，包括控股、参股等多种形式，中广核工程公司参股二三公司所建立的就是这种纽带关系。

第五是信息化和各种平台的纽带。这一纽带是形成三大协同的工具性保障，没有先进的信息化技术和各种平台联结，协同很难得以开展，或是开展的成本极高，效果不好。

开放式产业协同创新模式并不仅仅适用于核电，其他很多产业也非常适用。总的来说，实现开放性协同创新的产业要保证有一家主导、集成性的企业帮助实现产业协同创新，同时要有多条纽带作为联结和支撑。另外，参与者也必须保证拥有开放的心态和开放的体系，以实现公司价值的提升。

第六章

安全质量:AE公司的品牌和生命力

从切尔诺贝利到福岛，核事故阴云不散，如同达摩克利斯之剑，悬于每个核电人的头上。核电工程五年建设工期，要许下一生的承诺，核电的安全和质量如何得到切实的保障？打造国际一流的核电 AE 公司就需要有国际一流的核电质量，这是 AE 公司的品牌，也是公司生存之本和发展之基。

第一节　从 TQM 到 TQP：全面质量伙伴关系的建设

工业革命爆发以来的二百多年，质量管理从最初的经验管理、质量检验、统计质量控制，发展到全面质量控制、全面质量管理、六西格玛质量管理，取得了系列重大进展。质量观从 20 世纪早期的符合性质量观到中后期的满足客户需求的适用性质量观，直至 20 世纪末期出现的追求零缺陷的卓越质量观，不断发展。安全是核电产业的命脉，质量是核安全的基础和保障，中广核工程公司将质量安全放在最优先的位置，在全面质量管理（TQM）基础上进一步发展，形成了有特色的质量安全管理体系，我们称之为全面质量伙伴关系（Total Quality Partnership，TQP）。

一、工程公司安质环管理的变迁

1. 2004 年以前：以产品为核心的安全质量管理

以核电站为产品实施质量控制，按核安全法规要求建立“项目质量保证大纲”，如《岭澳一期核电工程项目质量保证大纲》，但尚未建立安全、环境管理体系。

2. 2004—2008 年：从小 q（产品质量）到大 Q（经营质量）的转变，初步建立安质环管理体系

作为一个市场经济主体，中广核工程公司按照质量管理体系要求和核安全法规，以顾客满意度为关注焦点、以持续改进为手段、以追求卓越为目标建立公司质量管理体系，发布了《公司质量管理手册》。2005 年获得 ISO9001 质量管理体系认证；2006 年获得 ISO18000 安全管理体系认证；2007 年获得 ISO24000 环境管理体系认证。

3. 2008—2010年：满足多项目多基地，自主化、市场化和外部竞争环境的整合质量管理体系

2008年年初，按总承包和“集约化、矩阵型、项目式”管理模式建立了一体化运作管理体系；2008年年底获得质量、职业健康安全和环境整合管理体系认证。

4. 2011年之后：加快打造核电工程建设产业链步伐，努力构建全面质量伙伴关系，从TQM向TQP发展

工程公司顺应市场化发展趋势，对安质环管理体系进行了丰富和发展，进一步健全了责任体系、管理标准体系、绩效管理体系，并逐步向核电产业链环节延伸，总结归纳为一个新的概念——全面质量伙伴关系。

二、全面质量管理的局限性

国际标准化组织对全面质量管理的定义是：“以质量为中心，以全员参加为基础，目的在于通过让顾客满意和本组织的所有成员及社会受益而达到长期成功的一种管理途径。”全面质量管理得到了广泛的应用，形成了完整的体系结构和丰富的实用工具。然而在核电领域，传统的全面质量管理也存在不完善的地方。

核电产业的典型特点是“一损俱损”，任何一起核电质量安全事故都有可能导致全球一系列的联动反应。1979年美国三里岛核泄漏事故导致美国停止核电站建设长达三十余年；1986年苏联切尔诺贝利核事故进一步放缓全世界核电建设的步伐；2011年日本福岛核泄漏事故导致日本关闭全部53座核电站，德国政府放弃发展核电，中国暂停核电建设项目审批，全球的核电发展因此全面停滞。核电质量安全是产业生存和发展的关键性决定因素，一次事故可能影响整个产业乃至全球核电事业的发展进程。

传统的TQM往往局限于企业内部，而核电建设需要产业链各相关单位的共同协作，其质量由产业链中的“质量短板”水平决定，即木桶短板效应，产品质量不取决于供应链上质量管理最好的企业，而取决于质量管理最差的企业。目前，我国尚未形成成熟市场供求关系的核电行业，仅依靠合同约束的TQM，难以有效地保证核电建设质量。传统的TQM对核电建设存在的不足和局限主要有以下三个方面：

1. 全范围覆盖问题——“全员”范围不够全面

TQM 强调“全员参与”质量活动，然而其“全员”往往仅局限于企业内部。在企业具有复杂供应链的今天，决定产品质量的“全员”不仅仅包括企业自身的员工，还应包括所有供应链的员工。任何一个环节中的隐蔽缺陷都可能通过供应链传递到最终产品，然而传统 TQM 却很难让上游供应商的员工实际参与到本企业的质量活动中，“全员”名不符实。在流程改进等与质量管理相关的领域上也存在类似的问题，全范围覆盖不能实现。

2. 循环中断问题——质量改进循环受到企业边界的限制

TQM 强调 PDCA 的质量持续改进循环，然而这一循环受到企业边界的限制，循环被打断，不同企业之间只能通过合同采购和后续的产品验收实现质量接续。TQM 的一个原则是提倡从小 q 到大 Q 的转变，即从重视产品质量转向关注全面的经营质量；如果仅仅靠合同和验收来限定产品质量，不同企业员工之间很难流畅地发起跨企业的质量改进循环，这样在企业边界上大 Q 又会退化为小 q。

3. 体系对接问题——不同企业的 TQM 体系难以对接

尽管 TQM 的思想、方法和基本规则是共通的，但在实践中由于企业性质、行业特征和企业文化的不同，不同企业的 TQM 体系往往存在很大的差异。即便同样是通过了 ISO 系列的企业，彼此之间的质量管理体系也往往无法有效对接。更何况由于企业秘密、职责限制等原因，质量管理一般被认为是企业内部的事，不同企业专职负责质量体系策划和质量管理的人员很少直接对接，这使得问题更加严重。

总的来说，在复杂供应链下如何实施全面质量管理成为这一思想体系在新形势下遇到的突出问题。

三、全面质量伙伴关系的提出

全面质量伙伴关系是在全面质量管理基础上的进一步发展，是从中广核工程公司质量管理实践中总结出来的一种理念，具有良好的可推广性和广泛的适用性。

（一）工程公司的实践

大亚湾核电站工程使用的是国际核电供应链，技术全套引进、设备全套进口、管理全靠国外专家，配备中方管理和技术人员当“徒弟”，通过引进、消化、吸收实现国产化。随后，从岭澳一期核电站开始，工程公司的供应链逐步国产化，形成全球供应链，依靠国际、国内的设备制造商和工程承包商来完成核电建设。

核电工程具有建设周期长、参建单位多、接口复杂等特点。以施工为例，工程公司在全国范围内有15台机组同时在建，数十家承包商参与，六万多工人现场施工。为此工程公司充分发挥总承包商的地位优势，向产业链上下游延伸，建立了紧密结合、利益共享的大项目团队，形成了“大团队”管理理念。例如，施工板块将业务分为A类（核心业务）、B类（可部分外包业务）、C类（可完全外包业务），相应形成了核心层、紧密层和松散层合作伙伴，如图6.1所示。

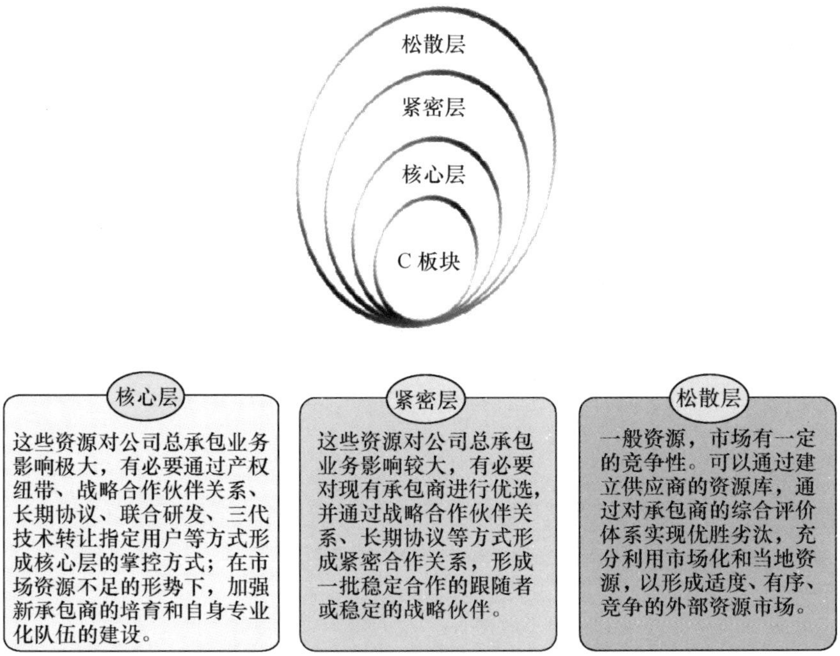

图6.1　施工板块对资源的分类

在与参建单位的合作中，工程公司坚持“平等对待，相互尊重”的原则，搭建平等对话平台，使参建单位成为工程建设“大团队”的一分子，为核电工程建设共同贡献力量，并坚持“寓监督于服务之中”，主动对参建单位进行技术和质量帮扶，建立经验反馈机制，促进整个“大团队”的工程管理能力持续提升。“大团队”理念和质量管理体系的具体实践，表现出中广核工程公司对

TQM 的传统理念和体系进行了突破，形成了新的特色。

（二）全面质量伙伴关系的概念

中广核工程公司的质量管理体系向企业外的延伸超出了一般 TQM 的常态，形成了一种产业链层面上的伙伴型质量安全管理模式。这种模式有别于传统意义上的企业全面质量管理，也有别于供应链合作伙伴关系，我们将其归纳总结为“全面质量伙伴关系”，可简称全面质量伙伴，定义如下：

> 全面质量伙伴关系是产业链上相关联的企业或组织之间双边或多边建立的一种长期合作伙伴关系，旨在通过企业间质量体系对接和技术开发合作，应用全面质量管理理念和技术，发动关联人员全员参与质量活动，实现跨边界的质量持续改进良性循环，推动各方质量管理能力和技术水平的进步，不断提升最终提供的产品或服务的质量，达到共同发展、协同卓越的目标。

第二节 工程公司质量管理体系的策划和构建

为实现核电站“零事故”的目标，工程质量应追求“零缺陷”，对各类缺陷和隐患采取“零宽容”的管理理念。基于此理念，中广核工程公司进行了质量管理体系的策划和构建。

一、体系策划和建设

（一）项目质量保证体系策划

根据核电工程项目管理的实际情况，分三个阶段建立和维护项目质量管理体系：项目前期、设计建造阶段和调试阶段。项目前期是指项目开发启动至第一台机组核岛第一罐混凝土浇筑（FCD）前的阶段；设计建造阶段是指核岛第一罐混凝土浇筑至首次装料前的阶段；调试阶段是指首次装料至商业运行的阶段。

在质量管理体系策划中，按照持续改进（PDCA 循环）、过程方法和系统方法的思想，各阶段质量管理体系的建立和完善包括体系策划和文件编制、组织建设和资源配置、质量管理实施、测量评价和改进四个阶段，如图 6.2 所示。

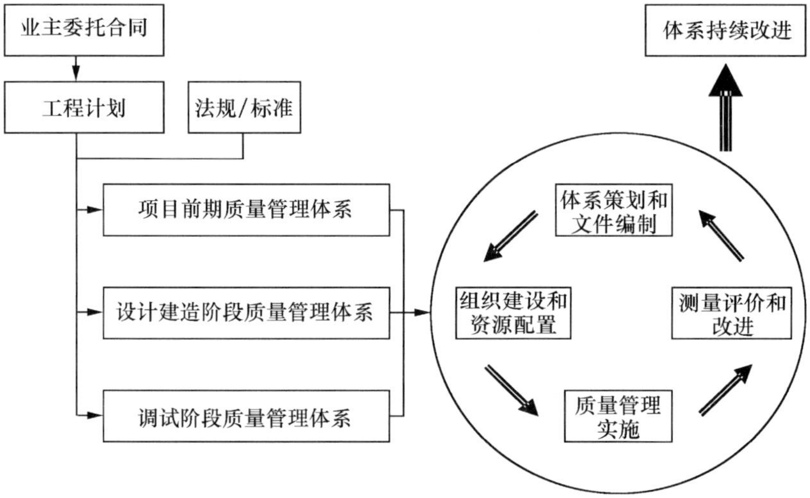

图 6.2 项目质量管理体系策划

与项目安全环境（HSE）管理体系的策划类似，项目质量管理体系根据核电工程的特点和条件，识别各个施工阶段、部位和场所需控制的职业健康安全环境的危险因素和有害因素（简称“危害因素”），并采用适当的方法对已识别危害因素进行安全风险评价，从中确定重大危害因素进行安全论证和审查，评价和论证的结果形成《公司 HSE 危害辨识与风险评价报告》。其中，危害因素辨识覆盖工程的施工、产品及服务活动的全过程，包括所涉及作业场所内的设备、设施、施工过程、工作环境、人员活动、临时构筑物、辅助设施等。

（二）指标体系构建

为了提高质量管理水平，工程公司建立了一套较为完整的质量指标体系，并在此基础上持续开展质量状况评价、质量趋势分析和质量改进活动，可分为三级：第一级是反映工程总体过程的测量指标和最终产品（包括服务活动）的测量指标；第二级是专业领域（EPCS）的结果指标和过程指标；第三级是反映工程项目各类承包商的测量指标。

这些指标围绕主要产品（包括服务活动）设置，从总体性能、设计及管理、合同采购、设备供应、土建施工、安装施工、调试、体系维护等八个方面反映过程产品和最终产品的质量管理水平。

（三）安质环责任体系建设

在长期的核电工程实践中，工程公司建立了“管生产必须管安全”和“谁主管、谁负责”的安全质量管理责任制，认为安全取决于生产，安质环不仅仅是管理人员的责任，更是生产主管者的责任。一旦出现问题，首先追究一把手的责任，而后再层层分解。

为进一步理顺关系、明确责任，工程公司构建了“两级三层”的组织体系及相应的责任体系。“两级”是指公司总经理部依托安全质保部实施公司层面的安全质量管理，对项目安全质保起监督和指导作用，项目总经理在总经理的授权下依托项目安全质保办公室实施项目安全和质量管理，形成公司与项目之间的两级责任管理；“两级”中分别按照“决策、监督、执行”三层责任体系落实安全质量管理责任。以施工管理中心为例，“两级三层”结构如图 6.3 所示。

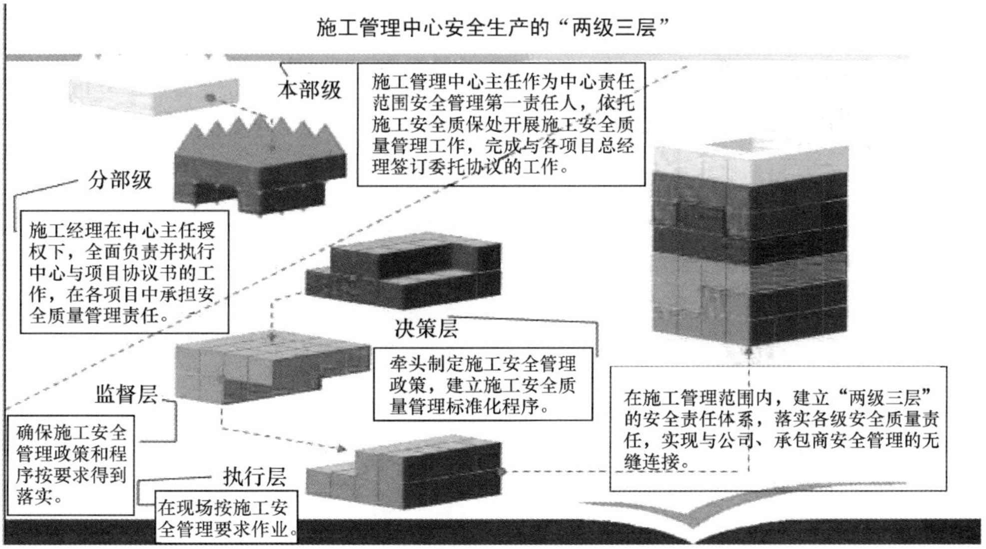

图 6.3　施工管理中心“两级三层”安全生产体系

二、两级 QA，三级 QC

为确保核电站建设的质量，工程公司探索了多层次 QA（质量保证）、QC（质量控制）的质量保证体系，确保工程“零缺陷”，如图 6.4 所示。这是工程公司将质量保证体系向设备供应商和建安承包商延伸的主要机制，从体系上为产业链的质量安全提供了保障。

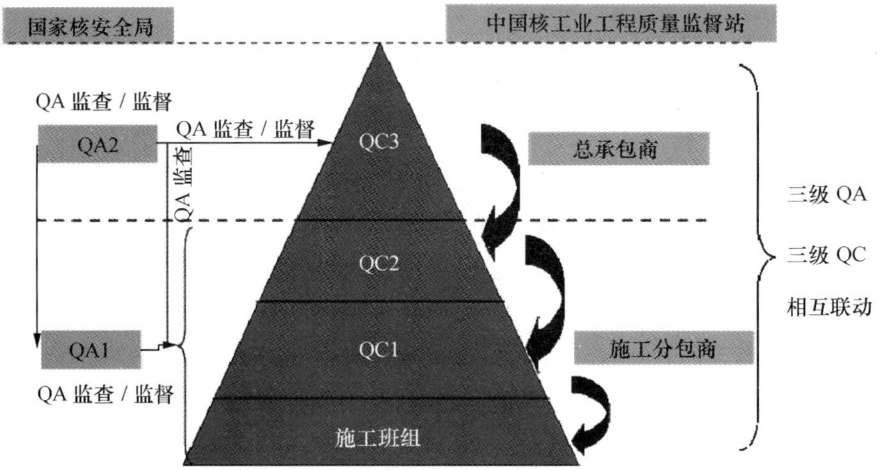

图 6.4　两级 QA，三级 QC

其中 QA2 和 QC3 为工程公司质量管理人员，QA1 和 QC1、QC2 为承包商质量管理人员。如图 6.5 所示，工程公司（总承包商）质量管理人员对承包商

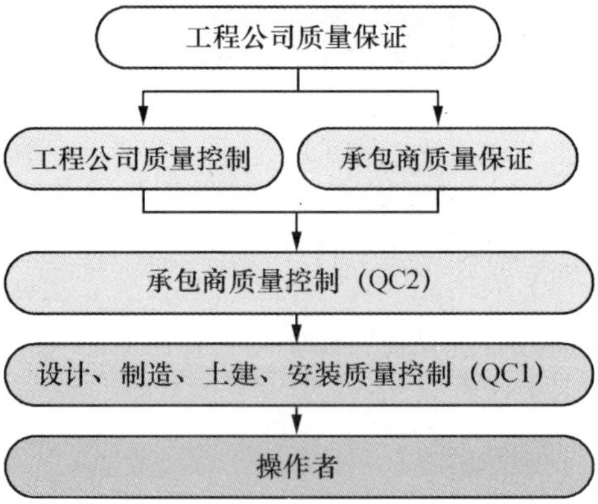

图 6.5　质量管理体系人员设置

质量管理人员进行直接的监查和监督。

多年来，工程公司不断深入推进“两级 QA，三级 QC”质量保证体系向上游拓展与延伸，全面提升了核电建设领域的质量管理水平。

第三节　供应链质量管理体系

供应链的质量管理是决定核电站建造质量的重要因素，中广核工程公司在保证设备采购质量的同时还注重提高供应商的质量管理水平，取得了良好效果。

一、采购管理

（一）采购管理专业化思路和原则

中广核工程公司的采购管理体系设计思路如图 6.6 所示，其基本原则是：前后台制约，前后端制衡，监造独立，全面实现专业化。

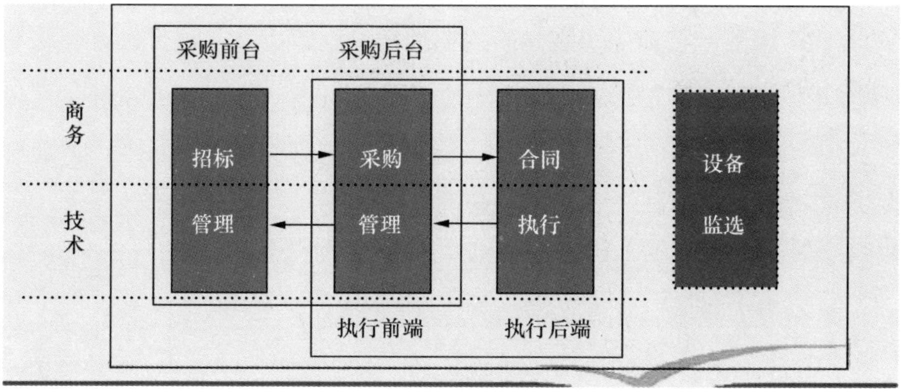

图 6.6　采购管理体系设计

（二）精细化合同执行体系

合同执行根据工作内容分为 5 个业务模块、26 个作业单元、92 个典型活动、489 个标准动作，工程公司对每个标准动作的行为都进行了详细规定，如图 6.7 所示。这也是“项目管理：AE 公司核心业务的管理”一章中标准化思想的一种体现。

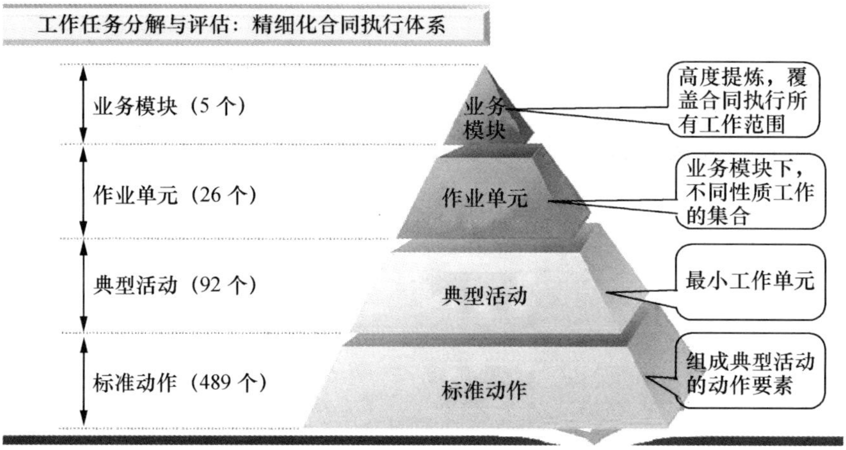

图 6.7 精细化合同执行体系

（三）供应商量化履约评价系统

工程公司构造了量化履约评价系统，如图 6.8 所示，不仅对采购过程和合同执行予以评价，还对供应商的质量保证和监督体系以及执行情况打分。通过量化的方式，采购部门建立了装备制造业的质量指数，每月都可以得到其上升、下降趋势，便于监管。

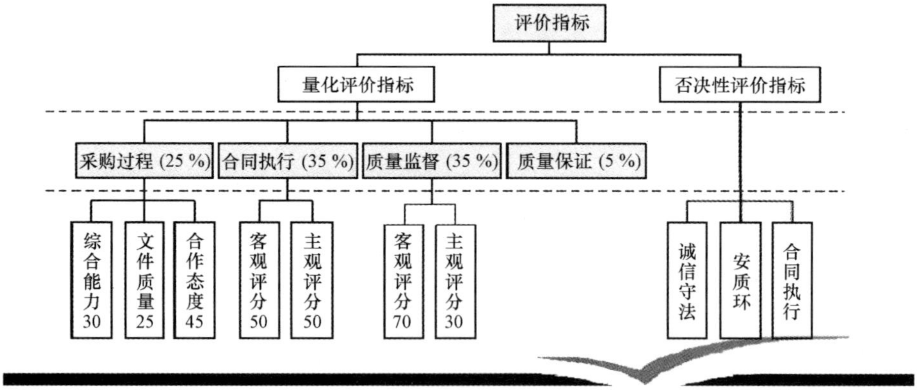

图 6.8 供应商量化履约评价系统

（四）构建采购一体化平台

为确保采购质量、控制采购成本、共享过程信息、保障项目进度，中广核工程公司在产品设计和技术标准化的基础上构建了采购一体化平台。同时，与各业主共同建立项目间物资调配机制，搭建由总承包商与所有项目业主共同参与的资源保障平台。实践证明，这两个平台的运作使总承包商可根据各项目的进度，灵活调配关键设备，实现了核电工程建设关键资源的有效配置和共享，保障了工程建设的顺利推进，提高了核电项目建设的整体效益。2009 年，在各项目业主的支持和配合下，中广核工程公司利用上述平台，实施了 10 宗重要设备调配、103 起一般物资调配，有效缓解了项目推进与物资需求的矛盾，经初步估算，节约工程直接成本 1 600 余万元。

二、预防性和服务性监造

采购板块监造部门的职能是监督设备制造过程，发现问题并及时解决，避免到设备交货时才发现缺陷，导致全局被动。监造部门在实践中提出的预防性和服务性设备监造的概念十分有价值。

（一）概念

预防性和服务性监造理念是对传统设备监造方式的改革和创新。由于供应商初次涉及核电产品，对核电标准、核安全文化以及合同要求往往理解不到位，容易造成核电设备制造管理不规范，不符合标准化程序的要求，特别是非驻厂监督的核电设备，质量隐患经常埋藏于核电设备制造中，并延伸至设备发运，为现场设备验收、安装和调试带来一系列的风险。

为解决这一难题，公司提出了预防性和服务性监造的概念，其出发点是“改变被动的符合性设备制造质量监督为积极主动预防和避免设备制造质量问题的发展”，其意义在于：加强对重要设备供应商和风险点的监造资源投入；提前发现质量风险，防患于未然；落实不同项目间的经验反馈；降低重大质量问题发生的概率。

公司监造部门对于预防性监造的定义：“在设备监造过程中以预防、预控为目的开展活动。对于电站重要设备，特别是制造周期长、技术难度大、工艺复杂的重大设备，开展有别于常规质量监造工作的预防性监造工作显得尤为重要。”

对服务性监造的定义：“是指集监督与帮扶为一体，寓服务于监督之中，以此来提高供应商和设备制造质量所开展的活动，其主要通过帮助供应商提高企业的核安全文化意识，推动其制造工艺控制、不符合项处置、风险识别和管控、经验反馈等质量管理体系的持续改进和提升来实现。”

预防性和服务性监造两者之间工作内容有交叉又各有侧重，预防性监造主要针对电站重要设备，核心内容为“事前预防”，服务性监造主要针对设备供应商，其核心内容为“监督与帮扶”。预防性监造侧重于与 QC 对接，对质量进行监控；服务性监造侧重于与 QA 对接，促进供应商质量保证体系的提升。

（二）预防性和服务性监造的实施

在预防性监造方面，首先根据设备质保等级、制造周期、技术难度、工艺复杂性、对机组可用性的影响等差异，将电站重要设备划分为 AAA、AA、A 三个等级，分别制定相应的预防性监造要求。其中，AAA 级最高，主要是反应堆压力容器、蒸汽发生器等核岛核心设备；AA 级中等，主要是主管道、堆内构件等主要设备；A 级相对较低，主要是换热器等辅助设备。

预防性建造的主要工作内容分为：

（1）监造策划，在合同签订后编制工作指令，对 AA 级以上设备接到工作指令后对通用精细化管理表格进行适应性修改；

（2）风险分析，对 AA 级以上设备在制造开工前编制风险分析表格，在制造执行过程中跟踪落实；

（3）经验反馈，根据内部经验和外部经验进行反馈，对 AA 级以上设备在出厂后对制造质量监造进行系统总结；

（4）质量专题会，AAA 级设备原则上每月一次，AA 级设备原则上每季度一次，无论何种设备，供应商频繁出现同类质量问题、发生重大质量事件时都需要召开专题会；

（5）专项检查，针对监造过程中发现的问题，提请专家组对供应商进行质量管理或技术方面的检查，对 AAA 级设备要进行定期检查；

（6）联合验收，对首台设备发运或关键工序之间组织联合验收。

在服务性监造方面，监造对象是与工程公司签订设备供货合同的国内供应商与分供方。按照供货业绩，国内供货商分为成熟供应商和新签供应商。按照设备类别分为关键设备供应商和一般设备供应商。具体工作内容包括：

（1）核安全文化，对于新签供应商，在项目开工会或制造开工会上进行核安全文化的宣讲培训，对于成熟供应商，如承接多个设备则对首个项目进行宣讲，后续项目择机进行，对于关键设备供应商，监造工作中还要择机加强培训；

（2）制造文件管理，对于新签供应商，制造开工会中对文件管理进行培训，对于关键设备，监造工作过程中还要结合实际情况进一步指导和推动；

（3）不符合项处理，对新签供应商要在制造开工会中宣讲培训，对于关键设备在制造过程中进一步指导管理；

（4）分供商质量管控，对于关键设备新签供应商，对监造等级为 QS1/QS2（高等级）的部件和原材料采购与验收进行监造检查，对关键设备成熟的供应商，对监造等级为 QS1 的部件和原材料采购与验收监造检查；

（5）经验反馈，在制造开工会及设备制造过程中汇总进行内外部经验反馈；

（6）质量例会，对于关键设备供应商，每月或每季度定期召开；

（7）技术标准培训交流，在供应商有需求时召开；

（8）关键设备联合验收，对关键设备新签供应商的首台设备出厂时组织联合验收；

（9）日常巡检，对关键设备执行巡检计划；

（10）质量专题会，在关键设备出现重大质量问题时召开；

（11）技术验收检验，对关键设备按年度工作计划进行，对一般设备按片区要求进行。

第四节　质量安全管理体系的实施

严格的体系要得到有效的实施才能发挥功效，如何让质量安全管理体系落到实处而非流于形式是工程公司遇到的重大问题。

一、质量管控与提升

（一）质量管控与帮扶

在实践中，一方面工程公司推行了严格的质量程序化管理思路，不仅检查结果，更关注过程，“不应该到了验收时才拿着图纸规范跟现场做比较检查，更应该在过程中就做好控制”。例如，验收遵循这样严格的程序：工人做完一项工作先做自检，工长检查合格后报 QC1 验收，QC1 验收合格后再报 QC2 检查，都合格后由 QC2 通知工程公司验收。验收时发现问题及时让他们整改，直到问题解决达到规范要求、与施工方案相一致才签字通过放行。在长期的高标准、严要求运作下，这种严格的程序化管理深入人心，成为工程公司的核安全文化基因。这也体现在公司运作的各方面细节上。另一方面，针对当前大团队中核电参建单位质量管理水平参差不齐的现状，工程公司针对质量管理体系存在高风险的参建单位定制质保帮扶计划，通过前移下沉和在线监督，将质量问题在前端解决。例如，工程公司先后对质保体系存在缺陷的陕西某重工、西安某设备公司进行帮扶，强化全过程质量管理理念，积极加强对产业链各单位质量管理工作的监控。对屡次发生违章操作等不良质量行为的施工承包商进行质量管理专项帮扶，针对性地提出质量管理改进措施，逐步提高了承包商人员的质量意识，帮扶效果明显。

（二）典型案例

质量管控和帮扶体系关键还需要人来做，以下一些小的案例可以作为形象的说明。

案例1

监督员在上海某制造厂对宁德项目顶盖内壁堆焊前检查发现，车间在对顶盖内壁球面抛磨后，未做任何表面探伤检查就准备开始顶盖内壁堆焊。监督员凭借丰富的检验经验和极强的现场敏锐感判断，这其中存在问题，随后监督员及时查阅了技术规范和规定，待焊表面制备完成后，所有待焊接或待堆焊表面应进行表面磁粉检验或液体渗透检验。很明显，上述操作不符合规定。监督员随即制止了现场准备的焊接工作，并与制造厂技术及工艺人员做了沟通，有理有据地说服他们对待堆焊面补做检测。

针对上述违规质量事件，监督员发布了《关于宁德项目反应堆压力容器顶盖焊接前检查问题的备忘录》，要求制造厂对该事件进行认真的原因分析，并制定有效的质量控制措施……同时提请制造厂的人员要将此作为每日开工前的必检内容，避免今后类似质量问题的再次发生。通过这件事情我们更清醒地认识到努力推动制造厂的质量管理体系和生产管理体系的建设，通过制造厂自身体系的良好运转和维护来保证核电产品的制造质量才是最重要的。

案例2

设备质量的保证是通过工序一步步来实现的，包装作为生产环节中的最后一道工序，尤为重要。由于包装不当造成质量问题的例子在工程上更是不胜枚举。公司驻大连某制造厂监督员积极开展预防性监造，根据个人丰富的经验，主动联系、帮扶供应商，使得供应商的设备包装水平得到根本性的改善。

该厂首次承揽中广核公司核电多个项目泵合同，泵数量多达600余台，备品备件数量庞大。第一次发货前，现场监督员提前了解制造厂的包装准备情况。该厂计划还是延续民品包装的做法，人工将同类零件装在一个包装袋内，而后用透明胶带封口。由于同类多个零件装在一个袋内，在运输过程中难免锈蚀、磕碰，螺栓、螺母、螺纹类零件更是存在这样的风险。

为防止设备运输中可能出现的磕碰、锈蚀问题，根据公司对设备的包装要求，监督员主动找厂方领导，说明采用以往民品包装做法的质量风险和核电设备包装要求，并给出泵类设备包装的建议。最终制造厂听取了现场监督员的建议：每台泵零部件单独包装，并用填充物实体隔离，整机采用密封包装并放置适量干燥剂。最终该批货到现场后顺利通过验收，厂方领导也更加认可了现场监督员的建议。

尽管如此，现场监督员并没有满足现状，经过认真分析，现场监督员认为该厂目前的包装水平虽然能够保证质量，但工人劳动强度大，包装效率低，零部件漏装、错装现象时有发生，在设备交货高峰期可能满足不了合同交货期的需要，对工程进度造成影响。有了第一次的成功交流经验，当现场监督员提醒厂家关注此事时，厂家给予了高度重视。现场监督员与厂家共同对此事进行了认真分析和讨论，并在东北监造片区收集包装方面的成熟经验。最终在监督员的建议下，厂家借鉴了其他行业的包装方法，采购了真空塑封机，对随机组发运的小部件分类后进行真空塑封包装，然后与泵组固定进行整体包装，可以塑封的备品备件塑封后装箱发运。采用真空塑封整体包装的方法后，厂家极大地提高了包装效率，减轻了工人劳动强度，同时也减少了误装漏装的几率，更重要的是保证了产品零部件的质量，锈蚀及磕碰现象最大限度地得到了避免。现场验收部门也反馈该包装现场验收方便，由于小零件是真空塑封包装的，现场储存效果也很好，并提倡其他同类设备厂商借鉴这种包装方式。

案例3

在红沿河核电站1号反应堆压力容器制造期间，中广核有针对性地开展重点质量督查和帮扶工作，对中国某重型装备制造厂先后开展了9次核安全文化培训，接受培训人数1 370人。通过大范围的核安全文化教育和培训，核安全文化的思想理念、意识和氛围在该厂已初步形成，员工的质量意识不断提高，质量责任制已逐步建立。

该厂的总结是："核岛设备（RPV）机加工一旦出现重大NCR，其后果往往是颠覆性的，也是不可逆的。为了消除和降低机加工质量风险，从根本上消除机加工的质量问题，中广核质保帮扶人员采取了一系列措施"，"中广核的质量保证人员，在大量调查研究的基础上，向我们质量管理委员会提交了《关于核电设备机加工质量问题的报告》；推动我厂召开质量管理委员会会议研究对策；深入车间机加工部与机台长、主技工和副技工进行座谈和调研；对机加工NCR进行统计分析；组织加工技术部、核电分厂、机加工部、车间检查站对机加工质量事件进行根本原因的分析；组织制定《核电及专项产品机加工操作细则》；组织实施工艺交底和质量交底；推动实施以红沿河1号RPV精加工为节点的阶段性质量奖励；推动实施常态化机加工质量奖等。"通过这些措施，一线的生产状况越来越好。工人的精神面貌、质量意识、责任心和工作积极性有了很大的提高，红沿河1号RPV精加工自5月28日开工以后进展顺利，没有发生任何重大机加工质量问题，机加工的质量风险得到了有效控制，这为红沿河1号RPV的顺利制造和按期交付提供了可靠保障，也为后续项目的核岛设备机加工质量打下了坚实的基础。

（三）举措

总结起来，中广核工程公司加强质量管控和提升的具体举措有以下六个方面。

1. 加大对合作伙伴质量的帮扶力度

中国某重型装备制造厂是中广核工程公司的战略合作伙伴之一，承担着中广核多个项目关键设备的制造，但其自身质量管理水平无法完全满足核电质量保证的要求。在项目执行过程中，由于其质量问题，曾经严重影响项目进度。为帮助该厂提高质量管理水平，工程公司派出主任工程师，在其核电石化事业部质保部担任副部长，直接参与工厂的质量管理，源源不断地把中广核的核安全文化理念灌输给制造厂，帮助其梳理和规范管理流程，协助其建立满足核电要求的质保体系；同时，传授核电管理经验，最终提高其质量管理水平，保证核电产品的质量和进度。

2. 办学习班，效果“震撼”

工程公司加强对质量保证监督和监察的力度，凡是出现结论为“不合格”的，都一查到底，并组织该供应商公司高层领导及质量主管人员召开质量专题会。“以往召开此类的专题会，都是在供应商的厂子里，供应商有时难免会‘懈怠’和‘不在乎’。为了改变这种情况，我们把专题会改成‘学习班’，而且要求出现不合格项的供应商，其公司一把手和质量主管人员一起到工程公司来参加学习，效果震撼。基本上，凡是参加过一次学习班的供应商，都说‘一定要积极改正，再也不来参加学习班了，太受刺激了’！”实际上，这样的“高压”措施使供应商高层能够充分认识到公司质量管理体系中存在的问题，提高其对质量管理工作的重视。会上，工程公司会帮助其详细分析其项目管理、质量管理等存在的问题，提出后续纠正行动的要求和改进建议，解答对方提出的与项目、质量相关的疑难问题等。

3. 模式推广

工程公司在多项目的建设中，在设计、采购、设备制造、施工、调试等各环节都积累了宝贵的经验，也形成了有效的反馈。在实践中“二级QA，三级QC”模式被证明是一种有效的管理方法，公司已把这种模式作为良好实践在设备制造厂、施工承包商中大力推广。“通过前期的推广，制造厂管理层已经意识到质量保证独立性的必要性，明白了制造厂内设置两级质量保证可以更好地保证产品质量，并且越来越多的制造厂表示愿意采用这种管理模式。目前在工程公司的帮助下，部分制造厂已开始实施‘二级QA，三级QC’，并初见成效。”

4. 推动设备自主化过程中的技术研发和质量保证工作

中国核电的发展与自主化息息相关，大亚湾核电站的设备自主化率只有1%左右，岭澳核电站一期提高到30%左右，而岭澳二期第二台机组提高到70%左右。设备质量的稳定性在多项目多基地的形势下成为自主化过程中的核心问题。自主化过程“维稳”的首要问题就是设计、制造技术的自主化问题。中国各制造企业的技术研发长期以来就是短板，对引进的技术没完全吃透，对文件、图纸等不敢动、不敢改、不敢变，只能照搬照套，带来了不少的质量问题。而要保证设备的质量，必须要以技术为支撑。为此，工程公司积极探索推进自主化的技术创新模式，成立了中广核核电设备国产化联合研发中心，为各设备制造企业搭建了技术、经验共享的交流平台，通过技术融合、配套研发以及经验反馈体系的建设，形成了高效的核电设备国产化研发的“联合舰队”，目前自主创新成果硕果累累。

5. 预防性和服务性监造的实施

核安全文化是以预防为主的科学系统文化。设备监造是核电AE公司在制造厂的职能延伸，预防性和服务性监造概念的提出将监造工作的触角向上游延伸。“事先预防”、“事中监督”、“事后检查”的实施取得了良好效果。例如，在黑龙江某重型装备制造厂，厂方人员对工程公司的监造工作无不赞叹，不仅章法有序，而且为厂方能力的提升提供了极大帮助。由于监造人员交流与沟通的重视，整个东北片区的资源被带活了，厂方在生产安排上也自觉地向中广核的设备倾斜：“最开始的时候，我们对驻厂监造在态度上是有保留的，甚至一线的一些管理者和工作人员从心理上还有所抵触，但是现在，我们不但真心地欢迎，而且你们的监造人员要是休假不在，我们还会感到心里不踏实、底气不足。”是什么让厂方有了如此巨大的转变？2008年年初工程公司就在认真分析不同厂家和设备特点的基础上，有针对性地打造“不一样的监造团队”，监造人员有一个理念：我们是代表公司在这里关注、爱护我们的设备，同时，也是与厂家和一线的工作人员交朋友。厂家跟我们不是对立的，而是要共同进步的。在厂家的监造人员被要求做到三个“能够”：能够通过事先摸底，说出每台生产机器的性能特点，就可能出现的问题进行预防警报；能够通过事先了解，指出关键环节上的人员能力与人数匹配情况，就可能出现的生产人员搭配不合理的情况及时提出意见；能够通过事中监督，发现设备制造中的专业问题，为厂方的生产制造和一线管理提出合理的改进建议。

6. 核安全文化建设

传统意义上的核安全文化强调决策层、管理层、员工层三个层面的承诺，但工程公司是一个开放的体系，管控着五百多家设备供应商以及数以万计的现场施工人员，要确保他们也能践行核安全文化。“今天的工程质量就是明天的核安全”，安全承诺需要延伸到施工单位和供应商，让所有参加工程建设的单位及员工共同建设和发展核安全文化，这样才能真正保证安全质量。

二、事件处理与经验反馈

（一）现场管理

现场是设备和工人集中的地方，最容易发生质量安全事件。在现场管理上，工程公司形成了一系列行之有效的做法，有力地保证了工程质量和工业安全，其安全管理水平居国内前列，一些良好的实践如下：

- 网格化管理。根据技术特征和场地状况将现场划分为一系列网格，每个网格由专人负责安全质量管理。
- 质量安全检查。公司层每季度组织安全质量有效性评估和例行专项评估。在项目方面进行五星标杆检查，对承包商予以打分。两周一次进行专业检查，配合承包商的承包经理进行定时检查。
- 培训。承包商入场要进行培训和考试（有标准的培训教材和考试题库），在班组会前举行班前安全培训，灌输三条铁律、六项纪律。
- 管生产必须管安全。把安全管理融入到日常的作业当中。

- 质量安全终生责任制。借助公司信息管理平台实现终生追溯。
- 鼓励承包商报出事件事故。不把事件和事故作为考核的指标，对于瞒报事故的进行处罚。
- 安全质保部的监管和指导。能够对流动班底进行监管，对每个作业人员强调自管和他管相结合。
- 现场安全看板。简明扼要，直观有效。
- 优秀班组评比。对班组长实行注册管理，对班组基地的骨干进行一定的激励，固化班组管理。

（二）质量安全事件

在核电工程建设的设计、设备制造、安装、调试与试运行的各个阶段都有可能发生质量事件，且核电工程质量事件具有突发性、处理复杂性、后果严重性、公众高度敏感性、修复艰巨性、影响广泛性等特点。其中的典型例子是大亚湾核电站建设时期的漏筋事件。1987 年 9 月 14 日土建技术员顾海明在施工现场巡视时，意外发现一号反应堆筏基刚绑扎的第二层钢筋中 40 毫米粗的斜钢筋中增加了钢筋，而且间距与疏密很不均匀。疑窦顿生的他将第一层露出的钢筋头数了三遍，发现竟然只有 260 根钢筋，而图纸要求是 576 根！

事件被发现后，负责建设的合营公司面临着开工以来的第一次重大考验。一号反应堆筏基停工待检，全面调查不符合项的情况，并立即向国家核安全局和国务院核电办报告。在如何处理的问题上，施工方认为这是工程不符合项，采取补救措施经批准后即可继续施工。但合营公司认为，必须要严肃处理，首先停工整顿查明原因，虽然工期延误一天仅贷款利息损失就高达 100 万美元。10 月 5 日 EDF 设计部门提出了补救方案：在第二层底部按原设计要求补放 316 根 L 形斜钢筋，同时还加设 316 根直径 35 毫米的径向钢筋和 8 道直径 25 毫米的环向钢筋，组成钢筋网。钢筋总用量比原设计增加 10 吨左右，并造成工程停工 55 天的重大损失。

这次事件不仅仅是一次工程事件，更是一场重大的舆论危机。当时大亚湾核电站在经受了香港反核风波的洗礼后刚刚有所缓和，但仍处在风口浪尖的敏感时期，事件发生后香港媒体质疑声铺天盖地。合营公司决定在新闻通报方面采取主动、慎重、周密的方针，并正式建立公司对外发言人制度，组织香港工程界、科技界和新闻界人士80多人到大亚湾核电站工地参观，详细了解了漏筋事件的经过、原因以及处理方案，舆论才趋于平稳。

为了及时发现体系缺陷，减少和避免质量事件的发生，工程公司建立了一整套科学、规范的核电工程质量事件管理制度、方法与流程，如《质量事件判级准则》《质量事件管理流程》《质量事件调查方法》等。通过对质量事件的报告与统计分析，质量事件的调查、纠正措施与经验反馈，形成了质量事件的闭环管理制度，从而达到及时发现核电工程质量保证体系运行存在的缺陷、防止发生重大质量事件、持续改进质量保证体系的目的，提升了质量信息传递和质量问题解决的及时性。

在对待事件方面，公司从考核机制上鼓励“早发现隐患、早报告进展、查找根本原因、经验反馈”，一旦发生质量安全事件，首要的不是对人进行批评，而是积极组织查找具体原因，避免事件重发。在中广核，无论是工程公司还是运营公司，都推行着“人人都是一道屏障”的理念，鼓励质疑，发现隐患，对于常规和非常规的各种现象都要进行反思，从中产生质量改进的思路。

这种反思不仅仅局限于内部的质量安全事件，国际、国内相关领域发生的事件都会引发事件后的反思和行动。日本福岛核事故发生后，公司立刻成立项目组，进行核安全调查和研究，所做的最重要的事情就是针对如何在福岛事件之后防止类似事件发生的讨论。经讨论后，现已产生“11+3”方案，包括预防性的11项工作，还有3项长期分析工作，这需要联合国外同行共同进行技术的研发和改进。

（三）经验反馈管理

事件的处理不仅要解决事件本身，更重要的是确保事件不重复发生。工程公司以“建立一流的经验反馈体系”为目标，以“经验反馈做透”的工作理念，逐步形成了一套核电工程建设经验反馈体系。其中坚持以“透明”为原则，明确各层级职责，通过信息化手段提高事件报告的透明度和及时性；以“透析”为手段，规范重要、重大事件根本原因的分析方法，以透析事件的根本原因，制定严谨合理的纠正措施；以“透彻”为目标，形成重大、重要事件跨机组、跨项目的闭环反馈机制，推动经验反馈体系向承包商延伸。

同时，工程公司通过“三分改革”来确保体系建设的高效：一是与工作流程结合，形成公司、业务中心、项目团队三层经验反馈工作的组织体系；二是根据专业领域，以各业务中心为主体进行跨项目经验反馈，以项目团队为主体进行本项目内经验反馈；三是依据事件的重要性程度，形成重大、重要、一般事件的公司、业务中心、项目团队各级责任人的分级控制机制。

通过对原有经验反馈体系的改进完善，工程公司经验反馈体系将融入设计、采购、建安、调试和工程管理的各个环节，也将从公司内部延伸至相关分包院、制造商和承建商，并与政府、运营公司、业主公司、行业组织的经验反馈有效地衔接。

（四）质量安全标杆建设

为提高标准化管理水平，工程公司进行了各方面的质量安全标杆研究。2011年上半年工程公司、集团公司与挪威船级社合作，就核电工程建设中安全标杆的创建以及与国际标准对标进行了专项研究，最终出版了《核电工程安全标准化及国际标杆评价手册》（简称SWAM手册），该手册是用于衡量、改进和展示公司各项目核电建设的健康、安全、安保、环境等方面的工具，有效地帮助公司组织管理风险、推进持续改进，最终建立世界领先的HSE标杆项目。手册包括绩效标准化、现场标准化以及管理标准化三个部分，共包含17个要素、147个子要素、562个问题及最佳做法，介绍了标杆的评价方法、评价要素以及要素所涵盖的具体内容，对于项目建设过程具有良好的指导意义。2012年，工程公司主编了《核电工程安全标准化及国际标杆实施标准》，并配套出版了《实施标准图册》。

在内部安全标杆建设方面，工程公司在2010年阳江项目安全标杆建设的基础上，总结经验、固化成果，并逐步向红沿河、宁德、防城港项目推广，确定防城港项目为国际安全标杆试点。

质量标杆建设方面，工程公司制定了“两级四类”（即项目与班组两级，设计、采购、施工、调试四类）的标杆建设办法，建立了核电工程质量评估体系，从体系指标、过程指标、结果指标三个维度制定了项目标杆的评价办法。对于标杆班组，建立了质量优秀班组的评价标准，指导和推动各项目、各板块标杆班组的建设。质量标杆班组建设的核心是推动承包商上百个班组和施工分部一线班组创建质量标杆班组，增强执行力，提高公司的质量管理水平。

第五节 全面质量伙伴关系

通过工程公司在技术创新、项目管理和质量安全方面的实践，可以初步了解全面质量伙伴关系的特征、模式和体系。这是 TQM 基础上质量管理思想的一种新的发展，工程公司仍然在探索之中，其未来有着广阔的发展空间，值得进一步研究和推进。

一、TQP 的性质

（一）TQP 的特点

全面质量合作伙伴关系是企业与企业之间在质量安全管理方面达成的高层次合作关系，是在伙伴相互信任的基础上，为了实现共同目标而形成的共担风险、共享利益的长期合作关系。这种关系由明确或口头合约予以约定，各方共同确认，在各个层次配备相应的沟通机制，为共同目标制订改进计划，在相互信任、共享信息的前提下共同开发创造、协同发展，并对合作关系持续进行评价和改进。

TQP 并不是 TQM 的替代，而是在 TQM 基础上的“进阶”和补充，可以说是将 TQM 的概念扩大化了。除了 TQM 的内容之外，其特点包括以下三点：

1. 跨边界

企业边界或组织边界的存在阻碍了质量活动和质量循环的进行，TQP 的核心特征就是要跨越企业或组织边界，让任务相关的质量改进流畅地进行。所以，简单理解 TQP，可称其为“跨边界 TQM”。这里的边界不仅仅指企业间边界，还包括企业内边界。现实中经常见到的是企业内各部门之间由于利益、权力等各方面原因存在着很深的鸿沟，内部协作不易、沟通不畅，因此也呼吁内部跨部门边界的质量合作。在中广核工程公司，EPCS 业务中心之间原本也存在着相当程度的冲突，通过“三分改革”和运作协同化才逐步形成比较理想的分工协作格局。

2. 任务制或项目式

结成伙伴关系的基础是双方或多方需要一起完成特定任务或项目，生产的产品或提供的服务有赖于大家的共同努力。因此，TQP是有范围的，具体实现上往往采用任务制或项目式，在特定领域内进行TQM对接。虽然在长期合作关系中不一定时时都有任务或项目，但可以肯定的是，长期缺少共同业务将会导致伙伴关系名存实亡。在这种背景下，“全员参与”往往对应着“任务全员”或“项目全员”，而不是相关企业的所有员工。工程公司的“大团队”概念实际上就是强调参建单位与核电建设项目有关的所有人员。

3. 协同化

企业之间是有利益差异的，管理体制和企业文化也有所不同。这意味着双方是“合而不同”，结成伙伴关系并不意味着双方就要建立统一的制度和文化。因此，TQP强调的是协同，即在各自保留立场、原则和制度的基础上建立质量对接机制，在合作范围内实现TQM的无缝对接，其最终目的也从TQM的“追求卓越”推广到“协同卓越”。概念的提出只是第一步，还需要体系设计和实施工具，对此中广核工程公司的质量管理实践可以提供示例和启示。当然，TQM和TQP作为伴生体系在实践中并不能完全分开，而是在以下内容中交织在一起形成更为丰富的质量管理体系。

（二）TQP的基础

企业之间需要一定的基础和前提来建立这种关系，从工程公司的实践来看，企业之间要有共同目标，在此目标上双方或多方的利益是一致的。此外要共同面对挑战，即共担风险。

1. 共同目标

用计划时代工程人常说的一句话来形容：“我们来自五湖四海，为了同一个革命目标走到一起来。”要形成全面伙伴关系意味着合作方需要有共同的长远目标。在中广核案例中，工程公司和供应商、承包商之间有着共同的目标。短期共同目标是建设特定的核电站，长期共同目标是将各自企业发展成为核电业特定领域有力的竞争者。共同目标的达成会带来共同利益，只不过在市场经济环境中，利益需要在合作方之间进行分享，这就需要双方在伙伴关系中建立彼此都能接受的利益分享机制。

2. 共同风险

形成伙伴关系的第二种基础是面对同样的威胁和挑战，承担共同风险，用俗话来说是“一条线上的蚂蚱”。在工程公司实践中，核电产业具有“一损俱损”的特征，任何一个企业的任何一点失误都有可能导致核电事故，影响产业链上其他企业的生存，甚至影响到整个核电产业的兴衰。这就使得所有核电产业的成员，不管是合作伙伴还是竞争对手，客观上都不得不共同面对质量安全风险，从而形成全面质量伙伴关系。对其他行业的 TQP 来说，共同风险虽不如核电业大，但市场风高浪急、风险重重，共同风险依然是企业之间结伴取暖的充分理由。

（三）与 TQM 之间的关系

TQP 是在 TQM 基础上发展起来的，可以视为一种放大的 TQM 或者说跨边界 TQM，即将 TQM 扩展到包含多个企业，突破企业边界的限制。但两者仍有差异，企业内部通过命令执行的制度放到企业之间就不一定行得通了。

在伙伴关系中，尽管各方有着共同目标、承担共同风险，但依然是“合而不同”，各自有着不同的利益诉求、战略取向、文化风格和管理制度。进行质量管理的合作需要进行体系的协同而不是体系的统一。

在工程公司和设备供应商之间的合作中，工程公司的质量体系是在矩阵化组织结构下为工程项目而设置的。而一些大的企业集团，以装备制造为例，核电设备只是其业务中的一小块，因此其实行的是制造业特色的质量管理体系。这两种体系不可能完全统一。因此，双方在工作中需要进行质量管理上的协调，让两种体系在核电设备制造任务上协同化，发挥各自的长处，更优质地完成任务。

（四）与采购和合同管理的关系

工程公司采购管理的实践说明，伙伴关系不意味着质量要求的放松。恰恰相反，工程公司一直努力将核电业的高标准、严要求推行到主要从事传统行业设备制造的企业中去。这提示我们，TQP 的质量管理上也存在两级功能，即质量控制与质量改进。

工程公司通过采购和合同管理实现供应链的质量控制，同时对设备供应商实施预防性和服务性监造，对承包商和供应商实施“两级 QA，三级 QC”的跨边界质量保证系统，这些对过程的监控都已突破了 TQM 的限制，实现了跨边界的流程管理，可视为 TQP 的特征之一。在此基础上，TQP 形成了供应量质量改进与采购和合同管理的相辅相成。

（五）伙伴关系的性质

以上还可以看出 TQP 的另一个特点。在 TQP 合作方之间存在两种关系：一种是契约关系，通过采购合同来表现，对产品的质量规格工序要求予以严格界定，合同双方必须严格遵守；另一种是超契约关系，即基于信任、默契和长期合作而形成的不成文关系，当然，有时双方也签订成文的伙伴关系协议，但这种协议往往无法形成有约束力的条款，本质上只是超契约关系的一种书面表述。

超契约关系在中国这个“关系型社会”中尤为重要，在一些行业中小企业主之间常常并不签订规范的成文合同，在一些地方民间借贷中有时甚至连借条都不写。由此说来，西方发达国家契约型社会中 TQP 的意义比不上在中国的意义，这也许是国际上 TQM 体系没有侧重于向这一方面发展的原因。

在工程公司实践中有一点值得注意，公司进行无偿技术转让、质量帮扶等工作时合作对象主要是国有企业。而且，工程公司老一辈人很多都来自核军工相关单位，有着以中国核电为己任的责任感。这种背景对于 TQP 伙伴关系的形成和实施很有帮助。

（六）TQP 的层级

从工程公司的实践来看，伙伴关系是有层级的，正如大团队理念中对资源的分类。受其启发，我们将伙伴关系分为四个层级，组合成为金字塔式质量管理模式，也是 AE 战略落实的质量管理体系，如图 6.9 所示。

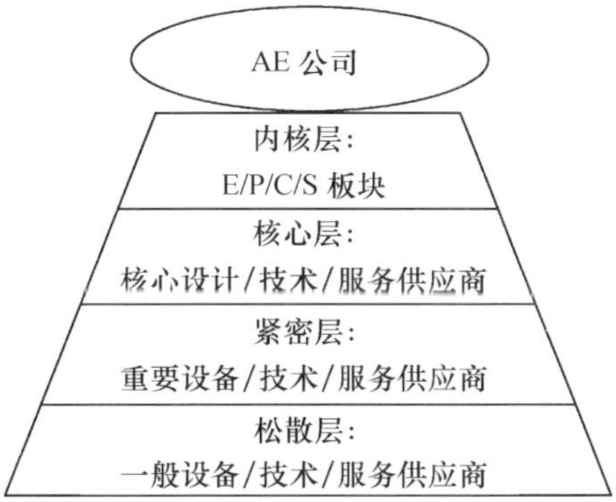

图 6.9　中广核全面质量伙伴关系层级图

根据对核电业务的贡献程度和重要性，将全面质量伙伴关系分为四个层级，每个层级质量伙伴关系的特点和处理方式可归纳为表 6.1。

表 6.1　全面质量伙伴层级

TQP 层级	意义	关系形式	实现方式
内核层	完成总承包必不可少的业务	一体化关系	企业内运作
核心层	提供对总承包业务最为关键的资源	产权关系/长期合作关系	联合研发、战略合作伙伴、技术转让指定用户、质量帮扶
紧密层	提供重要资源	长期合作关系	对优选伙伴签订长期协议、建立合作伙伴关系、质量控制
松散层	提供一般性资源	合同关系	市场化筛选、标准化要求、质量评价

在这些层级中，内核层完成必不可少的业务，必须在公司内由统一的 TQM 系统进行一体化运作管理。在中广核工程公司，就是 E/P/C/S 四大板块，它们彼此之间是平等的 TQP。可以说，全面质量伙伴关系并不局限于外部，内部也存在着伙伴关系。强调内部伙伴关系是因为，现代企业制度中企业边界本身是可以通过兼并、重组和购买来改变的，事实上设计在中广核集团是有独立公司的，只不过工程公司和设计公司进行了一体化运作，成为工程公司的一个核心业务板块。同时，企业内不同组织单元之间，由于业务性质上的差异，质量管理特点和体系有可能具有很大的不同，在工程公司设计和施工两者的质量管理体系就会差异极大，因此也适合用质量伙伴关系来描述。就这一点而言，TQP 为跨边界质量管理，这里的边界不仅仅指企业之间的边界，也包括内部业务板

块之间的隐性边界。内核层质量伙伴关系正表现了这一特点。

核心层伙伴则是指提供关键设备、技术或服务的供应商/承包商，这些往往是难以替代的合作伙伴。为了保证质量，工程公司采用了收购、战略持股等方式加强了和核心供应商之间的联系。在具体操作上，则采用结成技术联盟、推动技术转让、开展质量帮扶（预防性和服务性监造）等手段来推动质量体系的对接。

紧密层伙伴提供重要设备、技术或服务，典型合作方式是通过长期协议建立长期合作伙伴。这种伙伴在市场上一般有很多家，通过招投标等形式进行有限筛选，在质量合作上采用比核心层弱一些的形式，侧重于质量的严格管控。

松散层伙伴提供一般性设备、技术或服务，市场竞争比较充分。因此主要通过市场化方式进行筛选，通过标准化合同和采购管理来进行质量控制，通过质量评价体系来进行评判、控制和淘汰。

从内核层往下，逐步由平等型 TQP 转向强烈的主从型 TQP。这些层级的企业不是一成不变的，可以有升级和降级。例如，对于重要核心层伙伴，在适合的时候可以考虑将股权关系转化为一体化运作，正如设计公司被内化为工程公司的设计中心（原本都是中广核集团下的二级公司）。

事实上，AE 公司对产业的驱动力不仅表现在技术和质量上，也包括对伙伴层级的运作。市场经济条件下企业边界变革的主要驱动力量就是并购重组。AE 公司可以在不同伙伴层级之中选择合适的对象进行股权运作，将紧密层升级为核心层，将核心层升级为内核层，当然也可以进行逆向操作。

这样做的目的就是保持对产业的掌控力。AE 公司并不意味着什么都自己做，那是不可能的，即便是法国和韩国那些大业主的 AE 也不可能。因此在培育自己的内核能力时，还需要对各层级伙伴关系予以良好的管理，并通过资本手段予以调控。要成为国际一流核电 AE 就意味着要能够在全球对核电伙伴进行运营和调控。

二、TQP 的实施机制和手段

（一）TQP 的实施：协同机制的建设

参与生产从而决定最终产品质量的“全员”绝不仅仅是企业内部员工，更多的是由供应链企业员工来完成的。工程公司正是基于此形成了跨企业的“大团队”理念，追求“大团队协同，多目标共赢”。

1. 目标协同：安全是“核电产业链”的首要目标

“核电产业链”的各个环节，对核电的质量和安全有直接的贡献。产业链参与单位之间，更多的是合作。实现这种共同目标和紧密合作，需要：(1) 各参与单位高度认同“安全第一、质量第一”；(2) 各单位积极发挥各自的“长项”优势；(3) 各单位在合作中发展、在合作中共赢。

2. 质量协同：质量管理体系的协同

以工程公司为龙头带动我国核电产业链上设备供应商和承包商的质量体系建设和持续改进。具体表现为：

(1) 中广核工程公司从法国技术转让方处引进、消化、吸收了关于核电建设严格的产品和过程质量标准体系，通过供应或承包合同要求形式对合作方质量保证体系提出了高标准、严要求，促使合作伙伴提升质量管理水平；加强质量考核机制建设，以考核促进质量意识、质量管理与监督水平的提升；巩固“核电工程质量是核安全的基础”的理念。

(2)“两级 QA，三级 QC”的质量管理对接机制，通过 QA 和 QC 人员的直接互动实现质量跨边界管理的落实。

(3) 对于重点合作伙伴，为保证核安全与质量文化的有效传递，派遣专职质保和质量监造人员进驻合作伙伴制造现场，协助其构建符合核安全要求的质量管理体系，全过程参与设备生产制造过程，加强生产质量监控。通过多项目持续合作来提升合作伙伴的设备制造能力，减少设备的安全质量隐患，促进产业链相关企业的合作与共赢。

(4) 开展产业内跨企业的质量管理研讨活动，分享成功经验。

3. 技术协同：协同创新

从长远来看，技术是质量改进的根本动力。工程公司和伙伴方联合开发核电技术，开展协同创新，形成了开放性产业链协同创新模式，详见本书第五章。

4. 信息协同

质量持续改进是 TQM 的基本思想之一，TQP 的目的是实现跨边界的质量持续改进循环。工程公司在这方面做的工作包括：

(1) 预防性和服务性监造。将知识和经验输送到设备制造的一线。

(2) 经验反馈系统。打通企业间边界和企业内屏障，让质量缺陷和不足暴露给所有相关人员以寻找最优的解决方案，让质量信息和解决方案信息在企业间、项目间流动，推动整个体系的优化。

5. 文化协同

通过宣讲、培训和现场管理，将核电质量安全文化输送到一线。

（二）TQP 的实现手段

为了使 TQP 得到实现，工程公司采取了如下举措：

1. 标准化质量安全管理体系

标准化建设是全面质量伙伴关系的重要手段，中广核的标准化建设是以产品标准化为基础、技术标准化为手段，制定了一系列行之有效的管理标准。

(1) 参考引进机组，充分考虑先进、成熟、安全、经济、自主化、批量化的需求，推出中国改进型百万千瓦级压水堆核电机组（CPR1000），为中国核电的批量化建设奠定了基石。

(2) 根据分步改进的原则，确定了设计和法规标准转化、技术和生产工艺标准化、设计和管理标准化的改进过程，建设与我国工业基础和技术体系相适应的、符合我国法律法规要求的核电工程建设标准体系。

(3) 编写和修订了我国核电行业工程建设过程的大部分标准，在安全性要求、核电设备质量控制、国产化设备材料选择、工程经济等方面填补了国家标准的空白，对法国 RCC 和美国 ASME 工业标准与我国工业技术体系衔接方面开展了大量的研究和验证工作。

(4) 中广核将标准运用到工程建设中。按照“专业、规范、高效”的原则，固化生产流程，优化业务模式，制订一系列标准可行的项目管理程序和制度，建立统一完善的管理方法、工具和平台。在项目建设过程中，现场人员运用统一的方法、工具和平台，严格执行标准的程序、制度和流程，规范各项业务，促进集群式项目管理的标准化、规范化建设，稳步提升质量管理能力和水平。

(5) 树立质量安全标杆，建立质量管理的共同规则和标准化体系，明确评价标准，建立了全面质量伙伴的标杆与共同规则。典型的成果是《核电工程安全管理实施标准》《核电工程质量管理实施标准》《核电工程安全质量环境国际标杆建设标准及评价手册》。

2. 信息化协作平台

信息化是保证工程项目安全质量、提高建设效率的有效手段，信息化平台是全面质量伙伴关系的重要基础。中广核高度重视信息化建设，以“高起点、全范围、标准化、可持续”为原则，有计划、有步骤地开展信息化平台建设。正如第四章中所介绍的三维协同设计生产与控制平台，贯穿设计、采购、建安、调试“四大板块”，集安全、质量、进度、成本、技术、环境“六大控制”为一体的全范围、全方位、全周期的项目信息管理平台，以及“理论电站”的打造，都有效地促进了各合作伙伴之间的运作协同化。

3. 跨边界质量管控机制

质量管控机制是全面质量伙伴关系的重要实现手段。工程公司通过推进“两级 QA，三级 QC”质量管控网络向产业链上下游拓展与延伸，促进了全面质量伙伴关系的紧密结合，实现了共同分享、共同规则、共同创造、共同受益的有效连接。为了向业主和国家监管部门提供足够的工程质量置信度，中广核工程公司建立了多层次的质量验证体系。

（1）形成多层 QA、QC 屏障，确保工程“零缺陷”。在多项目多基地建设过程中，追求安全管理“零事故”和质量管理“零缺陷”，对各类缺陷和隐患采取“零宽容”管理。

（2）对企业内部伙伴全面展开质量管理协同，在设计领域，成立设计院技术质量室，强化设计质量管控；在设备制造领域，通过质保帮扶，积极推动“两级 QA，三级 QC”向主要设备制造商延伸，加强对设备制造质量的控制；在施工领域，进一步巩固和落实“两级 QA，三级 QC”的质量管控网络，使质量保证工作的传统优势得以保持；在调试领域，围绕“质量如何实现、质量如何检验、质量如何证明”进行梳理和优化，提高调试质量。

（3）对于企业外部合作伙伴，通过推动“两级 QA，三级 QC”质量管控向各个合作伙伴特别是设备制造商的深度延伸，帮助伙伴企业建立健全质量保证体系，实现质量保证体系的有效对接。

三、TQP 的意义

（一）TQP 下的产业模式

TQP 关系催生了一种新型的产业组织方式或质量管理模式，其质量控制和管理有别于一般针对单个企业的 TQM 模式，是一种网络化、跨企业组织的质量安全体系。TQP 成员有着共同目标、共同创造、共同规则、共同收益，TQP 成员间的技术、管理、理念等相互融合，形成共同愿景，企业与部门、企业与企业、企业与产业的质量管理边界由此模糊，形成了一种虚拟网络的质量共同体。其特征在于：

1. 虚拟组织

全面质量伙伴关系是产业链各个参与方通过做质量承诺或内在关联而形成的有着共同愿景的虚拟组织，兼顾各方利益，明确共同目标，建立协调和沟通机制，实现风险的合理分担和问题的妥善解决，追求产业链整体质量的协同卓越。TQP 参与方认为伙伴关系是达到自身质量目标的最佳选择，协同致力于实现共同愿景，利益相关者之间不是简单的、短期的合同关系，而是长期合作的伙伴关系。TQP 形成的基础是参与各方存在目标重叠，共同目标驱动各方协同共生。总而言之，TQP 是多个企业或企业部门之间就质量所形成的一种相互作用的共生网络，充分利用各方优势资源实现共同目标，追求共同愿景。

2. 柔性管理

全面质量伙伴关系是一个动态开放的柔性管理过程，在实践过程中通过反馈机制分析和总结，不断创新，及时进行合作目标、协议内容等方面的充实、修正，实现产业链的协同卓越。在复杂的大型系统工程中，全面质量伙伴关系有别于传统组织间相互独立的质量安全管理，其致力于将传统质量管理关系转变为一种追求共同目标、相互信任、彼此理解和共享组织资源和利益的产业协作关系。Ansoff（1965）提出，企业需要内部柔性和外部柔性来应对不可预测的偶然事件，其中内部柔性是指企业适应环境需求的管理能力，而外部柔性是企业主动影响外部环境、降低企业脆弱性的管理能力。TQP 是达成内外部柔性管理的一种手段。

3．共生网络

质量共生网络的资源配置方式是价格机制、供求机制和竞争机制自动调节与企业计划和行政安排的混合，共生网络成员之间的关系既非完全的市场交易关系，也非完全的企业内部交易关系，而是一种“隐契约”。共生网络内部有共同的目标、计划、利益和行为规则，共生网络成员相对独立，有相当大的剩余索取权；共生网络成员在资源上优势互补、相互依赖，具有内在的技术经济联系，既有合作关系，也存在竞争关系；共生网络是一个动态开放的系统，其目标随着市场需求的变化而不断变化，共生网络成员也不断更新。

（二）目标：协同卓越

全面质量伙伴关系的质量观基于全产业链层面，不仅要符合标准、让顾客满意、追求企业自身的“零缺陷”，更重要的是要形成产业链的全面合作伙伴关系，协同追求卓越质量。传统的符合性质量观以符合现行标准或规范作为衡量依据，符合标准就是合格产品，符合的程度反映了产业的质量水平；全面质量管理的“适用性”质量观强调顾客导向的重要性，质量即满足顾客需求的程度；六西格玛质量管理确定了全新的卓越质量理念，质量意味着没有缺陷，即“零缺陷”。但是，这些质量观的思想层面基本都停留在单个企业层面，而全面质量伙伴关系的质量观是基于全产业链层面，不仅要实现符合标准、顾客满意，还要追求企业自身的“零缺陷”，更重要的是，形成产业链或产业集群的全面质量伙伴关系，协同追求卓越质量。

第七章

人力资源：AE战略的保障

人力资源是中广核工程公司最宝贵的资源。在多项目多基地建设的背景下，中广核工程公司的人力资源管理如何为AE战略提供保障？如何形成合力以满足16台机组同时在建的人力资源需求？打造国际一流的核电AE公司，必须要拥有国际一流的人才，更需要国际一流水平的人力资源管理来提供保障。

第一节　战略人力资源管理：AE 战略的匹配

AE 战略的提出，给中广核工程公司的人力资源管理提出了更高要求，即人力资源管理不单要履行传统人事管理的基本职能，更要从 AE 战略出发，建立战略人力资源管理体系，从而保障 AE 战略的落地实施，促进经营业绩的提升，使人力资源成为公司核心竞争力的重要支撑。

一、战略人力资源管理理论背景

战略人力资源管理是指为实现组织战略目标而有计划地部署和实施人力资源管理活动的一种方式，强调的是为企业战略服务的人力资源管理体系，而不是某项单一的人力资源管理实践。其理论基础主要是以资源为基础的核心竞争能力理论。该理论认为，如果人力资源能够为企业的产出增加价值，能够保持企业所需的稀缺技能，能够持有不能被轻易模仿的人力资本，能够不因技术进步所替代，人力资源就能够为企业提供持久的竞争优势。与传统的人事管理以及人力资源管理不同，战略人力资源对于企业战略而言具有至关重要的作用：一是协助企业形成战略，二是采取各种措施帮助企业执行战略。

战略人力资源管理要求履行以下六大角色：战略合作伙伴、战略制定参与者、问题发现者和解决者、内部咨询者、监督者和调节者。其中，战略合作伙伴指的是人力资源管理者将自己看作实现企业战略的重要一份子，其工作重点在于识别和满足整个企业层面的需求，而不仅仅是员工个人层面的需求；对业务需求和企业挑战有着深入的了解，在能够直接影响公司业务需求的战略性项目上提供支持，在企业的战略制定过程中发挥作用；通过整合与实施公司人力资源战略，为实现业务规划提供支持。

二、人力资源管理的发展历程

中广核工程公司的人力资源管理经历了三个不同的发展阶段。公司成立之初，更多的是传统人事管理工作。随着AE战略的提出，公司开始实施组织变革，从人力资源视角参与并推进公司“三分改革”等一系列管理活动，进而基本实现人力资源管理的转型。为进一步满足公司战略发展的要求，充分发挥人力资源管理在企业战略实施中的作用，中广核工程公司提出了更加明确的发展目标，即以项目建设为依托，以市场化为导向，以战略合作伙伴为定位，全面提升人力资源管理能力，2012年建立和完善战略人力资源管理体系；2015年向人力资本管理转变，着力打造具有市场化意识和国际视野的关键人才队伍，实现人力资本价值全面增值，使人力资源成为最具价值的核心竞争力。

中广核工程公司人力资源的发展历程，既是战略发展的内在要求，也是组织变革的必然结果。这主要体现在三个方面：

第一，AE战略的提出要求人力资源管理活动积极发挥战略合作伙伴、战略制定和参与者的作用。人力资源管理只有站在战略的高度来统筹规划各项职能，才能推动AE战略的顺利实施。因此，中广核工程公司人力资源部门需要建立核心竞争优势，落实战略人力资源，发挥人力资源在“组织建设、文化创建、政策引导、流程优化、人员激励”等方面的作用，支撑AE战略的顺利推进。

第二，中广核工程公司业务规模的逐渐扩大推动了战略人力资源管理的转变。从1个项目、2台机组在建到7个项目、16台机组同时在建，必然要求增加人员数量，提升人员素质。结合工程波峰波谷的进度要求，进行资源的有效调配，成为多项目多基地建设的需要。基于此，中广核工程公司希望人力资源管理能够在多项目建设中有效地配置人力资源并提升劳动力素质，在项目建设过程中实现“问题发现者和解决者、内部咨询者、监督者和调节者”的角色职能。

第三，“三分改革”促进了中广核工程公司人力资源管理水平的提升。“三分改革”的策划和推进落实，迫切需要人力资源管理发挥重要作用。为了推进各项变革，中广核工程公司赋予人力资源部“变革推动者”的职责，要求其在推进各项变革的过程中，发挥人力资源管理的各项职能，强有力地推动公司变革的实施，实现变革效用的最大化。

三、战略人力资源管理的实现途径

为实现向战略人力资源管理的转型，中广核工程公司人力资源部进行了有益且成功的尝试。

第一，积极参与公司重大项目的决策。人力资源部负责人能够参与到公司重大管理活动的讨论和决策，了解高层管理者的战略性工作和思路，加深人力资源部对公司整体业务的理解和认知，及时发现人力资源部能够为战略制定和实施提供支持的机会，积极发挥其谋划职能。

第二，抓住战略性合作机会，迅速行动，努力树立部门声誉。一旦公司高层决定进行重大变革或者转变经营思路，人力资源部就会立刻行动起来，确认组织的目标以及希望达到的预期效果，制定与组织战略相匹配的政策和机制。通过不断对公司战略的实施做出贡献，人力资源部在公司内部的声誉逐渐提升。

第三，善于进行战略性思考和行动，积极向管理层反馈公司经营运作的问题，并提出解决问题的方案，这也是中广核工程公司战略人力资源部发挥参谋作用的重要途径。

第二节　三支柱改革：AE 战略下的人力资源管理体系

三支柱模式最早由美国密歇根大学罗斯商学院戴维·尤里奇提出，20 世纪 80 年代初期，美国福特公司第一次应用三支柱模式，随后 IBM、惠普、飞利浦、宝洁、壳牌等世界 500 强公司也纷纷采用。

为更好地落实战略人力资源管理，保障 AE 战略的实施，中广核工程公司按三类客户划分实施了人力资源管理体系的改革，以此强化人力资源的角色定位，兼顾“业务导向性”和“公司一致性”，明确角色的清晰度。在实施三支柱改革前，公司各级人力资源主管（HR）的定位、职责与其所服务的客户要求不匹配；直线经理尚未真正参与到人力资源管理中来，公司的人力资源管理未能形成有机整体，这阻碍了人力资源管理整体价值创造能力的提高，不能有效地支撑公司的战略发展需要；战略性和事务性工作混合，HR 花费过多的时间处理人事行政事务，却无暇顾及对战略性业务的支持，HR 的价值未能得到真正发挥；HR 关键流程过于集中于 HR 部门，各业务部门相关人员没能充分发挥作用。随着多项目多基地建设的逐步深入，中广核工程公司日益认识到必须实施人力资源管理转型，积极调动人力资源管理团队、人力资源从业人员以及直线经理的能动性，建立和完善整个公司的人力资源管理体系。综合考虑公司人力资源管理的组织运作、流程现状以及管理能力后，中广核工程公司提出实施人力资源管理三支柱改革。

为实现人力资源三支柱改革，工程公司对人力资源管理体系进行了适应性调整，采取了包括人力资源部的组织机构调整、业务流程优化和从业人员能力提升等在内的措施。

第一，调整中广核工程公司人力资源部组织架构。公司人力资源部围绕所服务的客户设置组织架构，以替代原来的职能模块架构。调整后，中广核工程公司人力资源部设置工程培训中心、人力资源业务支持处、人力资源开发处以及员工服务处，如图 7.1 所示，由此实现人力资源三支柱的角色分工，从而更好地实施战略人力资源管理的职能。其中，人力资源业务支持处（Business Partner，BP）承担业务伙伴的角色，是人力资源管理专业领域与业务需求的有效整合者，作为业务主管的战略伙伴，理解业务战略需求，并从业务战略出发，进行现状诊断和问题识别，协同公司的人力资源，将业务战略需求转化为人力资源管理解决方案；人力资源开发处（Centre of Excellence or Center of Expertise，COE）扮演领域专家的角色，基于对业务的清晰理解和先进实践，主动设计战略性人力资源制度、流程和政策并对其进行管控，对组织架构和人员能力持续优化和提升，实现人力资本的价值增值，支撑公司 AE 战略的发展。此外，中广核工程公司设立员工服务处（Shared Service Centre，SSC），扮演标准服务提供者的角色；员工服务处将事务类业务集中，通过规范化、信息化、集约化，实施人力资源管理举措，为员工提供更便捷、更高效的人力资源服务。图 7.2 展示了中广核工程公司人力资源的三支柱模型。基于三支柱模型的人力资源角色划分，中广核工程公司人力资源管理更加符合战略人力资源管理的要求，从而推动了 AE 战略的落地实施。

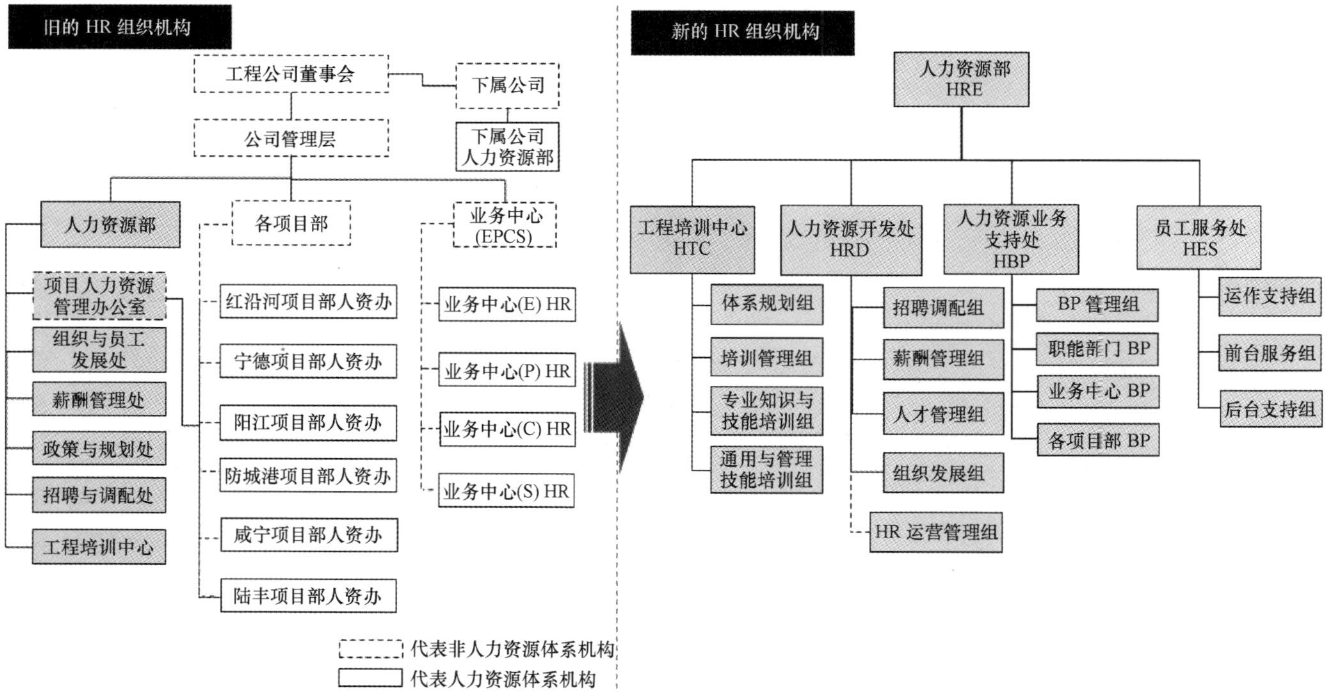

图7.1 中广核工程公司人力资源三支柱改革前后的组织结构图

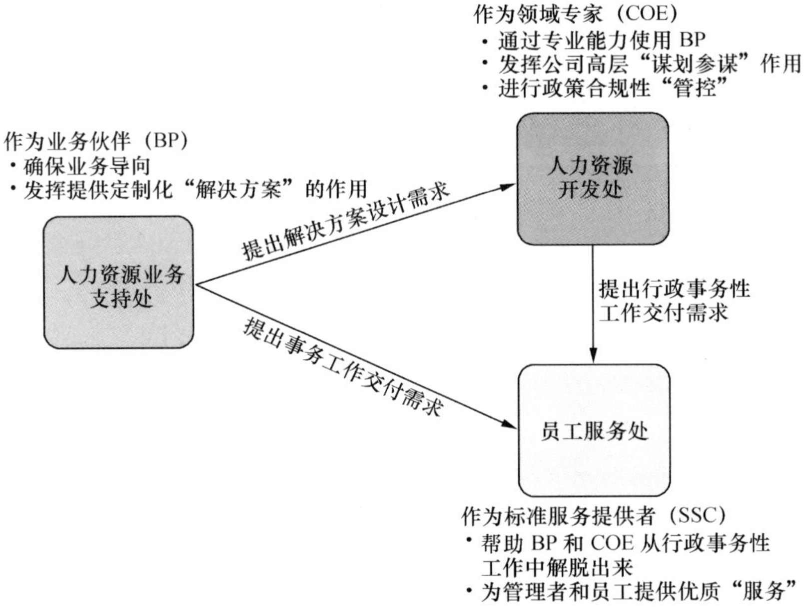

图 7.2　中广核工程公司人力资源管理的三支柱模型

第二，在组织机构调整的基础上，对人力资源管理的业务流程进行了梳理和优化。在理清 HR 定位、架构的基础上，将流程分为事务性流程和价值增值流程两大类，对人力资源管理流程进行再造。

第三，适应人力资源管理体系的转型，采取相应措施来提升人力资源从业人员的能力。包括制定岗位培训大纲、开发培训课程等。

通过三支柱改革，中广核工程公司在“谋划”、“管控”和“服务”的基础上，构建了人力资源管理体系，成功实现向战略人力资源管理的转型，并将“项目导向”、“市场导向”和“员工参与”等理念引入人力资源管理的实践中，极大地提升了人力资源管理能力和水平，促进了组织绩效的整体提升，保障了 AE 战略的实现。

第三节　人力资源管理实践：保障 AE 战略的措施

在向战略人力资源管理转型的过程中，中广核工程公司探索并实施了一系列的人力资源管理实践，为 AE 战略的实施提供了坚实有力的人力资源保障。

一、人力资源规划：承接 AE 战略的焦点

中广核工程公司的人力资源规划是基于核电工程建设的人力资源需求来制定的，工程公司在人力资源规划过程中建立了标准项目的人力资源配置模型，并结合国家颁布的核电工程建设计划来制定未来 3—5 年的人力资源需求。相对准确的人力资源规划为保障公司多项目多基地建设提供了人力资源配置的基础依据，如图 7.3 所示。

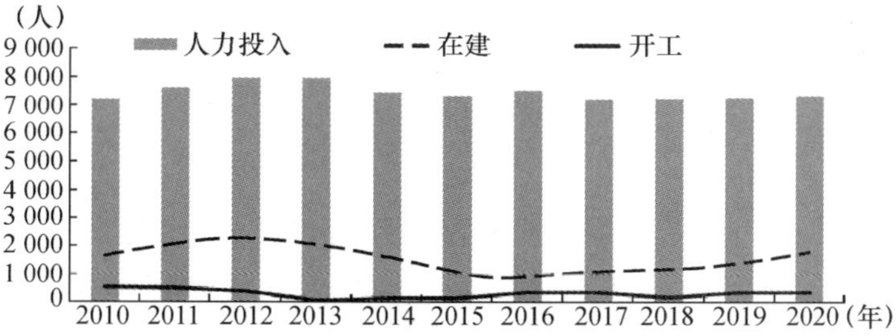

图 7.3　中广核工程公司人力资源规划图

公司进行的人力资源规划主要包含三方面的内容：

第一，人力资源战略和目标。这是最高层次的人力资源规划。在进行战略和目标规划时，中广核工程公司通过对自身发展战略和人力资源内外部环境的分析，明确人才队伍建设及人力资源管理的战略、发展方向和目标。中广核工程公司决定实行 AE 战略，这就要求公司的人力资源管理能够适应多项目多基

地核电工程建设的要求。基于此，公司在进行人力资源规划时，制定了人力资源规划的总体战略和核心目标，着重从承包商的角度及工程建设的特点出发，通过建立相应的机制来吸引人才、配置人才、激励人才和发展人才。

第二，人力资源队伍建设规划。在人力资源战略和目标的指引下，公司从数量和结构（包括年龄、专业、学业、学历、素质等）上对规划期限内公司人力资源需求、内外部供给能力进行分析和预测，提出平衡需求和供给策略以及人才队伍建设举措，同时着力培养符合 AE 战略的核心关键人才队伍，确保中广核工程公司的长远可持续发展。

第三，人力资源管理业务规划。这方面的规划主要是判断当前人力资源管理所处的发展阶段，根据不同发展阶段的要求，明确在规划期限内人力资源管理的发展方向。

二、多渠道人才选拔：保证 AE 战略所需的人才

为满足多项目多基地建设对人力资源的需求，中广核工程公司根据 AE 战略，基于人力资源规划，以及对核电行业人力资源市场供给环境及渠道的分析，制订了多渠道的人才选拔方案。通过多种渠道选拔合适人才，确保人才的科学、合理输入，使人员的数量和质量能够更符合 AE 战略的实施要求。图 7.4 展示了中广核工程公司多渠道的人才选拔策略。

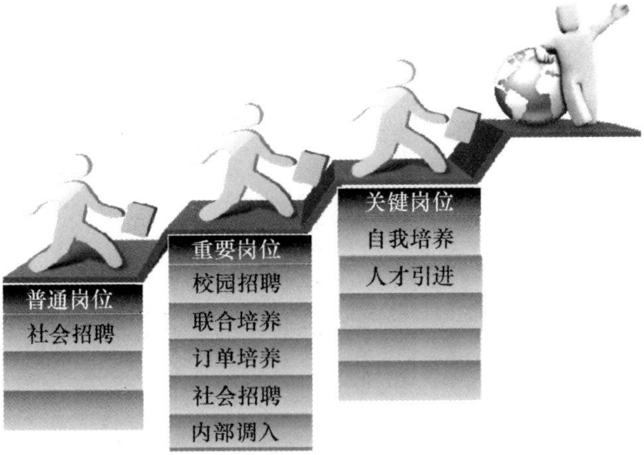

图 7.4　中广核工程公司的多渠道人才选拔

中广核工程公司有的放矢，针对“三类岗位”的不同特点采用不同的人才选拔方式。

关键岗位对公司的战略目标实现及核心能力建设十分重要，考虑到外部市场竞争激烈、供给匮乏以及公司关键岗人才缺口仍然存在的现状，公司采取关键岗位人才以自我培养为主的供给策略，一方面通过加快关键岗位人才的培养速度，不断提升现有人力资源的质量来满足关键岗位的人才需求，另一方面则不断优化关键岗位的人才引进政策，加大关键岗位的人才引进力度来填补关键岗位空缺。

作为公司发展中坚力量的重要岗位人才，中广核工程公司采取以校园招聘、“订单 + 联合培养”为主、社会招聘和集团内部人员调入为辅的人才配置策略。其中，校园招聘的成效十分显著。由于中广核工程公司具有良好的雇主品牌，每年都能顺利地从高校招聘到大量优秀的应届毕业生。“订单 + 联合培养”也是中广核工程公司引进重要岗位人才的主要方式之一，其主要是指学校根据中广核的标准和岗位要求，共同确立培养目标，制订并实施教学计划，有针对性地培养核电人才，学校按订单培养“预录”学生，用人单位保证录用“预录”的合格学生。

作为公司发展后备力量的普通岗位人才，中广核工程公司主要采用社会招聘来补充。普通岗位在公司经营、管理、技术和生产等活动中承担着辅助性和支持性工作，通过外部市场人才供给，实现普通岗人员的合理引进。

在人才引进过程中，中广核工程公司采取“关键岗位保持高度竞争力，重要岗位稍微领先市场，普通岗位跟随市场”的竞争策略。

三、人力资源动态配置：提升 AE 战略人才的效用

AE 战略对人力资源的动态合理配置提出了更高的要求。在确保多项目工程建设所需的人力资源管理实践活动中，中广核工程公司面临着如何对有限的人力资源进行高效配置，以化解项目建设对人力资源的刚性需求与资源不足的矛盾。为解决这一矛盾，中广核工程公司充分发挥矩阵式运作的优势，建立了有效的人力资源动态配置机制，主要包括：

第一，基于标准的组织架构和参考配置进行调配。人力资源部与各业务中

心、职能部门一起制定调配的流程和规则，并制定不同技术路线下项目的标准组织机构和参考岗位设置，作为各板块人员配置的基础和依据。

第二，明确配置的责任主体。由业务中心、职能部门负责对本板块人员进行统筹规划、有效控制，根据公司人力资源规划、招聘政策，主动谋划和考虑多项目人力资源的引进、培养和配置；基于项目的参考岗位设置来统筹本板块人员在多项目间的动态配置，并根据项目和工作实际需要考虑不同的用工方式，合理搭配公司员工和辅助类员工，有效地控制人力成本，进一步提高公司人力资源的使用效率。

第三，对人力资源进行适时调配。在岗位存续时间内，由业务中心、相关职能部门经理与项目总经理调配；岗位时间结束后，由业务中心、相关职能部门负责离岗人员的动态调配，让稀缺资源有序地流动起来。

四、劳动者素质提升：提升 AE 战略人才的产出

中广核工程公司作为我国第一家专业化的核电工程建设与管理公司，一直致力于通过多种人员培训方式、人才培养模式提高劳动者素质，公司认为劳动者素质提升是“企业转变发展方式，实现战略目标”的关键举措。

在 AE 战略的指引下，中广核工程公司对员工的安全意识培养、综合素质提升等尤为关注，积极采取多种劳动者素质提升策略，旨在培养“国际一流核电 AE 公司”所需要的人才队伍。经过多年实践，中广核工程公司培养了大量高素质核电工程人才，提升了公司内部和外部劳动者的素质，在满足中广核同步推进 16 台核电机组建设的同时，为我国核电产业人才库提供了新鲜血液，也为核电工程的安全与质量筑起一道“人的防线”。

中广核工程公司认识到，要实现 AE 战略，光靠自己的劳动者队伍是难以实现的，还必须依靠由核电产业链上下游的各个合作伙伴组建的核电工程建设的“大团队”的通力配合。因此，中广核工程公司不仅注重内部劳动者素质的提升，对于产业链上下游合作伙伴的劳动者，尤其是现场承包商的工人队伍，也强调从打造产业工人的角度采取各种措施来帮助他们提升员工素质，确保核电站建设相关产业链上的劳动者都能满足核电工程建设的“核安全”要求，为打造“国际一流核电 AE 公司”提供更好的服务。

如图 7.5 所示，劳动者素质提升针对的内部劳动者主要包括新入职员工、新聘任管理者、在职管理者、后备人员以及在职技术岗位员工等，他们承担着实现中广核工程公司 AE 战略、传承企业文化、代表企业形象、提升企业核心竞争力的责任，是中广核工程公司劳动者素质提升的重点。

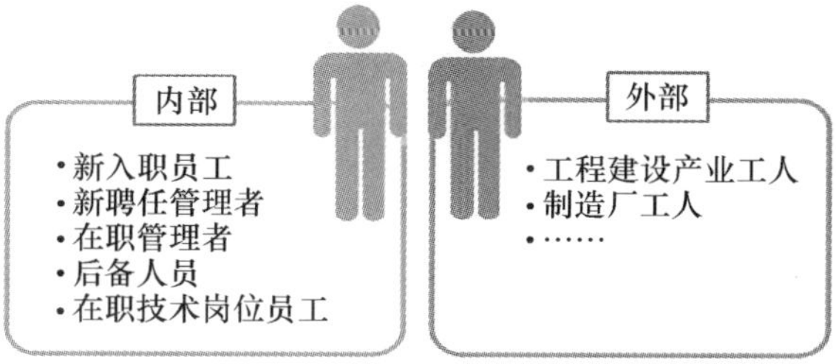

图 7.5　中广核工程公司劳动者素质提升的对象

劳动者素质提升的外部劳动者主要包括工程建设的产业工人、制造厂的工人等，他们是核电工程建设“大团队”的重要组成部分，承担着设备制造、施工等任务。

为打造国际一流的核电 AE 公司员工队伍以及国际一流核电产业工人队伍，中广核工程公司采取了各种举措，如图 7.6 所示，包括针对内部劳动者的安全技能培训、白鹭计划、师徒制和国际化人才培养，以及针对外部劳动者的产业工人培训等，这些举措的齐头并进为 AE 战略的实施提供了高素质的人才保障，也提升了员工的个人能力，实现了企业与员工的共同发展。

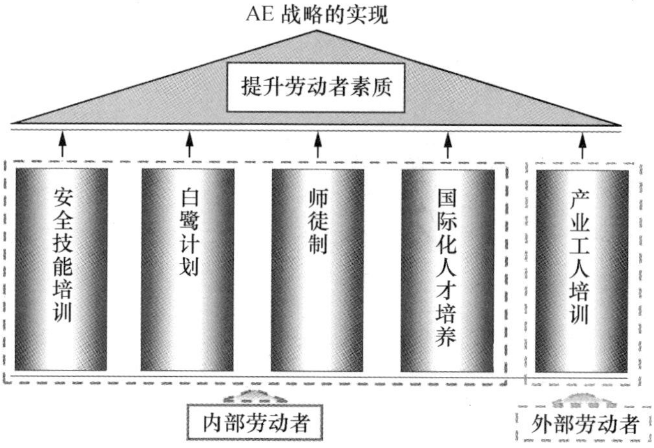

图 7.6　中广核工程公司的劳动者素质提升

通过劳动者素质提升计划，中广核工程公司实现了公司的长远发展目标与员工个人发展诉求的一致，形成了企业利益共同体，增强了企业凝聚力。一方面，人才在中广核工程公司得到了切实的尊重；另一方面，公司也通过对人才的管理，实现了价值财富的创造，最终促进了AE战略的实现。

五、全员绩效行动：量化AE战略的产出

中广核工程公司的绩效管理采用了全过程的绩效管理实践——全员绩效行动方案，在绩效管理过程中，公司尤其注重定量化、电子化、网络化和过程监控。整体而言，重点战略任务和经营管理目标自上而下逐级分解，责任纵向到人，提升战略执行力；绩效目标自下而上逐级承诺，从“要我干”到“我要干”，激发员工积极性和创造性；个人绩效与组织绩效关联，形成“心往一处想、劲往一处使”的绩效导向。

在员工个人绩效方面，中广核工程公司通过有效地制订绩效计划，把组织目标转化为员工的行动，并进行全过程的沟通、辅导、监控及考核评估，最终达到预期绩效结果。这一完整过程包括绩效计划的制订、绩效沟通与辅导、绩效评估与反馈、评估结果运用等四个阶段。

在绩效计划制订阶段，公司选择对经营管理贡献大、与战略关联度高的工作任务分配给员工，绩效目标必须突出关键业绩。绩效目标的制定要符合SMART原则，即目标要具体、可评估、可实现、与公司战略目标或岗位职责范围相关联、有时限性。在确定员工的绩效目标后，考核人根据被考核人的绩效目标，为被考核人制订个人发展计划。员工绩效计划制订必须由考核人和被考核人双方充分沟通，达成一致。

在绩效沟通与辅导阶段，公司要求考核人和被考核人进行持续沟通，考核人要及时、全面、具体地向被考核人反馈其需要保持的优势以及需要改进的不足，在跟踪绩效计划执行情况的同时，分析绩效计划执行中的困难、问题和需给予的支持。在年度绩效计划执行周期内，考核人与被考核人每季度至少进行一次正式的绩效沟通与面谈。

在绩效评估与反馈阶段，考核人应以被考核人年度绩效评估得分为主，结合能力评价得分、其他工作（未纳入考核的）完成情况以及单位内其他员工的

绩效评估得分，同时根据本单位强制比例分布要求，确定员工的年度绩效结果。考核人与被考核人需要就绩效评分进行充分沟通。如果被考核人对评估过程或绩效结果存在异议，可在绩效结果发布后进行申诉。

在绩效结果应用阶段，中广核工程公司根据年度绩效结果决定年终绩效奖金分配、年度绩效调薪、岗位调整、培训发展、任期考核等。对于考核结果为“不胜任（D）”的员工，根据被考核员工的实际情况进行调岗或安排培训，下一年度绩效考核结果仍为“不胜任（D）”的员工，将与其解除劳动合同。同时，中广核工程公司根据员工本年度的绩效结果动态调整下一年度员工的绩效计划。

中广核工程公司绩效管理的四个过程环环相扣，形成了一个完整的绩效管理全过程。

六、薪酬与福利：激励 AE 战略的实施

AE 战略的提出推动了中广核工程公司人力资源管理理念的转变。新型的人力资源开始把人力看做一种资本和资源，在对薪酬福利问题的认识上，中广核工程公司不再简单地把薪酬福利看作劳动用工所应当支付的报酬，而是把薪酬福利看作劳动者基于个人自由意志而向企业出售劳力和智力所应当获取的回报，看作吸纳人才、调动员工积极性的重要手段。

中广核工程公司的薪酬体系紧密围绕 AE 战略，遵循“责能定薪、按绩取酬、能绩调薪、岗变薪变”的原则，在确保内部公平和外部竞争的前提下，充分发挥薪酬的激励和引导作用，为企业的生存和发展起到制度保障的作用。

公司的薪酬福利体系分为薪酬管理、福利管理、人工成本与工资额管理以及薪酬日常激励四个部分。通过人力资源政策制度的优化，特别是薪酬激励制度的市场化，建立以价值创造为核心的激励模式，推进人力资源战略管理的市场化。该体系不仅从根本上保障了员工的基本权利，同时也形成了对员工的有效激励。

为深入推进“三分改革”，中广核工程公司充分发挥薪酬调整的正向激励作用，建立以价值创造为导向的、逐步与市场接轨的人力资源管理机制，深化绩效考核结果应用，充分调动用人部门在业务发展、队伍建设、资源保障等方面的积极性，引导各部门形成“自我发展、自我约束”的良性机制，为中广核工程公司 AE 战略的实现提供了坚实的人力资源保障。

第八章

领导力：AE战略的灵魂

创新发展始于领导力，攻坚克难源于领导力。领导力是领导者综合素质和能力的体现，是战略性地提出组织发展目标的能力，是激励他人为组织做出贡献的能力，是推动组织不断取得成功的能力。在面临发展困境的时候，中广核工程公司如何把握大局、提出AE发展的战略抉择？如何引领和激励7000名员工沿着AE战略的道路迈进？中广核工程公司领导团队彰显出的领导力是AE战略的灵魂。

第一节 战略眼光：国际一流的核电 AE 公司

在中广核工程公司，处处都有AE的影子。公司总部大楼取名为“AE楼”，管理干部足球队叫“AE先锋足球队”，公司企业文化宣传手册命名为《AE先锋》，员工们工作中说着“AE一点”的流行语，舞台上原创小品《小炒AE》喝彩连连……而几年前，中广核工程公司提出打造“国际一流的核电AE公司”目标之初，很多员工说不出AE的含义。中广核工程公司通过多种方式，将公司战略“植入”工作点滴，潜移默化“融入”生活，如今“AE”已成为中广核工程公司全体员工共同的名字和信念。

道路决定命运。战略乃事关企业生死、命运兴衰的发展道路，中广核工程公司是如何走上AE之路的？

2005年5月18日，在集团专业化、加快自主设计能力培养的战略决策下，中广核设计公司在工程公司孕育成立。此时，中广核工程公司对AE战略尚处在摸索阶段。同年9月，在中广核集团的领导下，成立一年多的中广核工程公司完成了《AE发展战略和实施策略研究报告》。今天看来，这份研究报告较为粗略，但其中的主要内容成为公司发展战略、目标以及管理体系构建的重要参考。

2007年，中广核工程公司和设计公司各自处于独立运作的阶段，随着岭澳二期、辽宁红沿河、福建宁德等核电站工程建设和前期准备工作的开展，工程公司和设计公司的观念激烈碰撞，出现了“谁是龙头”的争论：设计公司认为设计要承担终身责任，设计公司负责工程设计等技术含量高的工作，应该是龙头；而工程公司则认为设计公司应当是“工程的设计院”，设计要服务于工程建设。

这种争论在2008年年初有了初步结果。2008年1月，在中广核集团公司的决策下，两公司实施一体化运作，设计公司明确为“AE公司的设计院”，由此结束了“龙头之争”。两公司一体化运作，标志着 AE 公司登上了中广核发展的历史舞台。

2008 年 7 月 31 日，中广核集团领导在工程公司/设计公司干部大会上提出了“打造国际一流的核电 AE 公司”的战略目标，刚刚上任中广核工程公司总经理的束国刚，成为实现这一战略目标的掌舵人。同年 10 月，一体化运作的中广核工程公司/设计公司从原有单一的部门发展到包括项目团队、业务中心、职能部门的三类部门。与此同时，“三大转变”、“三分改革”、“打造国际一流的核电 AE 公司”这些名词在各大会议与文件里，在内部新闻报道和专刊中频频出现，成为公司年度热词。

当中广核工程公司提出“打造国际一流核电 AE 公司”战略目标时，听起来是近乎“狂妄”的。当时的中广核工程公司内忧不断，组织内部的“三大矛盾”严重制约着公司的未来发展，不用说 AE 公司，就连建成国内一流的核电工程公司，也没有十足的把握。步步为营、稳扎稳打似乎是当时更为“英明和稳妥”的做法。面对组织的发展要求，公司其实有很多选择，作为国有企业的中广核工程公司，本可以选择稳健的发展，而不用大费周折地“瞎折腾”。在面临本可以更“轻松”的道路选择时，中广核工程人执著地选择了一条富有挑战的道路。

“战略其实是选取一种路径，或者说，战略是要选择一条与别人不完全一样的路径，我们选择的路径便是 AE 的道路。”束国刚说。“打造国际一流的核电 AE 公司”，从之前的核电工程总承包公司，到全面掌握核电建造技术、以设计为主导、实现系统集成，并为客户提供核电建造全寿期专项技术服务的 AE 公司，这一步跨得很大，而也正是 AE 战略，带动公司进行了一系列大刀阔斧的改革。

回顾中广核工程公司“三分改革”，有着起、承、转、合的清晰脉络。首先是将原有单一部门划分为项目团队、业务中心、职能部门三类，明确各类组织在公司发展中的定位，这是公司改革的前奏。“三大转变”为“三分改革”奠定了转变的思想基础：从单项目单基地到多项目多基地的转变，实质是生产关系怎样调整以适应生产力发展的问题，强调中广核工程公司运作要分层，前后台要有机衔接，实现内部资源的优化；从业主到承包商的转变，强调公司应加强自身能力建设，满足市场竞争的要求；从单电站建设到批量化建设的转变，强调要加强谋划、统筹协调，在批量化建设过程中形成的整体资源在各项目间实现有效的配置。“分层运作”、“分权经营”推动公司建立了“项目式、矩阵型”的高效项目组织，实现了优质资源的有序流动和合理配置；“分灶吃饭”是“三分改革”的机制保障，有效协调了公司整体利益与部门、员工局部利益的关系，促进了公司与员工的共同发展。

在确定 AE 战略发展方向之后，中广核工程公司瞄准的是建设国际一流核电 AE 公司，但国际一流的核电 AE 公司究竟是什么？

核电 AE 最早出现在 20 世纪六七十年代的美国，为美国批量化建设核电站起到了很大的作用，随后法国、韩国和日本都引入了 AE 模式，每个国家根据本国核电产业的不同而形成了各自的特点，各国核电 AE 公司的业务范围及能力也存在着较大差异。

从 2009 年开始，到 2010 年、2011 年，中广核工程公司在其“十二五”规划的编制与修订过程中，对公司的发展定位进行了探讨，并将国际知名的核电公司 AREVA、Bechtel 和 EDF 作为 AE 公司的对标对象。经过多轮讨论和多年的实践探索，公司在“十二五”战略规划中提出，中广核工程公司作为 AE 公司的定位是 Bechtel（AE 能力而非其结构）和 AREVA（核岛技术能力而非设备制造领域）的一个结合，即 AREVA 式的主设备设计加 Bechtel 式的工程设计、建造与管理。

中广核工程公司之所以选择 AE 的发展道路，一方面是基于国内核电产业的发展现状，适应国内核电工程建设多项目多基地发展的实际需要；另一方面，这也是中广核工程公司国际化优秀基因的体现，公司在发展的初期就将目标定位于国际一流企业，志存高远。在总结和分析国外核电规模化发展的客观规律的基础上，结合国内核电产业发展和自身能力建设的需要，中广核工程公司找到了一条可持续发展的道路。

中广核工程公司选择走 AE 发展之路，不仅仅是顺应时代的发展要求，是时代的呼唤，也是中广核集团以及工程公司领导班子战略眼光和领导力的集中体现，展现了新时代中央企业“做强做优，培育具有国际竞争力的世界一流企业”的战略自信与勇气。

第二节　凝聚团队：1+5+4+X

中广核工程公司的治理，离不开领导班子的齐心协力。中广核工程公司领导班子成员有的是外部引进的锐意进取和改革的领军人物，有的是中广核培养多年的兼具技术与管理背景的干部，他们之间的分工可以形象地概括为“1+5+4+X”，其中，“1”是总经理，“5”是指五条线，即行政线、经营线、项目线、监督保障线和科技线，“4”是指E（设计）、P（采购）、C（施工）、S（调试）四大业务板块，“X”是指公司特聘的高级顾问。领导班子的分工协作十分强调线与线、板块与板块、线与板块之间的结合及平衡。

中广核工程公司流传着具有工程特色的“木桶理论”：安全质量是木桶的底板，E、P、C、S等业务中心是木桶的侧板。现实中不一定有理想的长板，要做到盛水量最大，要适当地倾斜木桶，使长板帮扶短板。而工程建设的不同阶段有不同的短板，至下一阶段，短板能力增长，既能帮助长板，又可以调整倾斜的方向和角度。如果板块间出现了裂缝，也难以实现系统整体效应的最大化。在加强协作方面，木桶有四个“箍”：第一个“箍”是行政治理线，“哪里出问题，小心乌纱帽”；第二个“箍”是弹性的箍，以项目为中心，签订项目管理一级流程；第三个“箍”是每年各项目总经理与各板块签绩效协议，根据业绩决定激励；第四个“箍”是E、P、C、S各板块上游对下游负责，注重动态的能力建设。

作为领导班子，其最主要的任务就是谋求发展。规划内的，要全力以赴大胆走；规划外的，要创新思路大胆试。发展要有新思维，发展的关键在于领导者围绕战略目标，坚定不移。中广核工程公司的领导班子“拧成一股绳，心往一处想、劲往一块使”，积极协作，默契配合，充分发挥个人的主观能动性，努力实现团队的协同效应，为推动中广核工程公司的改革发展提供了新动力。

第一，目标一致，同心同行。中广核工程公司领导班子成员围绕“打造国际一流的核电 AE 公司”的共同目标，全身心地推动公司改革。领导班子中的每一位成员都能准确地讲出团队的短期和长期目标是什么，都能清晰地指出达成目标需要从哪些方面共同努力。班子成员不但自身对于组织目标谙熟于心，还以多种形式向公司员工宣传和贯彻，达成共识。管好、带好一个团队，首先强调的就是目标。领导班子对于组织目标的重视，使得中广核工程公司各个层级的员工对于组织目标的理解也趋于一致。在党委会、总经理部专题会、管理务虚会等重大会议上，班子成员提出新思路、新举措，凝聚共识；班子成员还通过定期的非正式交流活动增进了解。涉及公司的重大事项决策、重要干部任免、重要项目安排、大额资金使用等议题时，公司领导班子坚持先民主再集中的原则，会前充分酝酿、会上民主表决，经集体讨论后再做出决定。

第二，分工明确，合作补台。如上所述的“1+5+4+X”分工模式很好地界定了领导班子成员的职责，领导班子在各司其职、各尽其能的同时，配合默契，主动补台，形成了风险共担、互相补台、积极配合的良好氛围，促进了公司的有序运营。在一次与公司专职董事刘锦华的访谈中，他这样说道：“在完成具体项目的过程中，当某一块由于能力欠缺而出现问题时，不管职责的边界在哪里，大家都会伸一把手，因为我们的目标是项目的成功，只有项目成功了，团队才能成功，一把手帮一把手。”这正是中广核工程特色的“木桶理论”的真实写照。值得注意的是，在当前中广核工程公司领导班子的“1+5+4+X”的分工结构中，协调工作量大、牵涉面广的 E、P、C 等业务中心经理，均进入班子，这种顶层设计在实际运作中，使得板块与板块、线与板块的协调工作，能够更加畅顺地通过月会、周会、工作汇报等常规工作平台快速高效地部署。

第三，建设大团队，协同发展。一直以来，中广核工程公司重视项目间、部门间以及产业链上下游的协作，力求实现公司内外部的协同发展。而要想达到这个目标，需要一支强有力的领导队伍，通过建立良好的沟通模式和渠道实现 $1+1>2$ 的协同发展的目标。只有有效地组织内、外部资源，才能将公司的发展道路铺得更宽。中广核工程公司建立了完善的供应商、承包商评价体系，干得好的供应商、承包商，公司对其进行奖励。面对工程推进中的难题，“不坐等上游条件成熟，也不理所当然地把困难交给下游”。例如，在岭澳二期，针对 2 号机组设备供货延误问题，领导班子带领岭澳二期项目部，与设备采购部门共同采取措施，前往设备制造厂家催货，从安装需要及安装技术角度提出建议，为加快设备供货提供技术支持。通过一系列的补救措施，岭澳二期2号机克服了“5·12”汶川地震的影响，核岛主设备、常规岛汽轮发电机等设备高质量地实现如期供货。

第四，准确定位，调动氛围。在工作时间、工作场所内，领导班子十分重视身份角色定位，但是在工作之余，他们提倡“平民化”的角色定位，不以老总的身份自居，还原生活中多样化的角色。束国刚曾这样谈起：“在中华文化影响比较深的情况下，大家往往习惯的工作方式是，‘我们俩是朋友，我们合作得很好’。而公司所倡导的则是，既然都是公司的员工，既然都以项目为中心，我们首先是战友，如果能发展成为朋友更好，如果没有成为朋友，我们仍然是战友，因为我们有着同一目标。”这种“战友、朋友论”事实上是领导班子对于角色定位明晰化的一种体现。正是这样一种身份角色的划分，使得领导班子能够分清工作与生活，减少了他们与员工之间的距离感和层级感，创造了一个和谐的工作氛围和人际环境，促使每一个人在工作的时候投入百分之百的精力，使整个团队的战斗力迅速提升。

第五，联系员工，倾听基层意见。在中广核工程公司，领导班子在普通员工心目中并不是高高在上、遥不可及的，“从群众中来、到群众中去”的工作方式，营造了和谐宽松的工作氛围。定期举行的“总经理部领导与青年员工心连心”座谈会已经成为最受青年员工们欢迎的品牌活动之一，领导班子与青年员工畅谈工作与生活问题；定期召开的领导与员工座谈会，以轻松、互动的模式开展，员工更愿意提出工作中的问题与建议，领导班子也更容易将工作做得透明、高效。每年的10月被定为“基层调研月”，领导班子成员再忙也要挤出时间走访一线，了解员工的心声，解决基层的实际问题。

中广核工程公司的领导班子在工作中，既明确分工又互补合作，对组织目标有共识，对资源整合有策略，对身份角色有定位，倾听员工意见，关心员工生活。在这样一个领导班子的带领下，中广核工程公司才能一路向前发展，不断追求卓越。

第三节　授权与控制：让听见炮声的人决策

俗话说，放好风筝也要牵好线。一味放线而不收，风筝飞得太远了，不好控制，容易把线拉断；过于小心翼翼地拉线而不愿放开，风筝就没有办法飞向高空。企业的管理也是这个道理。单纯的集权和放权，都不是长久之计，只有平衡“收”与“放”，才能使企业更好地运行。“让听见炮声的人决策”是中广核工程公司进行授权时着重考虑的一个因素。相对于一般企业重集权而轻放权的问题，中广核工程公司的领导班子特别注意下放决策权。例如，设备这块，各个中心的技术力量是最强的，那么就由各个中心进行授权管理。绩效考核这块，中心主任最能观察到员工的绩效指标完成状况，那么就由中心主任进行绩效管理。这样公司通过下沉权利实现了放权，让集权和放权达到了平衡。

中广核工程公司在进行“三分改革”之前，公司运作与项目运作的关系并没有理顺。在岭澳二期项目建设初期，公司只有一个项目，所有运作都是依托项目进行，而进入多项目多基地建设时期，必须剥离公司运作与项目运作，将该给项目的授权给项目，该由公司管理的授权收回。例如，公司采购一批茶杯，如果仍然要走项目采购的流程，前后要走十几个审签流程甚至要通过招标才能完成采购目标，结果往往是，等到物资采购回来时“黄花菜都凉了”。再如，在授权方面，必须给予工程一线专业技术人员足够的技术决策权，让他们切实承担责任、发挥作用。

为了将组织的适应性变革落到实处，中广核工程公司的领导班子着重进行了两个阶段的授权变革。第一阶段，公司在项目部和集约化部门间建立了业务纽带，使公司部门间条块分割的现象得到遏制。同时，公司内部通过梳理各级授权逐步落实“分权经营”，以进一步加大对项目的授权。“分权经营”也不仅仅体现在“分权”上，更重要的是让各级部门学会“经营”；“分权经营”是根据中广核工程公司的运作特点进行的，而不是把所有的权限都授予项目组。

第二阶段，结合“三类组织”的分类管理，统筹安排，进一步推进经营与管理机制的改革，根据“三类组织”的不同定位，公司领导分别设立不同的经营管理机制，以达到差别化管理的目的。

在中广核工程公司的实践中，“让听得见炮声的人决策”赋予了在工程一线的管理层更大的决策权，同时将更了解项目的经理人补充进管理层。通过下沉决策权，让专业的人做专业的事，公司管理者从业务工作中解脱出来，集中精力做好带队伍的工作，实现“从管事到管人，从管人到用人，从带领小班子到指挥大队伍”的转变。

放风筝，讲究的是收放自如。不仅要能把线放出去，该收时，也要能够轻松地收回来。如何牵好授权这根风筝的线？第一，要选择好授权的对象。选择一个正确的授权对象是授权的关键一步，中广核工程公司的领导，着重注意把权利授予最有话语权的人。这就要求领导者在授权之前要对被授权对象进行细致的考察，包括被授权员工的特点、优势、弱势等都应该了如指掌，以选取德才兼备的人才。

第二，要明确授权的目标，不打无准备之仗。中广核工程公司的领导者在授权的过程中，通过授权目标明晰化，要让被授权对象明确自己所期望达到的目标。公司对于每项任务都确定了具体的难度系数，然后通过数字化平台公布和记录业务的跟踪进度。

第三，授权不能授责。被授权的员工在完成任务的过程中，领导者必须给予他一定的权利，包括资源、经费、人员以及信息等方面。但是他们始终明白，当把权力授予下属时并不意味着任务完成的成败与他们自身就不再有关联，领导者永远都是最终的责任者。通过授权不授责的原则，授权过程变得更加科学和可控。同时，公司领导班子掌握着绩效考核、人事调整、预算审定等核心工作。

授权与控制看似矛盾，却并非如鱼与熊掌不可兼得。通过科学的授权制度，再加上有效的授权控制，中广核工程公司实现了对组织运行的有效掌控，形成了一个有机整体，保持了组织的平衡和高效。

第四节　关爱员工：最大的财富是员工

2011年8月6日，红沿河项目部三十余对新人手捧鲜花，在集体婚礼上款款走过红地毯，在氢气球上写下美好的心愿，在礼炮礼花中放飞爱情。迎着旭日，一对对工程人将在这片北国的土地上谱写更加美好的未来。中广核工程公司总经理部特地寄来贺信，信中写道“婚姻中难免有麻烦、争执、漩涡和困扰，有时会感到艰难，但是生活的快乐，也来自解决矛盾的过程，去包容，幸福就在身边，你身边的TA，伤不起。包容，来自爱，也来自那一句‘我愿意’……无论是在核电工作的新娘，还是从外面嫁进来的新娘，你们可以放心，核电的小伙子是靠得住的”。

举办青年集体婚礼堪称中广核集团的传统。在当地，有技术、有专业又踏实能干的核电青年还是比较抢手的。中广核工程公司的性质决定了员工工作地点的流动性，有些适龄员工因为工作繁忙或者长期在外地等原因，少有机会结识心仪的对象。为此，公司的领导班子想办法帮员工解决困难。公司的领导班子鼓励员工到企业需要的地方去工作，但也尊重员工的个人需求，尽可能地帮助员工解决婚恋、成家等问题。为了配合员工情感问题的解决，公司的领导班子根据项目建设实际，结合员工个人意愿对员工的岗位进行合理协调和调配。每年有新入职的员工到岗，员工的直属领导们，就开始“盘算”要怎样帮助员工解决个人问题。按道理来说，中广核工程公司的项目部大多地处偏僻，员工的工作、生活条件较为艰苦，但公司的核电基地却往往成为当地的“桃源村”，领导们周密部署，为员工的生活便利和个人发展提供条件。开设医疗室，推动员工团购住房，增配衣食住行各种服务，建设体育设施……正是怀着对员工关爱的心，中广核工程公司的领导，让员工感受到了家一般的温暖。

对于中广核工程公司来说，最重要的资源不是资金，也不是厂房设备，而是拥有忠心耿耿、精诚团结、全力为企业打拼的员工。财富都是由人创造出来的。机器设备只有在人的运用之下才可能创造出“奇迹”。所以，成功的领导者永远不会忘记，最大的财富是企业的员工。“中广核工程公司生产力的主要载体是人，要更好地调动员工积极性，”这样的话语多次在公司领导班子的讲话中被着重强调。

中广核工程公司班子成员在调动员工积极性方面，解放思想，务求时效。

第一，建立健全公平、公正、公开的制度和秩序。“不患寡而患不均”，公司领导建立公开、平等、竞争、择优的用人原则，实现“能者上、平者让、庸者下”，关心员工对企业的付出，使员工在企业发展的同时，自身得到不断的进步，对企业的归属感也不断增强。

在中广核工程公司，“给舞台也是激励”，公司的领导者改变单纯依靠工资报酬、工作条件和福利待遇等“外在激励”模式来鼓励员工的办法，善于为广大员工提供展示自我才华的平台、制造提升发展的机会，重视员工追求成就的内在需要，重视“对工作本身的兴趣以及从中得到的快乐”，以此不断强化员工作为企业一员的主人翁意识，促进企业整体的和谐、繁荣和稳定。

第二，公司领导者以组织的名义，通过集体活动的方式，使员工感受到团队的温暖。公司工会充分发挥作用，在职代会与工代会、技能比武、先进典型表彰等活动中，员工的权利得到保障，员工的心声得以表达，树立了一批先进楷模；打造春节联欢晚会、“健康伴我行”、走进山区学校助学活动等一批品牌活动；组织旅游出行、素质拓展等活动，帮助员工放松身心；员工过生日时，部门主管组织其他员工一起为其庆祝，让员工感受到亲人般的温暖。

每天上午和下午，各部门都会在领导的带领下一起做广播体操，锻炼身体。虽然广播体操这种运动形式在许多企业并不罕见，但由领导亲自组织，与员工一起参与运动的形式却并不常见。某部门的一名办公秘书曾说：“本来没想运动的，但是领导都亲自上阵鼓励大家参与了，觉得这项活动还挺受重视的，再后来，不知不觉就形成了习惯。”

在中广核工程公司，员工的身体健康、事业成功，甚至婚姻幸福都是领导层关注的问题。公司投入了大量的人力、物力资源，想员工之所想，全方位关心员工的个人发展。中广核工程公司领导者善于整合调动一切资源为员工建设美好的精神家园，营造积极、和谐的企业文化氛围。公司领导班子面对来访的员工和中层领导，总是不忘问“你有什么困难”，帮助员工解决困难，关心员工发展。

管理要讲制度，但是不能讲制约；管理要讲人性，但是不能讲人情。关爱员工，是中广核工程公司人性化管理的一部分，但公司并没有把人性化变成人情化，制度的边界在公司内依旧十分清晰。领导关爱员工，却不骄纵员工，领导包容错误，却不放纵过失。这不仅体现出公司领导班子对于人性化管理方法的熟练运用，更体现出他们平衡人情和制度的能力与素质。

中广核工程公司的领导班子根据公司实际情况和发展愿景，确定了 AE 战略的前进方向；注重取长补短、协作共赢，积极发挥团队在组织实施 AE 战略过程中的协同作用；强调授权与控制，将个人精力更多地专注于 AE 战略的行动部署上。此外，关心员工、及时对他人的需要与情感做出回应，这也是中广核领导班子一直所努力践行的举措，以此让员工能够心情舒畅地为实现 AE 战略效力，为 AE 战略的落地实施获取更为广泛的群众基础。

第九章

企业文化：AE战略的基石

企业文化是AE战略的稳固基石，为公司“树标杆、立品牌、创一流”奠定了坚实的基础。究竟是怎样的企业文化通过无形的力量将AE战略愿景固化下来？又是怎样的企业文化能够将如此庞大的员工队伍凝聚起来，同心践行AE战略？

第一节　AE文化，深入人心

卓越的企业，当领导层的声音还是耳语时，基层已是雷声滚滚。相反，若领导层的声音已是雷声滚滚，基层还是耳语，企业战略则难以执行落实。

在中广核工程公司的各个项目部，飘扬的公司旗帜、“打造国际一流的核电AE公司”的大型户外标语，是青山碧海间的一道风景。对于中广核工程人来说，这绝不仅仅是标语和口号，而是深入内心的共同追求。

AE战略的企业文化建设，首先从“三分改革”的宣传贯彻开始。

第一阶段，2009年年初，中广核工程公司发布《企业文化核心理念与管理方略》，确定企业使命、愿景和价值观，将公司“三分改革”写入管理方略，使“国际一流的核电AE公司”的公司愿景广为传播；公司“三分改革”宣传开展得如火如荼，宣讲团在公司各个项目巡回宣讲；在工程公司的内部网页上，以专题新闻报道、专题网页等形式，集中传播公司的改革理念。在内网上转载的任正非《让听见炮声的人来决策》的讲话，三天后点击量超过5 000次，相当于当时公司的总人数，为解放思想推进“分权经营”起到了重要作用。

第二阶段，2009—2010年，中广核工程公司在集团内刊《广东核电》报、《核电人》上出版公司改革专刊，深入解读公司改革政策，提出“分灶吃饭，你准备好了吗”等问题，引发员工思考。

2009年年中，在工程公司总经理部与青年员工“心连心”座谈会上，束国刚对青年员工说道：“在我国改革开放最前沿的大亚湾畔，还有一群人正在美美地吃着‘大锅饭’，这是多么不可想象的事。”“打破大锅饭”随即成为公司热议的话题。“打破大锅饭”，所说的正是三分改革中的“分灶吃饭”，即按项目产值分灶、凭绩效结果吃饭。“分灶吃饭”的核心是“创造价值”，目标是“精细化管理、走向市场”。

第三阶段，2011—2012年，随着公司改革重点转移到职能部门改革，将“职能管理”向“流程管理”转变，实现“管理制度化、制度流程化、流程表单化、表单电子化”。中广核工程公司在企业文化活动策划、宣传策划中加强舆论导向力度，通过春节晚会、公司成立八周年系列活动、企业文化大讲堂、AE 沙龙、艺术巡演等方式，春风化雨，潜移默化，加强员工理念的认同与情感共鸣。紧密结合公司 AE 战略，及时升版企业文化建设大纲；专门成立“AE 文化工作室”、“AE 艺术团”，使其成为企业文化建设的重要力量。

“抓一把星星洒在地球，放一束核能照亮地球”，万家灯火之中，也有中广核的核电之光。“金色徽章，蓝色工装，黑红脸膛，神采飞扬……我们有共同的名字，AE 先锋，先锋 AE”，这是中广核工程人原创的歌曲，有慷慨激昂，也有清新婉约，唱出了工程人的心声。

第二节　安全责任，蓝色透明

“核安全文化”是核电企业文化的核心。工程阶段的核安全是运营阶段核安全的基础，只有建造高质量的核电站，才能从根本上确保核电站在后续运行中的安全。因此，中广核工程公司的核安全文化建设，对于核电站全寿命周期的核安全起着至关重要的作用。在吸取国际同行先进经验的基础上，自大亚湾核电站建设伊始，中广核人就始终以安全建设、安全运行、保护环境和造福公众为己任。在“安全第一、质量第一”的总体原则下，中广核工程公司不断吸收和传承集团的核安全文化理念，并在此基础上不断发展和创新，形成了较为健全的核安全文化，主要包括六个方面：“四个凡事”，“一次把事情做对”，“蓝色透明”，“今天的工程质量就是明天的核安全”，“人人都是一道屏障，我是最后一道屏障”以及“全过程培育”。

一、四个凡事

案例

在阳江核电站3号机钢衬里模块2顺利吊装就位时，有一位公司宣传部人员想到3号机组核岛顶部去拍全景图以做宣传报道之用。宣传员正打算爬上去时，一位施工人员说："你没有系安全带，不能上去。"宣传员说："叫你们这边的安全监督负责人过来。"一会儿，一个瘦小的工作人员过来了。"听说没系安全带不能上去对吧？我这边临时有个重要任务要到上边拍个照。你看能不能放行一下。"小个子说："我们有规定，没系安全带是不能高空作业的。"宣传员假装动怒道："我们这边非常需要这张图片，而且现在就要，我找领导给你们说下吧。"小个子斩钉截铁地说道："这是规定，铁打的纪律，你找领导也没用。况且你没看到墙上的标语吗？习惯性违章可以侥幸多次，但生命只有一次。"宣传员最终没有上去，心中暗自为员工这种严守程序的工作态度感到欣慰。

这个鲜活的事例体现出中广核工程公司沿承了中广核集团在核安全方面严格按照程序规定办事的文化理念。中广核经过多年的核电建设，将按程序办事抽象为"四个凡事"。"四个凡事"指的是凡事有章可循，凡事有人负责，凡事有人监督，凡事有据可查。在推行核安全文化的过程中，"四个凡事"是一个基本的准则。具体而言，凡事有章可循，对外指的是与其他合作伙伴之间必须严格按合同办事，凡是在合同里找不到依据的，一律不予以办理；对内指的是坚持程序化管理，凡是重要运作都要按程序办事，用程序规范风险控制，用程序规避人为失误。凡事有人负责，指的是组织机构中每个岗位均要明确岗位规范和责任，明确责任人，授予该责任人在自己所承担的岗位上按规范要求独立自主地开展工作，并承担相应的责任。凡事有人监督，这不是对员工不信任，而是为了减少甚至防止失误而对工作进行的监督，这是对员工的保护，也是组织良好运作的保障。凡事有据可查，指的是完成各类重要活动（如合同或重要程序的要求）后必须留下相关的记录和档案，作为客观证据以备查阅和追溯，有了完善的记录和档案，任何设备在使用中一旦出现问题，就可以较容易地查出根本原因，实现对公司负责、对客户负责。总的来说，“四个凡事”的本质就是按程序办事，这使中广核工程公司坚持了规范化、科学化管理的道路。

二、一次把事情做对

案例

中广核设备监造一线的监督员董延臣有三个绝活：抹、摸、看。在大连日立厂，董延臣只要用食指一抹，就能立即告诉厂家哪个地方机油清洁做得不够，只要用手掌轻轻一摸筒壁的内侧，就能判断工艺的好坏。有一次，有件设备在制造过程中，工人将本应横向的焊接端口错开成了纵向，如果整体报废、重新制造，至少要耽搁一年以上的工期。董延臣在巡检中硬是从表象中发现了隐藏的错误，并经过了一个星期的钻研，找到了解决问题的途径，成功地规避了可能发生的事故。他有一个小本子，上面记满了他在设备监造工作中的经验反馈与心得体会。“这台设备节后就要发货了，我不放心，就特意叫上厂家质保部的负责人，和我一起再查验一遍，从昨天忙到现在”，董延臣曾在一位记者采访他时如是说，“这段时间，东北片区制造的核电设备处于一个发货高峰期，从环吊到除氧器，再到热交换器，都陆续有出厂的，涉及咱们的红沿河、台山、宁德、阳江项目”。董延臣的行为很好地彰显了核电人追求不出差错的精神。

“一次把事情做对”，简而言之，就是按时完成任务，确保质量合格，而且是一次成功，不出现任何偏差。从本质上来说，“一次把事情做对”是质量管理中“零缺陷”理念的进一步延伸。20世纪60年代，美国马丁公司首次提出“零缺陷”概念，同时也提出了“第一次就把事情做对”的理念。“零缺陷”要求第一次就把事情做正确，使产品符合对顾客的承诺要求，抛弃“人难免会犯错误”的“难免论”，鼓励人人想方设法地消除工作缺点，不犯错误，把工作做好。“一次把事情做对”，正是对“零缺陷”思想更直接、更具体的阐述。中广核多年来一直沿袭了“一次把事情做对”的行事理念，拒绝“差不多”，追求“零缺陷”，最大限度地确保核电站的安全建设。从大亚湾核电站建设起，中广核人就以高度的责任感尽力一次将事情做对，而经历了历次事件的磨砺之后，“一次把事情做对”已经成为大家普遍认同和遵循的理念及行为准则。正是这种对核电安全工作的高标准要求，才使得中广核工程公司的核安全工作万无一失。

三、蓝色透明

案例

大亚湾核电站有这样一套经验反馈系统：凡符合准则的事件都应通过经验反馈系统及时报告。电站要求：任何人员都有义务向上级报告他所发现的任何异常，并在24小时内填写一份24小时事件单，对事件的主要内容进行尽可能准确的描述。在经验反馈数据库中，批准后的24小时事件单将自动被发送至内部电子邮箱中的交流平台，人人都可以看到，并进行交流。在每天的生产早会上，值长将对24小时事件单中安全影响较大的事件予以通报，确保电站各部门在第一时间了解相关信息，及时采取合适的行动。电站各级管理层经常关注24小时事件单和交流平台上的相关讨论，适时发言，引导各执行部门及时对隐患和异常情况进行调查处理；主管部门定期对24小时事件单进行趋势分析，并对其重要性和影响做出评价。事实表明，小事件的报告、分析和纠正，有助于控制和减少更大事件发生的后果和概率。2008年，大亚湾核电站和岭澳核电站一期两个电站的24小时事件报告单达到16 804份，是2004年的3倍；而运行事故的数量降到3起，是2004年的1/5。

中广核发展多年以来，提炼出了“蓝色透明”的核安全文化。经验反馈系统是中广核工程公司传承“蓝色透明”文化的一种体现。公司参照集团公司的做法，鼓励所有员工报告哪怕看似微小的疑虑，提倡“不惩罚”的报告文化，即“蓝色透明”文化。大亚湾核电站投入运行初期，集团管理层就提出了“蓝色透明”理念，这一理念与核电清洁能源的性质和大亚湾核电基地碧海蓝天的生态环境十分契合。“蓝色透明”文化如今已经渗透到工程建设的各个环节。

“蓝色透明”实质上指在核安全面前没有遮羞布，也不需要遮羞布，各项工作的运作是完全透明的。具有良好核安全文化的组织将失效和未遂事件作为教训，以避免发生更严重的事件。因此，在中广核工程公司，所有具有潜在教育意义的事件都得到了报告和调查，以发现事件发生的根本原因，并将调查结果和补救措施及时反馈到相关组织。

在对内管理上，公司在对待和处理质量缺陷问题时，要求员工必须做到及时发现、准确定性、层层报告、快速处理、认真跟踪、准时反馈，尽量让各种各样的隐患暴露在阳光下，把问题消灭在萌芽状态。同时，公司做好经验反馈，利用过去犯过错误的教训改进管理，从失败中学习并防止类似事件的再次发生。正如大亚湾核电站推行的24小时事件单这一报告制度，目的就在于分析目前出现的问题并以史为鉴对管理体系进行持续改进和优化。中广核工程公司的管理制度力求在阳光下运行，各项流程都会受到有效的监控，没有“暗箱”操作，不让规则“走样”，从而确保各项流程的透明与合格。在对外关系上，核电站因其特有的放射性风险而为外界关注，因此，中广核工程公司将“信息透明”融入核电的品牌与声誉之中，促进社会各界对核电事业的理解和认同。

中广核工程名词

蓝色透明

“蓝色透明”是中广核工程公司从集团继承而来的安全理念。“蓝色”象征着冷静、安全与控制力，是公司重视质量、坚守“今天的工程质量就是明天的核安全”的严谨作风的体现。“透明”象征着公开、公正、没有遮挡，是公司“重反思、轻问责”、在工程建设上未雨绸缪而非临渴掘井的主动反馈和处理机制的体现。

四、今天的工程质量就是明天的核安全

中广核工程公司在集团核安全文化论坛上提出了“今天的工程质量就是明

天的核安全”的安全理念。公司各级一致认为，要有效地保障核安全，就必须从核电站工程建设之初做起。“我们高度重视核电工程安全与质量中人的因素，将核电站的建造过程分为设计选址、设备制造与采购、施工建设和调试启动四个环节，并在各个环节都向员工灌输安全与质量意识，使每个环节都成为一道安全防线。”公司常务副总经理夏林泉如是说。中广核工程公司已经将“安全第一、质量第一”的意识贯穿到核电建设的每一个环节。

为实现建设高安全、高质量核电站的目标，中广核工程公司在红沿河、宁德、阳江、台山和防城港等在建核电项目现场建立了标准的安全技能培训场地，通过实操培训，提高培训的针对性和有效性，在实际操作中积极灌输“安全第一、质量第一”的核心理念，塑造全员“重视核安全、敬畏核安全”的核安全意识和态度。“纯理论型的培训，时间冗长，效果不好。我们根据不同层级人员设置理论和实操相结合的培训，这些培训不仅课时短、见效快，还与员工密切相关，能够真正让员工发现问题，学到技能。员工培训考核不通过，就不能上岗，我们严格控制考核的流程。”公司工程培训中心负责人这样说道。由此不难看出，中广核工程公司已经将“今天的工程质量就是明天的核安全”这种理念切切实实地贯穿于工作的方方面面。

五、人人都是一道屏障，我是最后一道屏障

案例

在红沿河1号机组安全壳打压试验的7天前，电仪安装队核岛组需要临时拆除环吊系统。“所有部件、组件需要通过滑轮组将其运送至20米高的楼层上，滑轮组需要70米左右的绳子，这绳子就是安全的关键物。”核岛组的林晨说。运送之前，需要对绳子进行拉力测试，这个工作本来只要施工工人去做就可以，但林晨为了确保工作不出任何问题，执意要在现场盯着。“那段时间红沿河时有阴雨，我担心会影响到绳子质量。绳子必须是干燥的，否则容易断裂。”觉得不放心的绳子，林晨就自己上去做测试，果然有好几根绳子断了，“质量不过关的绳子要是这样用上去了，后果不堪设想”。拆除环

吊系统的任务开始后，他和工人一起登上40米高的工作平台，叮嘱工人一定要做好安全防护，对容易损坏的元件要多加小心，并精确地标示所有部件、组件的原始安装位置，拿着明细表清点拆下的元件，和工人一起确认元件是否完好。“安全和质量不是光靠嘴上说就行的，而是要贯穿到每一个建设环节中去，要谨慎、细心、不怕麻烦，安全和质量来自每一个细节。”

“人人都是一道屏障，我是最后一道屏障”，这是中广核工程公司在核安全文化建设方面的又一个亮点。其中，“人人都是一道屏障”强调核安全不只是安全管理部门的工作，而是中广核工程公司每一位员工的职责。公司鼓励个人对安全的贡献，同时也倡导员工增强责任意识，主动去探测、发现和消除潜在的安全和质量隐患。“我是最后一道屏障”强调员工在履行自己的职责时，要以自己就是最后一道安检口的态度来对待核电安全，充分重视自己的工作，不能掉以轻心。核电站的安全屏障由两部分组成：一部分是系统设备构成的安全屏障，在正常运行和事故工况下，能够起到保护设备和工作人员、避免放射性物质外泄的作用。另一部分就是有高度主观能动性的人。人是核电站生产活动中最活跃也是最不稳定的因素，许多核电站事故主要都是人为失误所造成的，而并非是系统设备缺陷所致。因此，中广核工程公司充分重视人这道屏障在保障核电站安全中的作用，一方面，公司对员工的工作要求极其严格，力求杜绝其工作中的个人不当行为，减少个人偏差，避免人因差错，如果发生差错则立即进行弥补；另一方面，提倡员工积极发现问题，任何问题，不管看起来多么微不足道，一旦发现，鼓励员工及时上报组织，避免任何可能出现的安全隐患。

六、全过程培育

案例

在红沿河核电站1号反应堆压力容器制造期间，中广核工程公司有针对性地开展重点质量督查和帮扶工作，对中国一重先后开展了9次核安全文化培训，接受培训人数1 370人。一重质量保证部负责人在一次采访中说：“中广核工程公司的质量保证人员，在大量调查研究的基础上，向我们质量管理委员会提交了《关于核电设备机加工质量问题的报告》；推动一重召开质量管理委员会会议研究对策；深入车间机加工部与机台长、主技工和副技工进行座谈和调研；组织制定了《核电及专项产品机加工操作细则》；推动实施以红沿河1号RPV精加工为节点的阶段性质量奖励；推动实施常态化机加工质量奖等”。这样的举措极大地提高了一重员工的精神面貌、质量意识和责任心，红沿河1号RPV精加工自开工以来没有发生任何重大机加工质量问题。

中广核工程公司提倡营造全过程核安全文化理念，对全产业链、各层级、各业务中心都进行了广泛而深远的安全文化推广与建设。对于产业链上的合作伙伴而言，中广核工程公司的安全承诺已经延伸到供应商和施工单位。中广核工程公司是一个开放的体系，管控着400多家设备供应商以及数以万计的现场施工人员，让所有参与工程建设的单位和员工共同建设及发展核安全文化，这已经成为中广核工程公司核安全文化建设的一大亮点。通过对产业链上合作伙伴的安全文化培育，中广核工程公司全方位地确保核电站建设的安全和质量。

对于公司的各个层级而言，核安全文化实现了层层落实与推进。公司决策层、管理层、员工层在构建安全型核电企业中分别承担了不同的职责。具体而言，决策层主要负责公布安全政策，建立管理体制，提供人力、物力保障，以及完善自身核安全理念和知识；管理层主要负责职责分工、安全管理、人员资格审查和培训、奖励和惩罚，以及监查和审查工作。员工层则需要员工个人怀着质疑的工作态度、严谨的工作方法，以及沟通交流的工作习惯投身于工作中。

就公司的四大业务板块而言，负责工程设计和选址的员工要考察、预测各种安全因素，在设计上确保核电站的安全性；负责设备采购和施工建设的员工，要有高度的质量把关意识，将安全隐患消除在制造环节；负责调试启动的员工，要有高度负责的安全态度，保证核电站最终能够安全运行。

第三节　将士用命，全力以赴

位于渤海湾的红沿河核电站是工程人走出广东开建的第一个核电站项目，也是中广核广东省外项目的“零的突破”。与大亚湾核电站基地的旖旎风光、宜人气候不同，红沿河核电基地处于“千里冰封、万里雪飘”的北国，户外作业条件十分困难。一阵狂风吹过，硕大的集装箱就被大风掀翻。然而就是在这样的环境中，中广核工程人一待就是几年。突降暴雪的时候，为了检查管道是否发生漏水，施工人员穿着大棉袄在雪地里仔细检查，大雪把他们都变成了“雪人”。施工人员的头发结冰了，嘴唇结冰了，甚至流下的鼻涕都结冰了，他们还在认真地检查着，一个死角都不放过。“这时候不拼命，啥时候拼命?”这样朴实却有力的话语，来自一位普通的中广核工程人。

有时候，酷暑也让中广核工程人吃尽了苦头。在防城港基地，工程人员常常要面临高温的挑战。炎炎夏日安装人员在板房里工作，加上经常停电，员工们个个汗流浃背，为了不拖延施工进度，大家都咬牙坚持。“不能因为个人原因拖累大家”，这是许多中广核工程人的心理写照。防城港夏日的阳光比深圳更加炙热难当，烈日暴晒下安全帽带子留下的痕迹几乎在所有同事脸上都清晰可见，对他们而言，只有这块皮肤还有点正常肤色。大家笑着说：“小白脸都变成黑芝麻了!”

在中广核工程公司，有这样一种说法：“将士用命，全力以赴。”每一位员工，都是一名企业战士。一项项工程任务，被战士们当做需要攻克的敌军，一定要彻底拿下才行。在工程建设的过程中，总会面临各种困难、各种危险，中广核工程人勇敢面对，用拼劲迎接挑战。中广核工程人就是凭着这股拼搏精神，克服恶劣的作业环境，为工程建设交出令人满意的答卷。

艰苦创业、积极进取，是对中广核拼搏精神的高度提炼，也是对中广核工程人的激励和期待。中广核工程公司鼓励全体员工做创业的先锋队、创新的实践者、创优的主力军。公司近几年发展迅猛，成绩斐然，这其中固然有国家支持、宏观环境、企业属性、行业特点等因素的影响，但同样离不开几代中广核人艰苦创业、积极进取的优良作风。在“引进来”和“走出去”相互交融的新形势下，中广核工程公司努力推进事业走向新的台阶，继续大力弘扬艰苦奋斗、积极进取的中广核精神，不断追求卓越。

“将士用命，全力以赴”，就是中广核工程公司在打造“国际一流的核电AE公司”的时期，要求每一位管理者和员工，勇于承担，敢于负责，继续发扬拼搏精神。新的发展时期，同时也是新一轮创业的高峰期。在国内，多基地、多项目、多技术路线同步推进，任务繁重；在国外，开拓新的市场空间，摸着石头过河，任务艰巨。如此背景下，公司的员工艰苦奋斗，勇于创业、创新、创优，拿出当年“杀出一条血路来”的创业精神，传承老一辈“站起来就是一面旗帜”的创新精神，发扬“低头靠勇气，抬头靠实力”的创优精神，从小事做起，从我做起，不断丰富和发展中广核工程公司的好作风、好传统。

中广核集团名词

三创——创业、创新、创优

“创业、创新、创优”，简称“三创”精神。

2005年，党中央、国务院提出“积极推进核电建设”的方针后，中广核公司响应国家号召提出了“创业、创新、创优”的口号。在“三创”精神的指引下，中广核实现了项目及人员迅速增加、业务向清洁能源领域的全方位突破，形成了走出广东、走向全国的核电大发展格局，造就了中广核工程公司今日多基地、多项目齐头并进的良好局面。中广核工程公司力求做到“创业的先锋队、创新的实践者、创优的主力军”，在日常工作中，公司立足创业、勇于创新、持续创优，树立艰苦创业的思想观念，发扬攻坚克难的优良作风，锐意进取、追求卓越，实现公司又好又快的发展。

第四节　敬业乐业，执著守候

中华民族历来有“敬业乐业”、“忠于职守”的传统。敬业精神是人们基于对职业的热爱而产生的全身心投入的精神，也是一种基于热爱基础上的对工作、对事业全身心忘我投入的精神境界。在中广核工程公司，敬业乐业精神已经内化为企业文化的一部分，公司员工用切身行动诠释着敬业乐业精神。这种敬业乐业精神，来源于每位员工忠于职守的品格，来源于公司上下无私奉献的理念，更来源于一代代核电人，对于“安全建设、重于泰山”的坚守。

一、寻根究底的坚持

案例

2008 年某个夜晚，中广核工程公司调试员黄书踪在现场巡查时发现设备出了问题：一个抽屉的二次插件静触头出现卷曲导致二次回路信号接触不良。细心的黄书踪转念想到，“像这种 380VAC 配电盘二次插件，岭澳二期少说也有几千个，难道就这一个有问题？会不会是产品本身存在缺陷？”黄书踪思考着，“工程质量不能出差错，从自己手中交出的系统坚决不能有问题，必须挨个检查”。经过系统排查及验证，结果印证了他的猜测。于是，黄书踪立即联系厂家反馈了设备问题。法方技术人员在查阅产品后，认为设备损坏是因为人员操作不当。“难道是自身操作不当？不可能，我们严格按照操作规程执行的”，黄书踪坚信人员操作不会有问题。进一步检查后，法方认为产品在无锡厂（非核级）拼装，产品问题应该出现在拼装环节。“只是拼装问题？我不相信。必须继续试验。”在黄书踪的继续坚持下，法方技术人员再次试验，结果表明法国原产核级二次元件同样有问题。“二次元件必须全部更换，但更换的产品就没问题？”黄书踪脑海中的疑云仍没有消除。“存在问题的可能是芬兰元器件。用法国生产的，应该没问题。”法方人员如此解释。“不试验谁也不知道有没有问题。”黄书踪再次要求试验，试验结果显示问题依然没有被解决。各种理由都被推翻，法方厂家最终只有重新进行设计改进。2009 年 11 月起，黄书踪所在的电气调试小组对现场所有的 380VAC 配电盘的二次插件进行了更换，他们利用下游调试可停电的间隙加班加点赶工，直到 2010 年 3 月 20 日，岭澳二期 1、2 号机组有缺陷的二次插件全部更换完成，共涉及 44 个系统、1 200 个抽屉、3 740 多个二次插件，从发现问题到最终解决问题共经历了 16 个月。

类似这样的例子还有很多，用自己最大的诚意来面对工作中的点点滴滴，源于对自身工作职责的恪守和坚持。高质量完成工作任务，哪怕外界有较强的抵制压力，只要他们认为工作有漏洞、工作可改进，就会寻根究底地坚持下去，直到自己的坚持能够换来一份满意的答案为止。正是得益于员工这种为了坚持不放过、不畏惧工作强度、不畏惧外界质疑的精神和态度，每一项核电工作才能在推进过程中不断查漏补缺，每一个核电工程才能在员工支持下成功落实。

二、“锱铢必较”的守候

案例

中广核工程公司驻欧设备监造员张玉庆在机电设备制造领域工作了近 20 年，练就了一双“不一样的耳朵”，他用一半的时间完成常规检查，另一半时间来“听”机器有怎样的故障。“嗡嗡嗡——吱——嗡嗡”，不对，有瑕疵！一个极其细小的异常声音，被张玉庆捕捉到了。他根据自己的工作经验，判断出有一个配件存在问题，并且对自己的判断十分坚定。于是，他打电话叫来了这个组件的提供方——法国的两个专家。法国专家一上来就给在场的人员“下马威”：“我们确信不会有任何问题，如果你们错了，就必须要支付 3 000 欧元的专家费用。”张玉庆在纸上算了算，而后认真地说：“这样吧，现在是早上8点，我们一起‘听’12个小时，如果这12个小时里，没有任何情况发生，那这3 000欧元的专家费，我个人来出，如果有问题，那就请你们立即返工，我们国内的工期一天也耽搁不得！”较量就这样开始了。“嗡嗡嗡——嗡嗡嗡”，机器平稳地运行着，一个小时一个小时地过去了，设备看起来似乎一切正常。突然在最后的10分钟里，平稳的“嗡嗡嗡”被极其细微的“吱——吱——吱”干扰起来！大家屏住呼吸，果然发现有“嗡嗡嗡——吱——嗡嗡嗡”的异常！“你赢了！你怎么会这么自信这么有把握?”法国专家问张玉庆。张玉庆说：“因为我昨天计算了一下，如果是安装发生偏差，循环周期应该在24小时之内，从今天早上算起，就应该还有12小时，所以我提出了12小时的要求。”法国人连夜将发电机运回了法国，重新安装。第二天，法国专家提供了拆卸后的检测结果——“安装精度偏差了0.01”。就是这0.01，也没有逃过张玉庆的耳朵！

对工作的“锱铢必较”、精于细节，是中广核工程人敬业乐业的另一个表现。不放过哪怕是一丁点的隐患，一旦发现疑点，他们会全力消除。他们追求工作的每一个流程都安全、合格，甚至完美，唯有这样一份对工作的敬畏和热爱，才能消除每一段工序中的安全和质量隐患，为整个核电站的成功筹建提供最根本的保障。

三、匹夫有责的情怀

案例

2009年10月1日凌晨两点，中广核一线设备监造员王伟波被两个小时前自己设定的闹钟硬生生地从床上唤醒，他坐起来，批上大衣，拿起文件夹，往车间走。夜里，电梯停了。王伟波习惯性地沿着楼梯走下去，不用开灯，也不会走错，想当初，就是因为要夜里巡检，他主动要求厂方将办公室从六楼调到三楼。厂方好心劝说：“老王，你从南方来，三楼冷，你受不了。”但是王伟波知道，这些国产化的核电设备，厂子第一次制造，缺的就是经验，时间这么急，夜里的赶工最容易导致质量把不严、流程不按程序，这时候不顶上、不巡检，什么时候检？“干的就是这个，我就得干好！”王伟波干了近三年监造，这句话不知说了多少遍，自己也就在这巡检的日与夜中，深了皱纹，从“小伙子”变成了“老王”。王伟波这摸摸，那看看，然后爬进吊篮，进了内壁焊接室。他一丝不苟地盯着焊接工的作业，心里比对着程序要求，全部符合，他的嘴角流露出一丝微笑。为了眼前的这个“大设备”能在12月发货，自己已经快一年没回家了。“挺对不起孩子和老婆的，谁让咱这设备实在太重要了”，王伟波知道这个设备的分量：这是中国人第一个自己设计、研制的百万千瓦级反应堆压力容器，自己不但在做设备监造，还要和厂方一起，参与研发，把中广核的经验带到制造厂，共同完成国产化的使命。

在中广核工程公司，这样的老王还有很多。作为核电站建设中的一员，他们深知自己对于核电安全质量的责任不容推卸。正因为怀揣着这样一份工作责任感和使命感，他们将工作做到极致，并从简简单单的工作中获得至高的满足感和自豪感。上至高层管理者，下至普通巡检员，兢兢业业，乐业爱岗，这种责任感驱使下的敬业乐业精神正是中广核工程公司企业文化的彰显。

第五节　淡定不浮躁，稳健不冒进

红沿河、宁德两项目在安全形势异常严峻、进度压力尤为突出、建安资源极其紧张、现场作业极度复杂的情况下，广大干部员工顶住压力、迎难而上，锁定目标、咬牙坚持，不断创新方式方法、优化工作机制、理顺管理流程，最终确保了红沿河1号机组冷试圆满成功、宁德1号机组提前具备冷试条件，并获得集团2011年度专项奖。在保证1号机组冷试的基础上，其他机组建设也取得了非凡的成绩。红沿河2号机组反应堆压力容器、蒸发器、DCS等关键设备安装完成，冷试准备工作稳步推进；3、4号机组穹顶吊装顺利完成，全面步入安装阶段；宁德2号机组反应堆压力容器到货并安装，各项安装工作按计划推进，3 号机组穹顶吊装顺利完成。在艰难局面下，中广核工程公司全体员工秉持“淡定不浮躁，稳健不冒进”的工作作风，凝心聚力，化压力为动力，尊重工程建设的客观规律，从容地解决了项目难题，成功地确保了核电项目的高质量建设。

“淡定不浮躁，稳健不冒进”是 2011 年中广核工程公司总经理部提出的一种文化理念。2012 年，这种文化进一步延伸为“淡定中求突破，稳健中接实果”。

第一，核电建设者的心态对于核电建设的安全和质量有着至关重要的作用。核安全高于一切，是中广核工程公司真正的“做事信条”。公司始终将安全放在首位，坚信“安全的核电站是经济的核电站”，谋求安全性与经济性的和谐共赢，决不将成本、进度的压力通过降低安全、质量的方式传达给一线员工。岭澳二期建设表明，当项目团队全体员工保持稳健、淡定的心态进行核电建设时，项目建设六大控制目标能够得以落实，安全、后果可控的工程建设质量能够得到保证。在后续的红沿河、宁德项目中，这种淡定、稳健的作风也使项目建设的安全和质量得到了保障。

中广核工程人始终坚持“安全第一、质量第一”的原则，稳扎稳打、步步为营，不抢进度、不赶工期，秉承对核安全问题“零缺陷、零容忍”的态度，绝不因进度、成本而放松质量要求。他们在雷厉风行、狠抓执行的同时，保持“急事宜缓办，忙则多错；缓事宜急办，敏则有功”的冷静头脑。

第二，这是中广核工程公司实现持续发展、打造国际一流的核电 AE 公司所需要秉承的基本态度。AE 战略的实施并不是一蹴而就的过程，所以公司要求员工决不重眼前而轻长远，决不重速度而轻质量，而要着眼于持续发展，加强精细化管理，提高组织运营效率。中广核工程公司全体员工在日常的工作中，既淡定稳健，又求真务实。

此外，“淡定不浮躁，稳健不冒进”离不开中广核所提倡的“三实两基”企业文化。

“三实两基”是中广核的精神财富，“三实”指的是“重实际、干实事、结实果”；“两基”是指“做好最基础的工作，练好最基本的功夫”。“重实际”和“干实事”的最终目的都是“结实果”，要想做到“三实”，必须具备扎实的基础和过硬的本领，所以员工要“做好最基础的工作，练好最基本的功夫”。优良的业绩靠技术、靠管理，但归根结底还是要靠人，靠严谨务实的工作作风，靠扎实的基础和过硬的本领。中广核工程人已经就“三实”达成一致共识：不重实际，工作就会偏向；不干实事，工作就会落空；不结实果，工作就是白搭。所以他们能够把工作往深里做、往实里做，该干的工作主动干，该担的责任自觉担。他们强调在工作中必须做出成效，形成亮点，否则，一切思想都是空想，一切高谈都是空谈，一切发文都是空文。这种务实精神使得中广核工程公司AE战略的实施稳步推进，也使得公司的精神文化财富更加丰厚。同时，中广核工程人重视基础，在开展工作时，他们认真考虑基础是否牢固、责任是否清晰、标准是否明确、能力是否具备、准备是否充分、措施是否得当、风险是否可控、反馈是否落实。从基础工作一步一步做起，稳扎稳打地将中广核工程公司逐步向前推进。

实践表明，中广核工程人秉持“淡定不浮躁，稳健不冒进”的文化理念，直面挑战、勇于进取。在极端困难的情况下，他们以不变的执著，应对万变的困难，圆满地完成了项目任务，有力推进了在建项目的建设，为公司实施AE战略奠定了坚实基础。

中广核集团名词

“三实两基”

“三实两基”是中广核集团贺禹董事长面对新形势提出的要求，是中广核工程公司实现从“抢速度、上规模”到“抓质量、讲效益”的转变，也是落实党中央、国务院关于加快转变经济发展方式、推动科学发展的战略部署的必然要求。

“三实两基”是指坚持“重实际，干实事，结实果”的工作作风，落实“做好最基础的工作，练好最基本的功夫”的工作要求。

具体而言，“重实际”就是要在工作中坚持一切从实际出发，不唯上、只唯实，凡事深入基层、调查研究、了解实情，不好高骛远，不文过饰非，不好大喜功，客观地分析问题，制定有针对性的措施和改进方案，重视实际问题的解决；“干实事”就是要在落实计划、推动工作的过程中，切实履行职责、承担责任、求真务实，不敷衍、不忽悠、不找借口，确保工作任务优质、高效的完成；“结实果”就是在强调过程的同时更强调结果，凡事讲求实际成果和效果，工作成果要可衡量、可评估、有价值，不是做表面文章，不是搞“业绩工程”。要做到“三实”，结出实果，必须具备扎实的基础和过硬的本领，要“做好最基础的工作，练好最基本的功夫”。

第六节　大项目，大团队

“大工程，大项目，大团队”是中广核工程人具有的视野和胸怀。大工程意味着不能只盯着一个现场、一个团队，而是充分吸纳集团视野内各有关方面的资源；大项目意味着不能只抓住一个点，要统筹考虑设备、施工等各产业链条；大团队意味着要围绕项目推进组织好各参建力量，协调好关系解决问题，特别是在建造现场尤为重要，为此工程公司与参与核电建设的华兴公司、二三公司等合作伙伴共同组成了大团队。

在中广核工程公司，关于生态的协同，有一个经典的例子：长白山的森林为何郁郁葱葱？如果只有单一的树种，不可能如此。从生态的角度，每个个体有着不同的定位。有的是乔木，有的是爬藤，种类多样，共生共荣。大家在同一个生态系统中，互相依靠，互相发展，从生态的视野、系统集成的角度来看，要为整个生态系统争取到更多的阳光、空气与水分，来共同抵御风险与灾害，而不能“只见树木，不见森林”。在中广核工程公司内外部，构建了这样跨专业、跨领域的“生态系统”，不仅内部要实现生态式的发展，还要与外部合作伙伴实现生态式的协同发展。这一概念已经深深扎根于中广核工程公司。“帮助伙伴，短时期内好像自己‘吃亏’了，但要算大账，不算小账，我们都是一个战壕里的战友。”中广核工程公司员工如是说。

为了促进 AE 战略的实施，也为了进一步对工程建设进行全方位保障，中广核工程公司投入大量的人力、物力，对合作伙伴进行帮扶，为供应商提供技术支持，并进行监督管理，有效地促进了与合作伙伴之间的管理交流和知识流动，提升了核电产业链的整体能力。

在岭澳二期项目中，施工管理板块的质量管理采用的“二级 QA，三级 QC”模式被证明是一种有效的管理方法，其可以更好地保证施工质量。目前在中广核工程公司的帮助下，部分制造厂已经开始实施设备制造过程中的“二级 QA，三级 QC”，并初见成效。

而凡是出现结论为“不合格”的供应商，中广核工程公司会组织其公司一把手和质量主管人员一起到中广核工程公司参加学习。通过这样的“学习班”，供应商高层能够更充分地认识到公司质量管理体系中存在的问题，进而提高其对质量管理工作的重视。

近年来，中广核工程公司已先后组织十几家合作企业在大亚湾召开质量专题会和质量改进学习班，会上中广核工程公司帮助他们详细分析其项目管理、质量管理等方面存在的问题，提出后续纠正行动要求和改进建议，解答对方提出的与项目、质量相关的疑难问题等。通过专题会，供应商高层均表示受到极大的触动，意识到了自身存在问题的严重性和尽快纠正的紧迫性，也意识到提高自身质量管理的必要性。

工程公司认为，质量管理应该是覆盖工程建设全过程、贯穿核电工程全产业链的。为了从根源上提高工程质量，就必须切实履行对于上下游合作商的能力培育与质量监管责任。多年来，工程公司对于上下游合作商的扶持和监管，不仅切实地提升了质量管理的水平，更促进了核电工程全产业链的质量提升。

案例

东方电气集团是中广核集团的战略合作伙伴，其隶属公司东方汽轮机厂（以下简称“东汽”）担负着岭澳二期的重大设备制造任务，2008 年上半年正是岭澳核电站二期工程的建设高峰期，制造车间及多台正在制造的设备在汶川地震中受损。中广核一方面发动员工，支援灾区，送去 303 万元捐款和 1000 套被褥，并紧急采购，帮助修建 2000 平方米的活动板房；另一方面与东汽携手共度时艰，抗灾复产，在保证质量与安全的前提下，顺利攻克难关，有效地保证了工期。

地震发生时，岭澳核电站二期4号机组发电机转子正好在350吨重型卧车上进行车削加工，由于机床的剧烈摇晃，车刀尖断裂并扎进转轴挡油台轴段上。所幸的是，该轴段还有足够的加工余量，转轴精加工后，完全消除了此次事故的影响。中广核工程公司与东方电气集团广大干部职工积极协作，克服困难，在5月16日就重上了首台机岭澳核电站二期1号机组发电机定子下线工位，第一时间恢复核电生产，在后续不断的余震中，操作工人的避难所就选在定子内膛。

与此同时，岭澳二期重要设备汽轮机供应商——东方电气集团德阳汽轮机制造厂汉旺分厂正处于汶川地震的重灾区，在此次地震中，大部分厂房坍塌，致使岭澳二期汽轮机低压缸隔板、叶片、轴承箱等制造中的设备受到损坏，岭澳核电站二期汽轮机制造陷入极其困难的局面。

东汽人擦干血迹，擦干眼泪，挺直胸膛，将隔板焊接和加工设备转移到四川德阳天元厂区，对于需补充采购的隔板原材料进行清理，并下达订单采购。最终，3号机组隔板实现了修复后使用，仅此一项，就减少了3000余万元人民币的损失，隔板修复工作也提升了东汽在隔板制造方面的工艺水平和技术能力。

而在项目建设现场，中广核工程公司调整施工、调试等安排，顺利攻克诸多技术难关，经过各方不断的努力，顺利完成了岭澳核电站二期1号机组发电机生产任务，确保首台核电制造的质量和工期，为1号机组如期发电创造了条件。

今天，浴火重生的新东汽，发电设备产量已累计超过2亿千瓦，占全国发电装备总量的四分之一，形成火电、核电、风电、燃机、太阳能等“多电并举”的发展格局，成为中国装备制造业的一面大旗。中广核工程公司携手合作伙伴，共同缔造核电建设的伟绩。尤其在设备制造领域，伴随岭澳核电站二期及后续核电项目的建设，不但推动了我国核电设备国产化、自主化进程，而且带动了核电产业链的整体升级。

第七节　珍惜环境，保护家园

每年冬天，大亚湾都栖息着成群的白鹭，它们羽毛雪白，悠闲地觅食、嬉戏，成为核电站周边一道亮丽的风景线。白鹭是国家二级保护动物，由于其对栖息环境要求非常严格，择地而居，因此被誉为“环保鸟”。白鹭到访大亚湾核电站已不是什么新鲜事，它是大亚湾的常客，是核电站环保的标志（图9.1）。十几年前，抽象化的白鹭在多个LOGO中赢得了最多的员工投票，最终成为中广核的LOGO。

很多人或许都有这样一个疑惑，建设核电站会不会污染周边环境？据了解，大亚湾核电站“三废”排放远低于国家标准水平。至今，核电站区域的放射性仍保持在建站前该区域的放射水平，每年都有大批白鹭飞来过冬，在大亚湾旁栖息、繁衍。中广核工程公司与集团的众多单位一道，建立起严密的监控体系，确保核电站从设计、施工、实施到运营全过程对周边环境的负面影响降到最低。

大亚湾核电基地6台百万千瓦级核电机组与同等规模的燃煤电站相比，每年可减少电煤消耗约1 530万吨，减少二氧化碳排放约4 400万吨，二氧化硫约23万吨，氮氧化物约18万吨。环保效益相当于种植了近30万公顷的森林，也相当于珠三角少用了1 222万辆机动车。如果这些电力全部由煤电供应，按照每一节火车皮可载重50吨电煤、一列火车装载50节火车皮计算，如果一年365天每天不停地运输，每天至少要有16列火车才能装载这些电煤。

“核电站看起来比火电厂小不少，不过环境是相当好啊，没有了温室气体和烟尘的排放，空气非常清新，山海相依，风景如画！”“这边核岛在一丝不苟运行中，那边孩子们在开心地戏水。近距离走进核电站，更多的是亲切而非神秘。非常愉快的一天”……2012年8月4日，“庆祝大亚湾核电站开工25周年‘微旅游’活动”中，32位来自全国各地的微博网友应邀参观大亚湾核电基地，与核电“亲密接触”。网友们一边参观、拍照、提问，一边发微博，通过自己的所见所闻和自己的话语，对核电站进行了立体式的“微报道”。

图 9.1　核电站防波堤边的白鹭

案例

在宁德核电站征地范围内的备湾村，有三户老乡原来养殖了60只山羊，每当日落，只需主人一声口哨或一声吆喝，山羊就自觉地回到老乡家的羊圈。宁德核电项目建设开工后，村民搬迁、现场施工等多种因素在一定程度上影响了山羊的生活习惯，渐渐地山羊变得不听主人的哨声和呼唤了，满山遍野游荡，不再回家，也不再靠近任何人。60只山羊若换算成经济价值，对备湾村村民来讲，是家庭经济来源的一笔不小的收入。

三户老农通过村里的支书向中广核工程公司反映情况，中广核工程公司知晓情况后，决定妥善处理好这个问题，使推进核电项目建设不妨碍周边居民的生活。如何公道地赔偿村民损失，如何让村民得到最大的实惠，如何不违反公司的管理程序，这是中广核工程公司工作人员面临的问题。中广核工程公司的管理者发挥主观能动性。首先，他们对羊的市场进行调研，摸清了山羊的价格情况。接着，他们对三户村民的邻居进行走访调查，向村委会了解情况；在探讨赔偿支付方式和渠道方面，他们和村民、村干部一起研究，寻找对三户村民利益最大化的方式；在公司程序方面，公司的财务部门与有关领导一起想办法，做到既不违反财务制度，又能实际操作。最终，三户居民得到了满意的补偿。

60 只羊的价格，对于中广核工程公司来说，并不是大数目。但此事的圆满解决，却从侧面反映出中广核工程公司面对社会公众的一种责任感。中广核工程公司的员工坚持“任务有界，责任无疆”，工程建设始终不忘履行社会责任，这样的观念已经深入每一个中广核工程人的心中。

为了最大限度地减少对施工当地的环境影响，中广核工程公司从工程项目的合理选址选线、工程设计方案的科学性评定到施工建设方式的有效管理，丝毫不放松。

中广核工程公司从环境保护的角度出发，合理进行选址和选线：选址选线避绕敏感的环境保护目标，不对敏感保护目标造成直接危害；选址选线符合地方环境保护规划和环境功能区划的要求；选址选线地区的环境特征和环境问题，公司能够清楚把握，确保选址选线不存在潜在的环境风险；建设项目的选址选线不影响具有重要科学价值、美学价值、社会文化价值和潜在价值的地区，保障区域可持续发展的能力不受到损害或威胁。

在工程方案分析与优化方面，中广核工程公司在工程前期努力做好环境影响评价，分析工程方案对环境影响的合理性，并在环保措施中提出方案优化建议。公司从可持续发展出发，选择减少资源消耗的方案，采用环境友好的方案，发展环境保护工程设计方案，最大限度地优化工程设计和方案。

在施工方案分析与合理化建议方面，因施工建设期是许多建设项目对生态环境发生实质性影响的时期，中广核工程公司坚持施工的科学化、合理化，在工程项目上精心研究、精心设计、精心施工，前期准备十分充足，坚决杜绝“三边”工程，即“边勘探、边设计、边施工”，最大限度地保障工程建设的科学合理。

中广核工程公司加强工程的环境保护管理，包括认真做好选址选线论证，做好环境影响评价工作，做好建设项目竣工环境保护验收工作等。根据建设项目生态环境影响和生态环境保护的过程性特点，以及建设项目生态环境影响的渐进性、累积性、复杂性、综合性特点，中广核工程公司还严格把关施工期的环境工程监理与施工队伍管理，从制度上坚决杜绝破坏施工地生态环境的现象。

总而言之，中广核工程公司在传承中广核集团文化的基础上，也十分注重发展具有工程特色的文化理念，使之更好地为AE战略服务。核安全文化、拼搏进取、敬业乐业、淡定稳健、合作协同、社会责任感，这六方面的文化已融入公司员工的工作与生活之中，在中广核工程公司实施AE战略的过程中发挥着至关重要的作用。

第十章

总结与启示：AE战略与AE模式

中广核工程公司的AE战略，旨在打造核电工程建设的坚强主体，推动中国核电产业的协同进步。中广核工程公司AE战略的实施不仅造就了中国核电工程业一支强有力的队伍，也展现了市场经济环境下中国是如何推动重大高科技工程建设的，是中国工程企业在改革开放过程中管理蜕变、寻求突破的一个典型代表，其实践对于中国工程的建设者和中国企业的管理者来说都有着很好的借鉴意义。

第一节　AE 战略：内涵和意义

自 AE 战略提出以来，中广核工程公司在实践中不断丰富和完善其内涵。这不仅仅是一个概念和定义的问题，更重要的是它体现了管理思想和管理理念的不断改进，逐步形成了完整的管理体系，前面各章节的内容都是 AE 战略在各个管理领域的具体体现，这使得 AE 战略具备了丰富的内涵和意义。

一、AE 战略的核心理念

核电是一个高度政治敏感性的行业，核电站一旦发生核事故将会对自然环境和人民群众生命财产安全造成巨大危害，因此核安全一直都是世界各国政府和社会关注的焦点。中国要在民用核电基础薄弱、技术能力缺乏的背景下进行大规模的核电建设，面临着巨大的挑战。中广核工程公司作为我国核电建设的主力军，面对多项目多基地核电建设的客观要求，面对我国核电产业基础薄弱与核电高安全质量标准的现实矛盾，提出实施 AE 战略。在此背景下，中广核工程公司将 AE 战略的核心价值定位为："安全优质高效地建设核电工程"。

核电工程建设的质量是确保核安全的基础，"今天的工程质量就是明天的核安全"，切实保障工程建设质量、优质完成核电项目建设是中广核工程公司的首要任务。这种核心价值并不只是口号，核安全问题全社会关注，国家也高度重视，并建立了严格的监管法规和监管制度，核电工程公司肩负着沉重的法律责任和社会责任。AE 战略正是在这种特殊的行业背景下形成的，只有发展成为 AE 公司这样一个坚强的核电建设主体，才能作为核电建设安全质量的最终承担者，履行自己的法律和社会责任。在社会、政府、市场和媒体的高度关注和自身内部长期持续努力下，这种价值观已深入每个中广核工程公司员工的内心，成为企业的生存基因，正如第九章"企业文化：AE 战略的基石"所述。

正是因为这一核心价值，中广核工程公司在成长中发现，要切实承担起核电建造的最终责任，迫切需要突破我国在计划经济时代遗留下来的工程建设行业格局。早期，我国的核电建设是在业主公司的主导下，分别依托设计院、设备制造商、建安承包商独立开展工程设计、设备制造、现场建安调试等工作，工程管理难度大，风险控制能力较弱，无法适应核电规模化快速发展的需要。

通过第二章的描述，基于对国际先进核电工程企业的学习和借鉴，中广核工程公司最终选择了专业化核电 AE 公司作为发展目标。一方面，核电 AE 公司可以利用自身的专业化优势，有效地控制核电站建设的安全、质量、成本、进度等风险；另一方面，通过整合产业链相关设计、设备制造、建安资源，在提升自身专业化能力的同时，带动产业整体能力的提升，从而为业主提供核电站产品整体解决方案，并承担最终的核安全建造责任。

在这种核心价值驱动下，战略和管理模式的选择不是一种单纯的对国外管理思想和概念的借鉴，而是为了实现公司发展的根本目标而进行的努力。

与此同时，和其他国有及民营企业一样，公司也面临着从计划经济向市场经济的转变，需要建立符合市场经济环境的现代企业。

在工程领域，计划经济时代重点工程和高科技工程采用的是“集中力量打歼灭战”的会战模式，不计成本地从全国抽调人力、物力、财力来完成工程建设。在市场经济环境下，这种模式难以继续。在公路、桥梁、火电等技术比较成熟、市场化竞争较为充分的工程中，逐步转化为业主驱动模式，由业主根据市场规则聘用专业化的设计、建造公司来完成工程建设。然而，核电建设周期长、系统复杂、更新换代难，其对技术和管理要求高，安全质量限制严，行业基础又比较薄弱，市场上缺乏有能力的竞争主体，由于业主仅关注个体利益，业主驱动会导致需求碎片化，因此依靠业主驱动很难满足行业发展的需要和支撑行业的长期发展。

在这种情况下，中广核工程公司提出的经营理念是“以市场驱动、以客户为导向”，其核心在于探索市场经济环境下如何利用 AE 平台来推动重大高科技工程的建设。在市场经济环境中，经营活动的主体应该是企业，按市场法则配置资源完成工程建设。但这样就面临一个问题，在新形势下以往政府扮演的中心调度者角色应该由什么样的公司来承担呢？在缺乏中心调度者的情况下，相关各专业化板块和公司均很难单独承担起核电站研发、设计、建设和更新换代的长期工作。因此中广核工程公司提出了建设核电 AE 公司的目标，正是为了在市场经济环境下作为中心调度者，按市场法则带领核电产业链相关企业，承担起核电产业发展的重任。

工程公司市场化运营的方式与其他企业有所区别。在工程行业，很多企业往往借助于外部市场化手段来整合资源，例如，设计公司和施工企业之间采取完全市场化的方式来运作。正如第三章所表述的，中广核工程公司的设计建造一体化运作思想以及 EPCS 板块的运作表现为：将核心资源内部化，然后借助内部市场化手段进行协同运作。这种核心资源整合运作的模式也是 AE 公司的重要特征。

公司经营理念的另一部分是客户至上的价值观，表现为对客户的高度负责，尤其在核安全方面，这种负责不仅仅表现在对当前的客户负责，更需要不断改进，对未来的客户负责。进而，在核安全得到保障的前提下，公司再通过进度成本的精确控制为客户提供更高的经济效益。

二、核电 AE 公司

中广核工程公司对核电 AE 公司的定义是："全面掌握核电建造技术，以客户为导向，以保障核安全为根本，以设计为主导，采取设计与建造、工程管理相结合的方式推进工程建设，通过资源掌控、系统集成、组织协同，有效地控制安全、质量、成本、进度与风险，促进产业链协同创新，为核电站业主提供工程设计、设备采购、施工管理、调试启动等全过程核电站建造服务或全寿期专项技术服务的工程管理公司。"或者简言之："全面掌握核电建造技术，通过设计主导、系统集成、资源掌控与组织协同，安全、优质、高效地建造核电站，并为客户提供专项技术服务的工程管理公司。"

在借鉴国内领先企业、对标国际一流核电企业的基础上，中广核工程公司认为，国际一流核电 AE 公司应当具备以下"四个要素"特征：一是拥有自主知识产权的核心技术，且处于国际领先地位；二是具有良好的产业和社会影响力，掌控产业链关键资源；三是创造良好的市场业绩，处于国际先进水平；四是具有合理的经济规模和较强的盈利能力，满足股东的期望。

为此，中广核工程公司以项目为依托，以市场需求为牵引，紧密联系产业链上下游企业，努力打造协同创新与管理平台，在实现规模化、自主化核电建设任务的同时，促进公司核心能力的形成，创造了良好的经营业绩，为打造“国际一流核电 AE 公司”奠定了坚实的基础。

三、AE 公司核心能力建设

在本书第五章提及有学者曾经将提供类似核电站的复杂产品的企业的核心能力归结为系统集成能力，并将核心能力分为三个维度，即产品顶层设计等核心技术能力、供应链管理及最终产品批量总装的协同建造能力，以及市场开拓与客户服务等市场与商务运作能力。中广核工程公司的发展正是这三项能力不断积累的过程，通过多年的探索与实践，中广核工程公司进一步总结提炼了核电 AE 公司的三大核心能力：

1. 设计主导与系统集成能力

对于核电站这样的复杂工程，系统设计是关键。复杂系统理论指出，系统不是简单的元件加成，而是遵循整体大于部分之和的规律。我国民用核电事业基础薄弱不仅仅体现在关键元器件制造能力上的欠缺，更重要的是缺乏将各种元器件整合起来形成可靠高效核电系统的能力。只有对核电站的设计原理、过程和成果有了清晰完整的认识和丰富充分的数据支持之后，才有可能形成核电站的系统设计与集成能力。

第二章表现了中广核工程公司如何通过艰苦的学习探索，逐步自主设计、自主建设，结合第五章中对于引进、消化、吸收到再创新过程的描述，可以看到公司系统设计与集成能力形成的历程和脉络。工程公司的前身通过大亚湾核电站、岭澳一期核电站建设初步掌握了核电机组的调试和运行技术，了解了核电站的产品功能（即产品的作用是什么）；通过岭澳一期核电站的分岛采购和自主建设，了解了核电站产品的实体结构（即产品由什么实体组成）；在岭澳二期核电站建设过程中，中广核基于国家“四个自主化”的要求，提出了依托项目形成核电站架构技术和关键元件技术能力的能力建设目标。为此，工程公司对核电站产品功能进行了分解（即产品是如何通过各实体实现的），建立了各系统功能与设计专业之间的关系，初步形成了核电站架构技术基础；通过分包、部件采购等方式，了解关键元件与整体架构之间的逻辑关系和系统接口，为掌握核电站架构技术奠定了基础，形成了以 CPR1000 技术为代表的自主品牌，并主导和参与了多种新型核电站的开发工作。

这种系统架构技术能力的形成对于我国核电产业的发展极为重要。改革开放以来，我国提高技术水平的一种有效手段是遵循“以市场换技术”的思路，利用中国市场的吸引力来促成国际先进技术的引入，从而有效地提高了各行业的技术能力和管理水平。然而这一思路也有局限性和缺陷，现实中往往呈现为“以市场换设备”的现象，技术引进载体是设备或者流水线的引入，然而这并没有掌握真正关键的技术，即如何设计流水线、如何改进流水线及如何重新架构新的流水线。

AE 战略的提出表现出中广核工程公司对系统设计与集成能力培育的高度重视，其引进、消化、吸收的过程可理解为“以市场掌控技术”的过程。利用我国核电发展的市场机遇，通过和外方合作关系的调整，逐步掌握架构技术和形成自主设计的能力，建立对核电建设全局的掌控能力。系统设计与集成能力的发展最初表现为亦步亦趋、照搬国际成熟核电站设计，随后表现为系统调整设计能力。复杂系统牵一发而动全身，一个元器件设计的变动、设备空间格局的一次变化都可能会影响全系统的性能，公司通过一项项局部改进对应的系统调整，逐步建立起对系统设计的深刻理解和完整掌握，最终形成系统重新设计能力，形成新型核电站总体设计。

2. 产业链资源整合与协同创新能力

核电站作为复杂工程，牵涉到大量设备制造商和施工承包商，仅靠工程公司自身远不足以解决核电站建设中出现的各种问题。作为核电 AE 公司，其功能不仅仅是提供系统设计和组织施工，还需要对核电站建设相关产业链的资源予以整合，培养产业链企业的技术能力，提升产业技术水平。

第五章对中广核工程公司的协同创新进行了介绍。在实践中工程公司充分发挥了自身架构技术和系统设计与集成能力的引领作用，策划和推动重大元件技术的改进，推进技术创新平台建设，并与国际合作进行最先进的核电技术开发。由此持续推动了整个产业链的技术改进与创新，形成了开放式产业链协同创新的格局。

质量安全是核电站的首要目标，核电 AE 公司作为核安全质量的总体保证者，视安全质量为其品牌和生命力。中广核工程公司在产业链中推行高标准的质量安全管理体系，在实践中形成了全面质量伙伴关系（见第六章）。这和技术创新一起体现了工程公司对产业链的资源整合和协同创新能力，并进一步丰富和发展了全面质量管理理论。

3. 项目精细化管理和项目群运作能力

项目管理是中广核工程公司的核心业务，要打造国际一流的核电 AE 公司就必须具备强有力的项目管理和执行能力。第四章介绍了工程公司项目管理能力的建设，其特点在于对事、量、物、人的精细化管理体系。我国传统工程建设的特点是现场的粗放式管理，依赖于管理者的经验、现场工人的勤劳和中国式智慧来完成项目，相对于西方基于数字进行项目管理的思路，存在着精确性和效率不足的问题，这对于核电建设事业来说是难以接受的。

工程公司基于基础性的数据整理和集成工作，应用国际上各种先进项目管理技术，形成了完整的精细化项目管理体系，这对于我国工程企业来说具有很强的示范意义和借鉴价值。

AE 公司的竞争力不仅来自对单个项目的良好掌控，还源于对项目群的高超运作能力，需要充分利用自身的资源和项目管理能力高效运作多个大型复杂项目。这不仅要求工程公司具备强大的能力建设，还需要从组织结构和管理制度上突破传统项目式运作的局限，形成适应市场环境和多项目压力的灵活机制。为此，工程公司对内进行了"三分改革"，对外形成了协同管理体系，使 AE 战略得到了有效的组织实施。

四、AE 平台与 AE 战略的协同实施

AE 作为国际一流工程公司普遍采取的发展模式，对战略管理研究领域有着极其重要的理论意义。中广核工程公司基于中国特色实践的 AE 模式，更是和多个管理领域的理论概念不谋而合，其中之一就是平台理论。

所谓平台，是指提供一定物质的或非物质的场所，并制定一定规则，使某两方或多方用户在规则的指导下进行交互的一个机构。一些因素的存在使平台有了存在的必然性。例如，当两方或者多方用户通过平台进行交互产生的成本低于他们直接接触的成本时，平台就可以存在并壮大。对于核电这种大型复杂工程而言，其涉及专业和子系统多，子系统之间接口复杂，单个供应商很难协调整个核电站建设的工作，单纯的业主往往也不够专业，不能独立建设核电站。

假如供应商和业主直接接触，众多接口的协调必然使业主（或供应商）劳神费力，此时，一个专业的平台就应该出现，以节省供应商和业主的成本。

对于 AE 模式下的工程公司，其所起的作用不仅仅是接洽双边用户的平台，更是协调多方的复杂多边平台。如图 10.1 所示，AE 公司在公司内部和外部搭建了一个多边协调的平台。

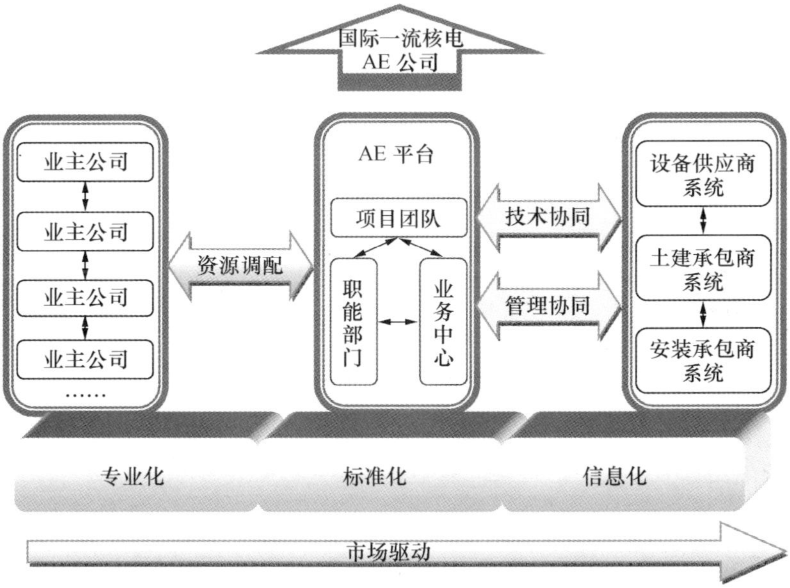

图 10.1 AE 模式下的多边协调平台

一方面，AE 公司搭建了业主和供应商、承包商之间的平台。设备、土建和安装等工作是项目完成的必备投入。对于单个项目而言，平台的优势无法体现，但对多个项目而言，跨边网络效应和同边网络效应会不断增大，平台优势显现无遗。核电工程公司在建项目越多，它对供应商的吸引力就越大，供应商们会认为核电产业是一个有前途的产业，进而勇于投资于专属资产，加大研发力度，提高供给设备质量以获得更多订单。对于项目而言，供应商越多、能力越强，建设项目的进度和质量越有保障，项目就会建设得更好。除了上述的跨边网络效应之外，项目之间、供应商之间也存在同边网络效应。项目越多，项目之间的进度协调性就越高，协同效用越强，经验反馈机制就越有效。同样，当存在较多供应商时，供应商之间会有技术溢出，建立联合研发中心的可能性更大，越能促进核电产业的健康发展。

另一方面，政府标准和国外技术也是AE平台的接入方。当核电AE公司具备强大的技术和管理能力时，AE公司就可以影响产业标准和产业政策走向，这种走向同时会对国内外的技术提供方产生影响。

支撑中广核工程公司平台运营的三大工具是专业化、标准化和信息化，它们使得中广核工程公司和产业伙伴之间、项目和项目之间、工程公司内部、工程公司和国外有关合作方之间实现了无缝连接，从而保证AE平台能够运营得更通畅。

从图10.1也可得知，整个大厦是建立在市场化的基石之上的。中广核工程公司通过对市场深刻的认识和了解，意识到公司内部和外部市场化的必要性，并且使公司上下一心，团结在AE平台之上。当然，AE模式下的中广核工程公司除了是一个平台之外，还要以平台的身份引领产业生态的发展和进步。

如同引言中所述，“中国工程”作为中国的一张名片在世界上崭露头角，但不可否认的是中国工程目前仍存在各种问题，行业分割、粗放式管理、技术水平落后、缺乏协同等问题困扰着工程企业和工程行业。AE平台的出现使中国工程所面临的这些问题有了一种有效的解决思路。

1. AE平台与中国工程内部协同

全面协同和多边协调是AE平台的优势之一，这一优势对解决行业格局分割有着极好的效果。行业分割的根源在于原有的专业职能分工和各个专业分工仅关注自身职责，专业之间壁垒森严，难以打破。从理论上来讲，打破这种壁垒的关键在于建立专业之间直接或间接的联系，促进专业之间的沟通和交流。这种直接或间接的联系不能完全以行政命令为导向而建立，否则会导致专业之间冲突加剧。AE平台很好地解决了这个问题。AE平台协调了业主和各大供应商、政府以及标准制定者之间的关系。从狭义角度讲，这种协调建立了各大专业之间的联系，促进了各个专业之间的沟通和交流，打破了行业之间的壁垒，从而最终促进了中国工程的建设，提高了中国工程的质量，缩短了工程建设的周期。

2. AE平台与中国工程质量

这里的质量包含了两层含义：一是底层元件的质量和建设队伍的质量，二是科技进步带来的最终质量提升。正是由于AE平台的内部协同，平台所依附的各大企业才有了对用户负责的理念。在过去，各个企业/主体各自为政，关注自身的利益而非最终用户的利益，利益的冲突或不一致产生了“代理”行为，一些企业甚至萌生“机会主义”的念头，降低了工程的质量。而有了AE平台后，每个生产板块、每个企业都以AE平台为核心，利益方向一致，形成了合力，流畅的运作也逐步建立起来，质量自然而然得到了保障。

具体而言，AE平台有利于产业工人队伍的建立。农民工流动大军建设队伍并非长久之计，高素质的产业大军才是未来发展的方向。AE平台将附带产业拧成了一股绳，以严谨的制度和精细的项目管理方法来取代人际关系和经验管理，产业工人发展计划也在有条不紊地实施（参见项目管理和人力资源等章）。此外，AE平台所承担的引领者的作用也带动了行业创新和技术进步，相关的制造企业能力迅速提升，这不仅会提高工程质量，也会提升中国制造的质量和竞争力。

3. AE平台和中国工程竞争力

中国工程要立足中国，走向世界。而在AE平台领导下的中国工程显然更具备竞争力，这体现在AE平台整体所具备的核心能力方面。AE公司通过内部整合和产业链协同将内部和外部资源放在了一个大的平台上，而后以核心技术能力、项目管理能力和市场化为驱动，使各个元素协调统一，形成了大的生态系统。以系统式和专业化的解决方案掌握客户需求，必然使AE平台带动的超级工程在世界范围内具备竞争实力。

五、AE战略的未来

中广核工程公司的AE战略仍然在不断地发展中。当前，借助AE战略形成的核心能力，中广核工程公司正在实施“同心圆”战略。在这一战略构想中，通过核电建设积累的技术和管理能力向其他领域扩张，去开拓和占据市场。首先是技术相关的新能源领域，然后再向其他工程领域扩展。未来的中广核工程公司将不仅仅是核电AE公司，更将会是一个跨行业的工程AE公司。

从国际AE公司的发展情况来看，具备强大的设计集成能力、精细的工程管理能力、灵活的项目运作能力，使得它们能够跨领域、跨行业和跨国家进行工程项目建设。资源在这些项目之间共享，经验在不同行业积累，能力在不同领域提升，从而在工程行业形成强有力的市场竞争主体。

中广核工程公司的未来发展道路也会如此，在打破传统的行业内格局之后进一步突破行业间壁垒，通过“同心圆”扩张逐步发挥自身的优势，发展成为一家强有力的中国工程企业。由于历史原因，中国工程的市场格局相当分散，未来必然会走向集聚，会产生实力雄厚、竞争力强、能参与国际竞争的一批大型工程企业。通过AE战略的提出和实施，中广核工程公司有能力、有机会在群雄逐鹿中脱颖而出，将自己打造为中国工程的旗舰企业。

第二节 AE模式：启示和借鉴

中广核工程公司AE战略的实践极富研究价值，即中国工程企业应该如何发展？21世纪第一个十年后，我国经济发展上了新的台阶，也面临着新的挑战，如何进行产业升级、如何让中国企业走向世界，是各行业面临的普遍性问题。中广核工程公司的实践展现出的核电AE模式形成了一个典型案例，对工程企业的发展乃至中国制造业的发展都提供了诸多启示和借鉴。

一、AE模式下的产业格局

在中国，传统的工程组织模式是专业化企业之间的协作，通过向国际先进经验学习，采用了EPC总承包等工程管理模式，一些设计院、设备制造商或施工企业在市场竞争中逐步具备了EPC总承包商的资质、经验和能力。然而在实际工作中，不同专业化主体仍然是采取分工协作的方式完成工程建设，EPC总承包商扮演的主要是协调者的角色。这种专业化分工协作的模式会导致松散的产业格局，在竞争比较充分、技术比较成熟的工程行业，这样的产业格局可以通过市场关系灵活配置资源，激发同类业务企业之间的竞争，形成活跃的发展态势。

然而，对于复杂系统的工程领域，这种专业化分工协作的模式会导致产业发展缺乏一个主导者。任何一个专业化企业都无法胜任复杂系统工程中的总体设计、建设、管理、升级换代的全部工作，而各自独立负责其中的部分工作则会导致一个问题：谁来负责总体工作？以核电产业来说，设计院负责系统设计工作，理论上可以充当核电产业的主导者。但从实践来看，核电设计不是关起门来就可以做出来的，它和设备制造、施工等企业的实际技术能力紧密相关，只有立足于产业现状才能形成可实现的系统设计，同时还要根据现实发展形势不断完善。中广核工程公司的实践表明，设计、制造、施工、调试需要不断地互动，才能将核电站设计建造和更新改进工作做好。此外，核电新堆型的研究和实用化需要投入大量的人力、物力、财力和长期的持续积累，这更不是某个专业化企业在没有引导和支持下自身就能独立做到的，单纯的设计院也难以完成。再如，核电的设备制造商并不仅仅为核电进行生产，在没有强有力的引导和支持下，很难针对要求极高的核电小批量产品投入长期持续的研发努力。

在计划经济时代，产业主导者的角色是由政府来担任的，“两弹一星”就是最明显的例子。到了市场经济时代，政府直接参与市场活动不符合市场规律。对于核电站这样的复杂系统工程产业来说，政府退位会导致主导者缺位，此时需要强有力的市场主体能够承担起产业长期发展的任务。中广核工程公司 AE 战略的价值正是在于填补了空白，将 AE 公司作为产业主导者，引领中国核电产业的发展。

从西方发达国家来看，复杂系统工程的产业主导者是由特定的公司来承担的。典型的例子是波音和空客，它们负责大飞机的设计建造全流程工作，而具体的元器件生产则是由一个庞大的供应链来完成的。

从核电产业实践来看，产业主导者的存在非常重要，一方面，正如中广核工程公司这几年的工作所表现的，在产业大发展时用市场杠杆充分调动全社会资源完成核电站的大规模建设。另一方面，如西方核电发展停滞期所表现的，在业务大幅萎缩时保存产业种子，进行新堆型研发，为未来发展积蓄力量。

在 AE 战略指引下形成的 AE 模式，就是在一个产业主导者的引领和驱动下，统筹庞大的供应链，完成复杂系统工程建造的工作。在这种模式中，政府扮演政策制定者和支持者的角色，进行产业规划、政策制定、规制管理、资金支持，而 AE 公司作为产业主导者负责复杂系统的设计、资源的调度、工程的实施和技术的发展，根据市场规则推动产业健康有序地发展。

产业主导者并不一定是产业的垄断者，并不需要将全部或大部分的产业链工作纳入一个公司。相反，复杂系统建造所需要的供应链如此之深，以至于任何一个公司都难以将其内化。中广核工程公司的核心设备提供商很多都比工程公司自身规模更大，生产的核电设备只是它们业务的一部分。产业主导者更重要的工作是对整体供应链进行统筹，形成良好有序的产业组织生态，协同发展，最终推动产品的不断改进和升级换代。

二、AE模式下的产业生态：伙伴关系，协同发展

生态系统是一个复杂的概念，可分为组织生态系统和产业生态系统。

组织生态系统可以理解为组织与周围环境形成了相互作用、相互影响的整体，它主要包括组织群、消费者、公共组织、政府机构等，以及为组织提供资源的生态环境和其他社会系统。组织生态环境的一个特点是时序不稳定，即随着时间的变化系统内部条件不停地演化，使环境呈现出缤纷复杂的多样性和层次性。

产业生态系统涉及范围更为宽广，它研究的是产业生态系统内部成员之间的协作和共生关系，以及这些关系如何进化，如何在产业生态系统内实现物质的封闭循环，提高物质和能源利用效率等问题。

目前，中国核电产业的生态系统并不理想：一是供应商能力不足，二是核电自有技术有待提高，三是民众对核电产业误解较深。在这种情况下，核电AE公司承担着其他类型AE公司不具备的职能。核电AE公司要担负起行业发展的重任，既要营造好组织生态系统，更要引领产业生态的发展。

在AE模式下，AE公司作为产业主导者需要打造面向市场、客户和供应链的平台，在此平台之上形成相关各方协同发展、共生共赢的格局。缺少这样的平台，有关各方很容易陷入各自为战的局面，整个产业也就缺乏长期持续发展、不断升级换代的驱动力和实施机制。AE平台对内也为各类组织和各级员工提供了发展空间和协同机制，促使组织和员工随着公司的建设和产业的发展而不断提升能力，加强内部协同，形成良好的合作型文化。

在协同发展中依靠的是伙伴关系，强调协同也就是强调在各自不同利益主体之间寻找共同目标和共同利益，从而协同各方行动，达到整体最优。中广核工程公司内部E、P、C、S板块之间，以及公司和供应链上各合作企业之间，都强调了合作伙伴关系，通过共同努力来优化核电建设解决方案，达到共生共赢的目标。

三、启示与借鉴

中广核工程公司的管理实践对于管理者和研究人员来说都具有丰富的启示和借鉴意义。

1．AE 模式具有广阔的应用前景

AE 概念和 AE 模式不仅仅适用于核电工程，事实上其思想和理念也适用于其他工程领域，甚至对复杂装备制造企业也有应用价值。尽管不一定使用 AE 这个名词，但打造具有强大供应链整合能力的坚强市场主体，以提供完善的系统解决方案、推动行业技术进步，一定是市场所需要的，也是广大工程企业及制造企业所期望做到的。AE 战略的核心要素是：第一，具有核心技术；第二，全面统筹资源；第三，精细化管理；第四，内外部全面协同。只要具备这些要素，形成的战略就具有 AE 特色。

AE 模式和通常所称的工程 EPC 总承包模式是不一样的。EPC 总承包是单项目管理的一种方式、一种合同模式，由总承包商负责组织项目的实施。AE 模式则是工程公司自身建设的一种模式，是一种产业组织形式，表现的是如何建设更强有力的工程主体。AE 公司可以是 EPC 总承包商，EPC 总承包商却不一定是 AE。而 AE 的出发点就是要做最好、最高效的 EPC 总承包商，当然 AE 也可以采用其他形式负责或参与到项目运作中去。

值得说明的是，AE 概念也是在不断的发展完善中。中广核工程公司的实践表明，其 AE 模式已经超出了国际对标企业的范畴，它针对中国核电行业的特点已发展成为具有自身特色的中国核电 AE 公司。其设计建造一体化运作、EPCS 能力均衡发展、全面引领核电产业发展的特点在中国核电行业独树一帜，在世界上也少有，总体代表着中国核电发展的方向。这说明，AE 概念和 AE 模式也有多样性，不同行业也能发展起具有自身特色的相应模式，以企业发展带动行业进步。

2．工程管理的发展方向

针对中国工程管理中存在的缺陷和问题，中广核工程公司的实践提供了具有强烈现实意义的解决思路，为工程管理的发展提供了一个优秀的样本。

在工程管理理念上，中广核工程公司带来的突出启示是建设全面负责的市场主体。当前工程建设管理上普遍存在一个不好的现象，即各个单位对各自负责：设计对设计负责，设计不管工程进度、不管现场的状况，也不管设备材料能否买到……每个单位只追求自身利益的最大化，没有追求工程建设整体利益的最大化，没有人对最终的工程建设负责。这实际上是工程建设管理中最大的缺陷。在由专业化公司组成的市场环境里这种缺陷更加突出。中广核工程公司的“三分改革”实际上就是为了解决这样一个问题，各板块都在AE公司统筹下对项目最终成果负责，每个板块不一定都是最强最优的，但各板块整合在一起一定是最强最优的工程组织。

在外部协同方面，在改革开放的市场化进程中，中国工程企业形成了只对合同负责、按合同办事的理念和心态。但这个理念是不完整的。中广核工程公司AE战略的思想是“基于合同，超越合同”，强调全产业链上各企业要形成一个团队，共同进步。在基础薄弱的核电行业里，如果单纯强调按合同办事，那么很多企业最初都是不合格的，无法得到参与核电建设、提升能力的机会，AE公司对这些企业的帮扶事实上超出了严格的合同范围，这种超越合同的理念与文化、伙伴关系的建设促进了中国核电产业链整体能力的提升。

在工程管理的具体方法上，中广核工程公司的实践对中国工程管理的诸多问题也形成了对症下药的解决方案，具有很强的启发意义。针对条块分割的行业格局，借助AE战略建设产业主导者是一种可行且必要的发展思路。针对粗放式管理，工程公司的精细化项目管理体系具有很强的实用价值；针对技术能力差距，产业协同创新模式是推动全行业整体技术进步的有效手段；针对缺乏协同的问题，AE模式下内外部协同模式是有益的尝试，即第六章所述的全面质量伙伴关系。这些实践对于广大工程企业都有着很强的参考价值。

3. 中国工程的研究和探讨

中国超级工程成为全世界关注的对象，对社会进步起到了重大的推动作用，超级工程管理也应该成为管理研究的一个重要课题。中广核工程公司正是超大型工程管理的一个典范，值得研究者深入探讨。

中国工程取得重大成就，其中出现的质量安全问题也引发了社会的关注和热议。中广核工程公司对安全质量的高度重视和行之有效的制度保证，以及向产业链的延伸，对于中国工程乃至中国制造都具有启发价值。核电AE理念的核心价值在于承担了核电站最终建造责任、确保核电站建设的整体性能与安全质量，这一点值得相关行业借鉴。

据说美国总统杜鲁门桌上曾有一句话："推卸责任至此为止"。类比中广核工程公司的理念是："推卸责任至 AE 为止"。对中国工程的每个行业甚至中国制造的每个行业都可以问这样一句话，这个行业里谁是"AE"。"工程"概念可以扩展，"AE"概念可以延伸，其精髓就在于，谁能对最终产品负责，谁敢为最终产品负责，谁来为整个产业负责。由此引发一些思考就是本书最大的价值。